민사집행법
사례연습

민사집행법
사례연습

문영화 지음

성균관대학교
출 판 부

서문

　지난 6년 동안 민사소송법 사례연습과 민사집행법 수업시간에 다루었던 연습문제와 중간·기말고사, 관련 변시 및 변시 모의시험 문제에 답을 달아서 묶었습니다. 민사집행법에 대한 이해를 높이는 데에 도움이 되기를 희망합니다.

　출간에 도움을 준 성균관대학교 법학전문대학원 9기 이수종 법무관, 10기 서청원 법무관, 그리고 성균관대학교 출판부 선생님들께 감사의 마음을 전합니다.

2021. 8. 저자 문영화

Contents

Contents

3. 부동산에 대한 집행

Contents

Contents

4. 유체동산에 대한 집행

5. 금전채권에 대한 집행

Contents

Contents

6. 보전처분

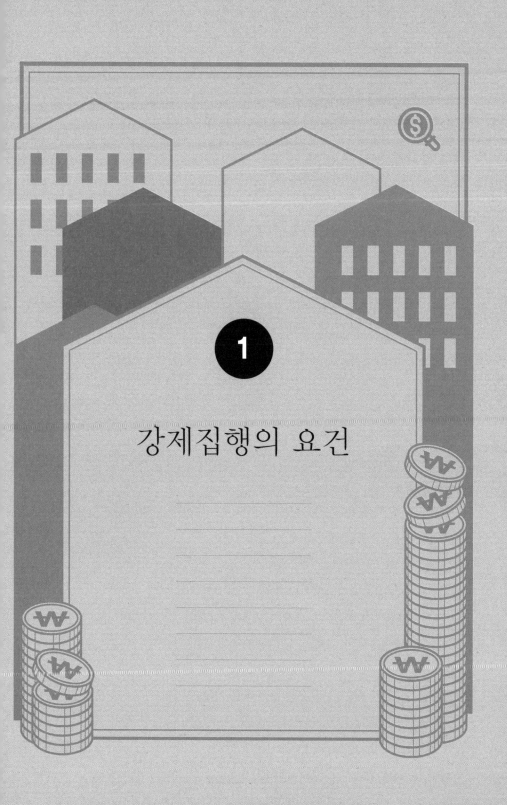

1

강제집행의 요건

변제자대위와 승계집행문

甲은 주채무자인 乙과 연대보증인인 丙을 상대로 대여금 및 보증금청구소송을 제기하여 "피고들은 연대하여 원고에게 1,000만 원 및 이에 대하여 2020. 1. 1.부터 다 갚는 날까지 연 12%의 비율에 의한 금원을 지급하라."는 판결을 선고받았고 위 판결은 그 무렵 확정되었다. 丙은 2020. 12. 31. 甲에게 위 판결에 따른 1,120만 원을 변제하였다. 丙이 위 판결에 기초하여 乙의 재산에 집행을 할 수 있는 방법이 있는가?

1. 쟁점

사안에서 丙이 대위변제자로서 채권자인 甲이 받은 확정판결에 승계집행문을 받을 수 있는지가 문제로 된다.

2. 연대보증인의 변제자대위와 승계집행문

민집법 제31조 제1항은 승계가 법원에 명백한 사실이거나 증명서로 승계를 증명한 때에 판결에 표시된 채권자의 승계인을 위하여 승계집행문을 내어 줄 수 있다고 규정하고 있다. 한편, 민법 제481조, 제482조 제1항에 의하면 변제할 정당한 이익이 있는 자는 변제로 당연히 채권자를 대위하고, 자기의 권리에 의하여 구상할 수 있는 범위에서 채권 및 그 담보에 관한 권리를 행사할 수 있는바, 채권자가 판결 등의 집행권원을 가지고 있는 때에는 변제자는 그 집행권원에 승계집행문을 받아 강제집행을 할 수 있다(대법원 2007. 4. 27. 선고 2005다64033 판결 등). 이 경우 변제자가 행사할 수 있는 구상권의 범위는 민법 제441조, 제425조 제2항에 따라 출재액, 이에 대한 법정이자, 피할 수 없는 비용 기타 손해배상이 된다.

3. 사안의 해결

사안에서 丙은 연대보증인으로서 주채무자인 乙의 甲에 대한 채무를 변제할 정당한 이익이 있고, 2020. 12. 31. 乙의 甲에 대한 판결문상의 채무를 완제하였으므로 채권자 甲이 받은 판결에 승계집행문을 받아서 乙의 재산에 대하여 강제집행을 할 수 있다. 그 범위는 1,120만 원 및 이에 대한 2020. 12. 31.부터 다 갚는 날까지의 연 5푼에 의한 법정이자가 된다.

의사진술을 명하는 판결과 위법한
집행문부여에 대하여 다투는 방법

甲과 乙은 2020. 1. 1. 이혼하면서 甲의 소유이던 X토지 중 2/5지분에 관하여 乙에게 재산분할을 원인으로 소유권이전등기를 마쳐주었다. 乙이 2020. 7. 1. 甲을 상대로 X토지에 관하여 공유물분할청구의 소를 제기하였는데, 甲과 乙 사이에는 2020. 10. 1. "乙은 甲으로부터 X토지 중 3/5지분의 소유권이전등기를 경료받음과 동시에 甲에게 5억 원을 지급하고, 甲은 乙로부터 5억 원을 지급받음과 동시에 乙에게 X토지 중 3/5지분에 관하여 소유권이전등기절차를 이행한다."는 내용의 조정이 성립되었다. 乙의 대리인이 2020. 11. 1. 위 조정조서에 대하여 집행문부여신청을 하자, 乙이 甲에게 반대의무를 이행하지 않았을 뿐만 아니라 재판장의 명령이 없었음에도 법원사무관이 집행문을 부여하였다. 乙은 2021. 1. 1. 위 조정조서에 기하여 X토지 중 3/5지분에 관하여 소유권이전등기를 마친 뒤 X토지 전체에 관하여 丙에게 2021. 2. 1. 채권최고액 7억 원으로 한 근저당권설정등기를 경료하였다. 甲은 어떤 방법으로 X토지 중 3/5지분을 되찾을 수 있는가?

1. 쟁점

의사진술을 하여야 하는 채무를 내용으로 하는 집행권원에 대하여 위법하게 집행문이 부여된 경우에 다툴 수 있는 방법이 문제이다.

2. 의사진술을 명하는 판결과 위법한 집행문부여에 대하여 다투는 방법

민사조정법 제29조에 의하면 조정은 재판상 화해와 동일한 효력이 있으므로 그 조정조서는 민집법 제56조 제5호에 의하여 집행권원이 된다. 민집법 제263조는 의사진술을 명한 판결이 확정된 때에는 그 판결로 의사진술을 한 것으로 간주되고, 반대의무가 이행된 뒤에 의사를 진술할 것인 경우에는 민집법 제30조, 제32조에 따라 집행문을 부여받은 때에 그 효력이 생긴다고 규정하고 있으므로, 집행권원상의 의사표시를 하여야 하는 채무에 반대급부의 이행 등 조건이 붙은 경우에는 채권자가 그 조건 등의 성취를 증명하여 재판장의 명령에 의하여 집행문을 받아야만 의사진술 의제의 효과가 발생한다. 따라서 반대급부의 이행 등 조건이 성취되지 않았음에도 등기신청의 의사표시를 명하는 판결 등의 집행권원에 집행문이 잘못 부여된 경우에 그러한 집행문의 부여는 무효이다. 그런데 의사표시를 명하는 판결의 경우, 집행문부여로써 강제집행이 종료되고 더 이상 집행의 문제는 남아 있지 않으므로 집행문부여에 대한 이의신청이나 집행문부여에 대한 이의의 소를 제기할 이익이 없다. 재무자로서는 집행문부여에 의하여 의제되는 등기신청에 관한 의사표시가 무효라는 것을 주장하거나 그에 기초하여 이루어진 등기의 말소 또는 회복을 구하는 소를 제기하여야 한다(대법원 2012. 3. 15. 선고 2011다73021 판결).

3. 사안의 해결

사안에서 甲과 乙 사이의 조정조서의 내용은 "甲이 乙로부터 5억 원을 지급받음과 동시에 乙에게 X토지 중 3/5지분에 관하여 소유권이전등기절차를 이행한다."는 것이므로 乙이 위 조정조서에 의하여 X토지 중 3/5지분에 관하여 소유권이전등기절차를 마치기 위해서는 위 조정조서상의 반내의무인 5억 원을 지급하였다는 것을 증명하여 민집법 제30조 제2항, 제32조에 따라 집행문을 부여받아야 할 것인데, 그와 같은 증명이 없음에도 부여된 집행문은 효력이 없고, 그에 따라 발생한 X토지 중 3/5지분의 이전등기에 관한 의사진술의 효과도 발생하지 않는다. 따라서 이에 관하여 마쳐진 乙 명의의 소유권이전등기는 원인 없는 등기로서 무효이고, 이를 기초로 한 丙의 근저당권설정등기 역시 무효이다. 甲은 X토지 중 3/5지분에 관하여 乙 명의의 소유권이전등기와 丙 명의의 근저당권설정등기의 말소등기절차의 이행을 구할 수 있다.[1]

---

1) 청구취지는 다음과 같다. 원고에게 X토지 중 3/5지분에 관하여, 피고 乙은 2021. 1. 1. △△ 등기소 접수 제——호로 마친 소유권이전등기, 피고 丙은 2021. 2. 1. △△ 등기소 접수 제——호로 마친 근저당권설정등기의 각 말소등기절차를 이행하라.

집행권원상 채권에 조건이
붙어 있는 경우의 집행

甲이 乙을 상대로 제기한 서울동부지방법원 2019가단66986(본소), 2020가단2750(반소) 사건에서 "1. 원고는 피고에게 2020. 6. 30.까지 5,000만 원을 지급하되, 원고가 이를 이행하지 아니하는 경우 그 다음날부터 완제일까지 연 12%의 지연손해금을 가산하여 지급한다. 2. 피고는 원고로부터 위 금원을 지급받는 날부터 (1) 이 사건 ① 부분 토지에 주차를 하여서는 아니 되고, (2) 이 사건 ③ 부분 토지에 대하여 원고의 사용을 방해하여서는 아니 된다. 3. 피고가 위 2의 (1)항을 위반할 경우에는 원고에게 1일 100만 원의 비율에 의한 금원을 지급하고, 위 2의 (2)항을 위반할 경우에는 1일 50만 원의 비율에 의한 금원을 지급한다."는 결정사항을 담은 조정에 갈음하는 결정이 확정되었다. 甲이 2020. 6. 29. 위 결정에 따라 乙에게 5,000만 원을 지급하였음에도, 乙은 그 후에도 이 사건 ① 부분 토지에 21일간 주차하였다. 甲이 위 조정에 갈음하는 결정 중 제3항을 집행하려면 어떻게 하여야 하는가?

1. 쟁점

집행권원상 채권의 내용에 조건이 붙어 있는 경우에 어떻게 집행을 하여야 하는지가 문제로 된다.

2. 집행권원상 채권의 내용에 조건이 붙어 있는 경우의 집행

민사조정법 제34조 제4항, 제30조에 의하면 확정된 조정에 갈음하는 결정은 재판상 화해와 동일한 효력이 있으므로 조정에 갈음하는 결정문은 민집법 제56조 제5호에 의하여 집행권원이 되고, 같은 법 제57조에 의하여 집행문부여에 관한 같은 법 제30조 제2항, 제32조가 준용된다. 따라서 조정에 갈음하는 결정문상의 채무에 조건이 붙어 있는 경우에는 채권자가 그 조건이 성취되었음을 증명하여 집행문을 부여받아야 집행으로 나아갈 수가 있다.

3. 사안의 해결

사안에서 甲이 조정에 갈음하는 결정문의 결정사항 중 제3항에 따라 1일 100만 원씩 21일분에 해당하는 2,100만 원의 강제집행을 하기 위해서는, 그 범위를 특정하고 제3항의 조건성취사실, 즉 乙이 甲으로부터 5,000만 원을 지급받고도 ①부분 토지에 21일간 주차한 사실을 서류로써 증명하여 집행문부여신청을 하여 조건성취집행문을 부여받거나, 위 사실을 서류로써 증명하기 어려울 때에는 범위를 특정하여 집행문부여의 소를 제기하여 승소한 다음 집행문을 부여받아야 한다.

점유이전금지가처분과
제3자의 점유취득

甲은 자신의 토지를 무단으로 점유하여 주차장 영업을 하고 있는 乙을 상대로 대지인도청구의 소를 제기하기 위하여 乙을 채무자로 하여 점유이전금지가처분신청을 하고 그 결정을 받아 집행을 마쳤다. 甲이 乙을 상대로 대지인도청구의 소를 제기하여 그 소송이 계속되고 있는 중에 丙이 乙을 강제로 쫓아내고 甲의 토지를 점유하여 주차장 영업을 계속해오고 있다. 甲이 乙을 상대로 받은 대지인도판결에 기초하여 丙에 대하여 집행을 할 수 있는가? 집행을 하려면 어떻게 하여야 하는가?

1. 쟁점

부동산에 대한 점유이전금지가처분의 집행을 마친 뒤 제3자에 의하여 그 점유가 침탈된 경우에 그 제3자를 승계인으로 볼 수 있는지가 문제로 된다.

2. 점유이전금지가처분과 제3자의 점유취득

승계집행문은 판결에 표시된 채무자의 포괄승계인이나 그 판결에 기한 채무를 특정하여 승계한 자에 대한 집행을 위하여 부여하는 것인데, 어떤 부동산에 대하여 점유이전금지가처분이 집행된 이후에 제3자가 가처분채무자의 점유를 침탈하는 등의 방법으로 가처분채무자를 통하지 아니하고 그 부동산에 대한 점유를 취득한 경우에는, 실제로는 가처분채무자로부터 점유를 승계받고도 점유이전금지가처분의 효력이 미치는 것을 회피하기 위하여 채무자와 통모하여 점유를 침탈한 것처럼 가장하였다는 등의 특별한 사정이 없는 한, 그 제3자를 민집법 제31조 제1항에 정한 '채무자의 승계인'이라고 할 수는 없다(대법원 2015. 1. 29. 선고 2012다111630 판결).

3. 사안의 해결

사안에서 丙은 乙을 강제로 쫓아내고 甲의 토지를 점유함으로써 乙을 통하지 않고 그 점유를 취득하였으므로 乙의 승계인으로 볼 수 없고, 따라서 丙에 대하여 승계집행문을 받을 수는 없다. 甲으로서는 丙을 상대로 따로 대지인도청구의 소를 제기할 수밖에 없고, 본안소송을 제기하기 전에 丙이 점유이전금지가처분의 집행 사실을 알면서도 아무런 실체법상의 권원 없이 해당 부동산의 점유를 침탈한 점을 소명하여 그를 상대로 대지인도단행가처분을 구할 수도 있다.

위법한 집행문부여에 대하여
다투는 방법

甲은 2020. 1. 1. 乙에게 1억 원을 이율은 월 1%, 변제기는 2020. 6. 30.로 정하여 대여하였는데, 乙이 그 대여원리금을 변제하지 않자, 乙 상대로 2021. 1. 1. "피고는 원고에게 1억 원 및 이에 대한 2020. 1. 1.부터 다 갚는 날까지 월 1%의 비율로 계산한 돈을 지급하라."는 소를 제기하였다. 乙은 답변서에서 2020. 6. 30. 甲에게 1,000만 원을 지급하면서 위 대여원리금 중 원금에 충당하기로 합의하였다고 주장하였다. 甲은 2021. 2. 1. 제1회 변론기일에서 乙로부터 2020. 6. 30. 1,000만 원을 지급받았지만 원금에 충당하기로 한 바는 없다고 다투었다. 이에 乙이 증인을 신청하자, 甲은 재판이 빨리 종결될 수 있다면 일부를 양보할 의사도 있다고 진술하였다. 법원은 화해권고결정을 하기 위하여 변론기일을 추정한 다음, 2021. 2. 5. "피고는 원고에게 9,600만 원 및 그 중 9,000만 원에 대하여 2020. 7. 1.부터 다 갚는 날까지 월 1%의 비율로 계산한 돈을 지급하라."는 화해권고결정을 하였다. 위 화해권고결정은 2021. 2. 15. 乙의 주소지로 송달되어 중학생인 乙의 아들 乙-1이 수령하였는데, 당시 乙은 사기사건으로 구속되어 교도소에 수감되어 있었고, 위 화해권고결정은 전달받지 못하였다 甲은 2021. 4. 1. 위 화해권고결정에 집행문을 부여받고 乙 소유의 아파트에 강제경매신청을 하였다. 乙은 집행문부여에 대하여 어떻게 다툴 수 있는가?

1. 쟁점

민소법 제226조, 제231조에 의하면 당사자는 화해권고결정의 정본을 송달받은 때로부터 2주 이내에 이의를 신청할 수 있고, 그 이의신청이 없으면 화해권고결정은 재판상 화해와 같은 효력을 가지므로 민집법 제56조 제6호에 의하여 집행권원이 된다. 사안에서 화해권고결정이 乙의 주소지로 송달될 당시 乙이 교도소에 수감되어 있었는바, 위와 같은 화해권고결정의 송달이 적법한지 여부 및 그 화해권고결정의 송달이 부적법하다면 그러한 화해권고결정에 대하여 집행문이 부여된 경우에 어떻게 다툴 수 있는지가 문제로 된다.

2. 재감자에 대한 송달

민소법 제182조에 의하면, 교도소·구치소 또는 국가경찰서의 유치장에 체포·구속 또는 유치된 사람의 경우 각 시설의 장에게 송달하여야 한다. 판례는 위 규정이 교도소 등 구금장소의 질서유지를 위하여 재감자를 감시하여야 할 공익상의 필요와 재감자에 대하여 수감되기 전의 주소, 거소 등에 송달을 하면 송달서류가 재감자에 전달되는 데에 도리어 시일을 요하게 된다는 것을 고려한 규정이라고 하고, 교도소 등의 소장은 재감자에 대한 송달에 있어서는 일종의 법정대리인이라고 할 것이므로 재감자에 대한 송달을 교도소 등의 소장에게 하지 아니하고 그가 수감되기 전의 주소지 또는 거소지에다 하였다면 무효이고 이는 수소법원이 송달을 실시함에 있어 당사자 또는 소송관계인의 수감사실을 모르고 종전의 주소지 또는 거소지에 한 경우에도 동일하다고 한다(대법원 1982. 12. 28. 선고 82다카349 전원합의체 판결)

3. 위법한 집행문 부여에 대하여 다투는 방법

집행문은 집행권원에 집행력이 있음과 집행당사자를 공증하기 위한 것으로서, 집행권원이 유효하게 존재하지 않은 경우나 집행권원에 집행력이 현존하지 않음에도 집행문이 부여된 경우, 집행문의 방식에 위배한 경우, 재도부여의 사유 없이 재도부여된 경우 등은 집행문부여의 형식적 요건을 갖추지 못한 경우에 해당된다. 이러한 경우에는 집행문이 부여되었다면 민집법 제34조의 집행문부여에 대한 이의신청으로 다툴 수 있다.

4. 사안의 해결

사안에서 乙에 대한 화해권고결정의 송달 시에 乙은 교도소에 수감 중이었으므로 그의 주소지로 한 화해권고결정의 송달은 위법하고 효력이 없으므로 위 화해권고결정은 확정되지 않아서 재판상 화해와 동일한 효력(확정판결과 동일한 효력)이 없다. 확정되지 않은 화해권고결정은 집행권원으로서 유효하지 않음에도 집행문이 부여되었으므로 乙은 민집법 제34조 제1항에 따라 집행문을 부여한 법원사무관 등이 속한 법원(제1심 법원)에 집행문부여에 대한 이의신청을 하여 다툴 수 있다.

상속인의 판결에 의한 이전등기 및 채권자의 대위에 의한 이전등기 / 동시이행관계와 의사진술을 명하는 판결 / 청구이의사유를 집행문부여의 소에서 주장할 수 있는지 여부

甲은 2009. 1. 1. 乙로부터 Y건물을 대금 2억 원에 매수하고 乙을 상대로 소유권이전등기청구소송을 제기하여, 2010. 1. 1. "피고는 원고로부터 1억 원을 지급받음과 동시에 원고에게 Y건물에 관하여 2009. 1. 1. 매매를 원인으로 한 소유권이전등기절차를 이행하라."는 판결을 선고받았고, 그 무렵 위 판결이 확정되었다. 그 후 甲은 2021. 1. 1.경 사망하고 그의 유일한 상속인인 아들 丙이 있다. 丁은 2021. 3. 1. 위 판결문을 제시하는 丙으로부터 Y건물을 대금 2억 5,000만 원에 매수하고, 丙에게 매매대금을 모두 지급하였는데, 丙은 丁으로부터 받은 매매대금 중 1억 원을 乙에게 지급하였다는 말만 하였을 뿐, 丁에게 소유권이전등기를 마쳐주지 않은 채 잠적해버렸다.

가. 丁이 Y건물에 관하여 소유권이전등기를 마치려면 어떻게 하여야 하는가?

1. 쟁점

사안에서 丁이 Y건물에 관한 소유권이전등기를 마치려면 우선 乙로부터 丙으로 소유권이전등기가 마쳐져야 하는바, 甲이 乙을 상대로 하여 받은 소유권이전등기절차이행의 판결을 가지고 乙로부터 丙 명의의 소유권이전등기를 마칠 수 있는 방법이 문제로 된다.

2. 상속인의 판결에 의한 이전등기 및 채권자의 대위에 의한 이전등기

부동산등기법 제23조 제4항에 의하면 판결에 의한 등기는 승소한 등기권리자 또는 등기의무자가 단독으로 신청할 수 있고, 같은 법 제27조에 의하면 등기원인이 발생한 후에 등기권리자 또는 등기의무자에 대하여는 상속이나 그 밖의 포괄승계인이 그 등기를 신청할 수 있으며, 같은 법 제28조에 의하면 채권자는 민법 제404조에 따라 채무자를 대위하여 등기를 신청할 수 있다. 따라서 소유권이전등기를 명하는 판결이 확정된 후 등기 전에 등기권리자(원고)가 사망하였다면, 그 상속인은 부동산등기법 제27조, 부동산등기규칙 제49조에 따라 상속을 증명하는 서면(가족관계등록에 관한 정보 등)을 첨부하여 상속인의 등기신청의 방법으로 직접 자기 명의로 등기신청을 할 수 있고, 이 경우 승계집행문을 필요로 하지 않는다. 또한 상속인의 채권자는 부동산등기법 제28조, 부동산등기규칙 제50조에 의하여 대위의 원인을 증명하는 서면, 즉 피보전채권에 관한 서면(매매계약서 등)을 첨부하여 채무자가 가지는 등기신청권을 대위하여 행사할 수 있다.

3. 동시이행관계와 의사진술을 명하는 판결

민집법 제263조에 의하면 의사의 진술을 명한 판결은 확정된 때에 그 판결로 의사를 진술한 것으로 간주되나 반대의무가 이행된 뒤에 의사진술을 할 것인 경우에는 같은 법 제30조 등에 따라 집행문을 내어준 때에 위와 같은 효력이 생긴다. 따라서 반대의무와 상환으로 소유권이전등기를 명하는 판결을 가지고 단독으로 등기를 신청하기 위하여는 조건성취의 집행문을 부여받아야 한다. 민집법 제30조 제2항에 의하면 조건성취의 집행문을 부여받기 위하여는 이를 증명하는 서면을 집행문부여기관인 제1심 법원에 제출하여야 하는바, 그에 필요한 증명을 할 수 없을 때에는 민집법 제33조에 따라 제1심 법원에 집행문부여의 소를 제기할 수 있다.

4. 사안의 해결

사안에서 丙이 자신의 명의로 소유권이전등기신청을 하려면 상속을 증명하는 서면을 첨부하는 외에, 판결문상의 조건이 성취되었다는 것을 증명하여 집행문을 부여받아야 하는바, 丁으로서는 잠적한 丙을 대신하여 乙로부터 1억 원을 수령하였다는 서면을 받아 丙을 대위하여 집행문을 부여받든지, 자신의 丙에 대한 소유권이전등기청구권을 피보전채권으로 하여 丙을 대위하여 乙을 상대로 집행문부여의 소를 제기할 수 있다. 丁은 丙을 대위하여 집행문을 부여받고 상속을 증명하는 서면을 첨부하여 甲의 승소판결을 가지고 단독으로 丙 명의로 소유권이전등기신청을 하고, 丙을 상대로 소유권이전등기청구소송을 제기하여 丁의 명의로 Y건물에 관한 소유권이전등기를 마칠 수 있다.

나. 丁이 丙을 대위하여 乙을 상대로 제기한 집행문부여의 소에서, 乙은 Y건물을 甲에게 매도하기는 하였으나 여전히 자신이 점유하고 관리하면서 관련 세금도 납부해오고 있으므로 甲의 Y건물에 관한 소유권이전등기청구권이 시효로 소멸되었다는 항변을 하여 다툴 수 있는가?

1. 쟁점

집행문부여의 소에서 청구이의사유를 주장할 수 있는지 여부가 문제로 된다.

2. 청구이의사유를 집행문부여의 소에서 주장할 수 있는지 여부

집행문부여의 소에서 피고가 제출할 수 있는 항변(방어방법)을 조건의 도래나 승계사실의 유무 등 집행문부여의 요건에만 제한할 것인지(=소극설), 청구권원의 실체상의 사유, 즉 청구이의의 사유를 항변으로써 주장할 수 있는지(=적극설)에 관하여 학설상 다툼이 있다.

소극설은, ①집행권원상의 청구권이 소멸하여 청구이의사유가 발생하였다고 하더라도 그로 인하여 바로 집행권원의 집행력이 소멸하는 것은 아니기 때문에 집행문부여기관이 이를 인식하고 있는 경우라도 그것을 이유로 집행문부여를 거절할 수 없으므로 집행문부여의 소에서도 마찬가지로 청구이의사유를 집행문부여청구의 항변으로써 주장할 수 없고, ②집행문부여의 소와 청구이의의 소와는 그 본질적인 기능 내지 목적을 달리하므로 채무자도 그에 대한 주장을 각각 따로 하여야 하며, ③집행문부여의 소의 피고는 청구이의사유가 있는 경우에 반소 또는 별소로써 청구이의의 소를 제기할 수 있고, 법원도 소송에 나타난 자료에 의하여 청구이의의 사유의 존재를 인식한 때에는 석명권을 행사하여 반소 내지 별소의 제기를 촉구할 수 있으므로 실제상 집행채무자에게 불합리하지 않다는 데에 근거한다.

반면, 긍정설은 ①법원사무관등에 의한 집행문부여 단계가 아니라, 법원이 판결절차에 의하여 집행권원의 집행력의 존부를 확정하려는 경우에는 이미 집행력의 존재에 관한 형식적 사유와 보다 근본적인 실체적 사유를 명확히 구별할 필요 없이 집행문부여를 위법하게 하는 실체상의 이의사유도 참작하는 것이 당연하고, ②집행문부여의 소에서 청구이의의 항변을 허용하면 청구이의의 소를 별도로 제기하지 않아도 절차에서 분쟁을 1회적으로 해결할 수 있으므로 소송경제의 요청에도 합치하고 실제상도 합리적이라는 데에 근거한다.

판례는, 민집법이 집행문부여의 소와 청구이의의 소를 각각 인정한 취지에 비추어 보면 집행문부여의 소에 있어서 심리의 대상은 조건의 성취 또는 승계 사실을 비롯하여 집행문부여의 요건에 한하는 것으로 보아야 하므로 채무자가 민집법 제44조에 규정된 청구에 관한 이의의 소에서의 이의 사유를 집행문 부여의 소에서 주장하는 것은 허용되지 아니한다고 한다(대법원 2012. 4. 13. 선고 2011다93087 판결).

3. 사안의 해결

판례에 따르면 사안에서 丁이 丙을 대위하여 제기한 집행문부여의 소에서 乙은 청구이의사유인 소유권이전등기청구권의 시효소멸의 항변을 할 수 없다.

승계집행문 / 위법하게 부여된 승계집행문에 대하여 다투는 방법 / 상속포기와 전부명령

甲이 乙을 상대로 대여금청구소송을 제기하여 2020. 1. 1. "乙은 甲에게 2억 1,000만 원 및 이에 대한 2019. 7. 1.부터 다 갚는 날까지 연 12%의 비율로 계산한 돈을 지급하라."는 판결을 선고받았고, 위 판결이 확정되었다. 乙이 2020. 6. 1. 사망하자, 甲은 2020. 6. 15. 위 확정판결에 관하여 乙의 상속인들인 乙-1(처), 乙-2(자), 乙-3(녀)을 승계인으로 하는 승계집행문을 부여받고, 이에 기하여 2020. 6. 20. 乙-1의 丙에 대한 임대차보증금반환채권 5,000만 원에 대하여 채권압류 및 전부명령을 받았으며, 위 채권압류 및 전부명령은 2020. 6. 30. 乙-1과 丙에게 송달되었고, 2020. 10. 1. 확정되었다. 그런데 乙-1, 2, 3은 2020. 6. 5. 서울가정법원에 乙의 재산에 대한 상속을 포기하는 내용의 상속포기신고를 하였고, 2020. 6. 22. 그 신고가 수리되었다.

가. 乙-1은 위 승계집행문의 부여에 대하여 다툴 수 있는가? 다툴 수 있다면 어떤 방법으로 다투어야 하는가?

1. 위법하게 부여된 승계집행문에 대해 다투는 방법

승계집행문은 집행권원에 표시된 당사자 이외의 사람을 채권자 또는 채무자로 하는 강제집행에 있어서 그 승계가 법원에 명백한 사실이거나 승계사실을 증명서로 증명한 때에 한하여 법원사무관 등이나 공증인이 내어주는 집행문이다(민집법 제31조 제1항). 승계집행문이 위법하게 부여된 때 이를 다투는 방법에는 법원사무관 등의 처분에 관하여 이의신청(집행문부여에 관한 이의신청, 민집법 제34조 제1항), 집행문부여에 대한 이의의 소 제기(민집법 제45조)가 가능하다. 집행문부여에 관한 이의신청과 집행문부여에 대한 이의의 소를 제기할 이익은 집행문이 부여된 후 전체로서 그 집행권원에 의한 강제집행이 종료될 때까지 있지만, 개개의 집행절차에서 집행채권 중 일부 만족을 얻게 되면 그 부분에 관한 소의 이익이 없게 된다. 집행채권에 관하여 채권압류 및 전부명령이 발령되는 경우는 전부명령이 확정됨으로써 그 집행이 종료된다.

2. 승계집행문의 효력 범위

집행권원에 표시된 피상속인의 채무가 여러 사람에게 공동 상속된 경우 그 채무가 가분인 경우에는 그 채무는 공동상속인 사이에서 상속분에 따라 분할되고 이 경우에 부여되는 승계집행문에는 상속분의 비율 또는 그에 기한 구체적인 수액이 기재되어야 하며, 비록 그와 같은 기재가 누락되었다고 하더라도 그 승계집행문은 각 공동상속인에 대하여 각 상속분에 따라 분할된 채무금액에 한하여 효력이 있다.

3. 사안의 해결

사안에서 乙-1이 민법 제1041조에 따라 숙려기간 내에 상속포기의 신고를 하였으므로 乙의 승계인의 지위를 갖지 않음에도 乙-1에 대하여 승계집행문이 부여된 것은 위법하다. 그러나 甲이 乙-1에 대하여 받은 승계집행문에 기초하여 乙-1의 丙에 대한 임차보증금반환채권에 관하여 채권압류 및 전부명령을 받았고 전부명령이 확정되었으므로 그 피전부채권의 범위 내에서는 위 승계집행문의 효력을 다툴 수 없다. 乙-1에 대하여 부여된 승계집행문은 집행권원상의 채무금 중 그의 상속분 3/7에 해당하는 '9,000만 원 및 이에 대한 2019. 7. 1.부터 다 갚는 날까지 연 12%의 비율로 계산한 돈'으로서 100,800,000원(9,000만 원 및 이에 대한 2019. 7. 1.부터 그 전부명령이 제3채무자인 丙에게 송달된 2020. 6. 30.까지의 지연손해금을 합산한 금액, 원 미만 버림)의 범위 내에서 효력이 있다. 따라서 위 금액 중 5,000만 원에 대하여는 전부명령이 확정되어 강제집행이 종료되었으나 나머지 부분에 대하여는 강제집행이 종료되지 않았으므로 승계집행문부여에 대하여 다툴 이익이 있다.

나. 甲이 丙을 상대로 전부금 청구를 하면 승소할 수 있는가?

1. 쟁점

상속포기로 인하여 집행채무자 적격이 없는 자를 집행채무자로 하여 이루어진 채권압류 및 전부명령의 실체법상 효력이 문제된다.

2. 상속포기와 전부명령

집행권원에 표시된 채무자의 상속인이 상속을 포기하였음에도 불구하고, 집행채권자가 동인에 대하여 상속을 원인으로 한 승계집행문을 부여받아 동인의 채권에 대한 압류 및 전부명령을 신청하고, 이에 따라 집행법원이 채권압류 및 전부명령을 하여 그 명령이 확정되었다고 하더라도, 채권압류 및 전부명령이 집행채무자 적격이 없는 자를 집행채무자로 하여 이루어진 이상, 피전부채권의 전부채권자에게의 이전이라는 실체법상의 효력은 발생하지 않는다(대법원 2002. 11. 13. 선고 2002다41602 판결).

3. 사안의 해결

사안에서 甲이 乙의 승계인이 아닌 乙-1에 대하여 위법한 승계집행문을 받고 이에 기하여 乙-1의 丙에 대한 임대차보증금반환채권 중 일부에 관하여 채권압류 및 전부명령을 받아 그 전부명령이 확정되었다고 하더라도 피전부채권인 임대차보증금반환채권이 甲에게 이전되지 않으므로

甲은 丙에 대한 전부금소송에서 승소할 수 없다.

외국법원의 확정판결과 집행판결

미합중국 캘리포니아주 구 민소법(2002. 9. 22. 개정되어 2003. 1. 1. 효력발생되기 전의 것) 제1132조 내지 제1134조는 승인판결(confession judgment 또는 judgment by confession)에 관하여, "피고가 특정 금액의 채무에 관하여 소송절차를 거치지 아니하고 판결로 등록하는 것을 서면으로 승인하고, 또한 피고의 대리인인 변호사가 그 제안된 판결내용을 검토하였다는 것과 피고에게 위 규정상의 절차를 이용함에 따라 포기하게 되는 소송법상의 권리 및 방어수단에 관하여 설명하고 그 절차를 이용하도록 조언하였다는 것을 서면으로 확인한 경우에, 당사자가 소송절차를 거치지 아니하고서도 피고의 채무승인진술서 및 피고의 대리인인 변호사의 확인진술서 등을 판결로 등록할 것을 신청할 수 있고, 이와 같은 신청이 있으면 법원서기(clerk)는 위 각 서류에 서명한 후 이를 판결로 등록하여야 한다."고 규정하고 있다. LA에 거주하는 甲은 乙의 채무승인진술서와 그 변호사의 확인진술서 등을 판결로 등록해 줄 것을 신청하여 위 민소법에 따른 승인판결을 받았다. 甲은 위 승인판결에 의하여 국내에 있는 乙의 부동산에 대하여 집행을 할 수 있는가?

1. 쟁점

민집법 제26조 제1항은 "외국법원의 확정판결 또는 이와 동일한 효력이 인정되는 재판에 기초한 강제집행은 대한민국 법원에서 집행판결로 그 강제집행을 허가하여야 할 수 있다."고 규정하고 있다. 따라서 甲이 캘리포니아주 구 민소법에 따른 승인판결에 의하여 국내에 있는 乙의 부동산에 대하여 집행을 하기 위하여는 집행판결을 받아야 하므로 집행판결의 요건이 검토되어야 한다.

2. 외국법원의 확정판결과 집행판결

민집법 제27조는 집행판결은 재판의 옳고 그름을 조사하지 않고 하여야 하나, 외국법원의 확정재판 등이 확정된 것을 증명하지 아니한 때와 민소법 제217조의 조건을 갖추지 아니한 때에는 각하하여야 한다고 규정하고 있으므로 외국판결에 대하여 집행판결을 받기 위하여는 그 대상이 '외국법원의 확정재판'이어야 하고, 그 '확정재판이 민소법 제217조의 조건'을 갖추어야 한다. 집행판결의 대상이 되는 외국재판(외국판결)은 판례에 의하면, '재판권을 가지는 외국의 사법기관이 그 권한에 기하여 사법상의 법률관계에 관하여 대립적 당사자에 대한 상호간의 심문이 보장된 절차에서 종국적으로 한 재판으로서 구체적 급부의 이행 등 그 강제적 실현에 적합한 내용을 가지는 것을 의미'하고 그 재판의 명칭이나 형식은 문제로 되지 않는다(대법원 2010. 4. 29. 선고 2009다68910 판결 등).

3. 사안의 해결

사안에서 甲이 받은 승인판결은 원고의 승인판결 신청이 있으면 법원서기가 피고의 채무승인진술서 및 피고의 대리인인 변호사의 확인진술서의 제출 여부만을 검토하여 이를 그대로 판결로 등록하는 것이어서 그 과정에서 당사자에 대한 상호간 심문의 기회 등이 보장되어 있다고 할 수 없다. 따라서 위 승인판결은 정식의 판결과 유사한 효력을 가지고, 피고가 심문권 등 소송법상의 권리를 의도적·자발적으로 포기하기로 하고 승인판결절차를 이용하기로 사전에 동의하였다고 하더라도, 이는 법원이 당사자 상호간의 심문이 보장된 사법절차에서 종국적으로 한 재판이라고 할 수 없으므로 집행판결의 대상이 되는 외국법원의 확정재판에 해당되지 않는다. 따라서 甲이 받은 위 승인판결은 민집법 제26조 제1항의 확정재판 등에 해당되지 않아서 집행판결을 받을 수 없으므로 甲은 위 승인판결에 의하여 乙의 부동산에 대하여 강제집행을 할 수 없다.

외국법원의 확정판결과 집행판결 /
민소법 제217조의 요건 /
외국법원의 이혼판결과 이혼신고

캐나다 온타리오주에서 거주하던 甲, 乙은 혼인생활이 파탄되자, 甲이 온타리오주 법원에 乙을 상대로 캐나다법에 따른 이혼 및 자녀양육비, 배우자부양료 등 청구를 하였다. 乙이 적법한 송달을 받고도 위 소송에 불성실하게 대응을 하면서 4년여의 시간이 지나자 위 법원은 乙의 불출석 상태에서 재판을 진행하여 판결을 선고하였고 위 판결은 확정되었다. 캐나다 온타리오주법은 외국판결의 승인에 관한 규정을 두지 않고 있으나, 위 법원은 외국판결을 내린 법원이 해당 사항을 다룰 만한 사법권이 있고, 확정된 외국판결이 캐나다 온타리오주의 공공질서에 반하지 않으며, 외국법원을 기망하거나 자연적 정의의 원리를 위반하여 받은 판결이 아닌 경우에는 이를 승인하여 왔다. 甲은 국내에서 위 판결로써 이혼신고를 하고 위 판결에서 명한 양육비 등에 관해서 국내에 있는 乙의 재산에 집행을 하려고 한다. 어떤 절차를 거쳐야 하는가?

1. 쟁점

외국법원인 캐나다 온타리오주 법원의 판결에 따라 국내에서 이혼신고를 하고 양육비 집행 등을 할 수 있는지가 문제된다.

2. 외국법원의 확정판결과 집행판결

민집법 제26조 제1항은 "외국법원의 확정판결 또는 이와 동일한 효력이 인정되는 재판에 기초한 강제집행은 대한민국 법원에서 집행판결로 그 강제집행을 허가하여야 할 수 있다."고 규정하고 있고, 민집법 제27조는 집행판결은 재판의 옳고 그름을 조사하지 않고 하여야 하나, 외국법원의 확정재판 등이 확정된 것을 증명하지 아니한 때와 민소법 제217조의 조건을 갖추지 아니한 때에는 각하하여야 한다고 규정하고 있다.

3. 민소법 제217조의 외국판결에 대한 승인요건

집행판결을 받기 위한 민소법 제217조의 조건은 '① 우리 법령 등에 따른 국제재판관할의 원칙상 외국법원에 국제재판관할권이 있을 것, ② 패소한 피고가 소장 등이나 기일통지서 등을 적법한 방식에 따라 방어에 필요한 시간을 두고 송달받았을 것, ③ 외국판결 등의 집행이 대한민국의 선량한 풍속 그 밖의 사회질서에 어긋나지 않을 것, ④ 상호보증이 있거나 외국법원이 속한 국가에서의 승인요건이 현저히 균형을 상실하지 아니하고 중요한 점에서 실질적으로 차이가 없을 것'이다.

가. 우리 법령 등에 따른 국제재판관할의 원칙상 외국법원에 국제재판관할권이 있을 것

국제사법 제2조는 "① 법원은 당사자 또는 분쟁이 된 사안이 대한민국과 실질적 관련이 있는 경우에 국제재판관할권을 가진다. 이 경우 법원은 실질적 관련의 유무를 판단함에 있어 국제재판관할 배분의 이념에 부합하는 합리적인 원칙에 따라야 한다. ② 법원은 국내법의 관할 규정을 참작하여 국제재판관할권의 유무를 판단하되, 제1항의 규정의 취지에 비추어 국제재판관할의 특수성을 충분히 고려하여야 한다."고 규정하고 있고, 대법원판례는 국내 법원의 국제재판관할이 문제로 된 사안에 대하여 "국제재판관할은 당사자 간의 공평, 재판의 적정, 신속 및 경제를 기한다는 기본이념에 따라 결정하여야 한다. 구체적으로는 소송당사자들의 공평, 편의 그리고 예측가능성과 같은 개인적인 이익뿐만 아니라 재판의 적정, 신속, 효율 및 판결의 실효성 등과 같은 법원 내지 국가의 이익도 함께 고려하여야 하고, 이러한 다양한 이익 중 어떠한 이익을 보호할 것인지는 개별 사건에서 법정지와 당사자 사이의 실질적 관련성 및 법정지와 분쟁이 된 사안 사이의 실질적 관련성을 객관적인 기준으로 삼아 합리적으로 판단하여야 한다."고 하고(대법원 2013. 7. 12. 선고 2006다17539 판결 등), 외국법원의 재판관할이 문제로 된 사안에 대하여는 "우리나라의 민소법의 토지관할에 관한 규정에 의한 재판적이 외국에 있을 때에는 이에 따라 외국 법원에서 심리하는 것이 조리에 반한다는 특별한 사정이 없는 한 그 외국 법원에 재판관할권이 있다고 봄이 상당하고, 다만, 국제재판관할에서의 관련 재판적은 피고의 입장에서 부당하게 응소를 강요당하지 않도록 청구의 견련성, 분쟁의 1회 해결 가능성, 피고의 현실적 응소가능성 등을 종합적으로 고려하여 신중하게 인정되어야 한다."고 한다(대법원 2003. 9. 26. 선고 2003다29555 판결 등).

나. 외국판결 등의 집행이 대한민국의 선량한 풍속 그 밖의 사회질서에 어긋나지 않을 것

대법원판례는 민소법 제217조 제1항 제3호에 관하여 "외국판결을 승인한 결과가 대한민국의 선량한 풍속이나 그 밖의 사회질서에 어긋나는지는 그 승인 여부를 판단하는 시점에서 외국판결의 승인이 대한민국의 국내법질서가 보호하려는 기본적인 도덕적 신념과 사회질서에 미치는 영향을 외국판결이 다룬 사안과 대한민국과의 관련성의 정도에 비추어 판단하여야 하고, 이때 그 외국판결의 주문뿐 아니라 이유 및 외국판결을 승인할 경우 발생할 결과까지 종합하여 검토하여야 한다."고 하고(대법원 2012. 5. 24. 선고 2009다22549 판결 등 참조), 우리 가족법상 인정되지 않는 이혼에 따른 배우자부양료 등을 명한 외국판결의 효력을 인정하는 것이 대한민국의 선량한 풍속 그 밖의 사회질서에 어긋나지 않는다고 한다(대법원 2009. 6. 25. 선고 2009다22952 판결).

다. 상호보증이 있거나 외국법원이 속한 국가에서의 승인요건이 현저히 균형을 상실하지 아니하고 중요한 점에서 실질적으로 차이가 없을 것

대법원 판례는 민소법 제217조 제1항 제4호에 관하여 "판결국에 있어서 외국판결의 승인요건이 우리나라의 그것과 모든 항목에 걸쳐 완전히 같거나 오히려 관대할 것을 요구하는 것은 지나치게 외국판결의 승인 범위를 협소하게 하는 결과가 되어 국제적인 교류가 빈번한 오늘날의 현실에 맞지 아니하고, 오히려 외국에서 우리나라의 판결에 대한 승인을 거부하게 하는 불합리한 결과를 가져온다는 점을 고려할 때 우리나라와 외국 사이에 동종 판결의 승인요건이 현저히 균형을 상실하지 아니하고 외국에서 정한 요건이 우리나라에서 정한 그것보다 전체로서 과중하지 아니하며 중요한 점에서 실질적으로 거의 차이가 없는 정도라면 민소법 제217조 제4호에서 정하는 상호보증의 요건을 구비하였다고 봄이 상당하다. 또한 이와 같은 상호의 보증은 외국의 법령, 판례 및 관례 등에 의하여 승인요건을 비교하여 인정되면 충분하고 반드시 당사국과의 조약이 체결되어 있을 필요는 없으며, 당해 외국에서 구체적으로 우리나라의 동종 판결을 승인한 사례가 없더라도 실제로 승인할 것이라고 기대할 수 있는 상태이면 충분하다 할 것이다."고 한다(대법원 2009. 6. 25. 선고 2009다22952 판결 등).

4. 외국법원의 이혼판결과 이혼신고

대법원의 가족관계등록예규(외국법원의 이혼판결에 의한 등록관계사무처리지침)에 의하면 민소법 제217조의 요건을 구비한 외국법원의 이혼판결은 그 이혼판결의 정본 또는 등본과 판결확정증명서, 패소한 피고가 소장 또는 이에 준하는 서면 및 기일통지서나 명령을 적법한 방식에 따라 방어에 필요한 시간여유를 두고 송달 받았거나, 송달받지 아니하였더라도 소송에 응한 서면 및 위 각 서류의 번역문을 첨부하여 가족관계의 등록 등에 관한 법률에 따라 이혼신고를 할 수 있다.

5. 사안의 해결

사안에서 甲이 위 외국판결을 가지고 이혼신고를 하기 위해서는 그 판결이 민소법 제217조의 조건을 갖추어야 하고, 또 甲이 양육비에 관하여 乙의 국내재산에 집행을 하기 위해서는 집행판결을 받아야 하는데 그 집행판결을 받기 위해서는 민소법 제217조의 조건을 갖추어야 하므로 위 외국판결이 민소법 제217조의 요건을 갖추었는지 검토해보아야 한다. 피고의 주거지가 캐나다 온타리오주여서 온타리오주 법원은 우리 민소법 제2조, 제3조에 의한 보통재판적이 있는 법원이고 위 법원에서 甲과 乙의 이혼과 그에 따른 양육비 등을 심리하는 것이 조리에 반한다고 볼 만한 특별한 사정은 없으므로 우리 국제사법 제2조와 대법원판례에 의하여 위 법원에 국제재판관할을 인정할 수 있다. 다음으로 피고가 소장과 기일통지서 등을 적법하게 송달받았으므로 송달에 관한 요건을 충족한다. 세 번째 조건에 관련하여 자녀양육비 이외에 우리 가족법에서 규정하고 있지 않은 배우자부양료의 지급을 명한 위 외국판결도 이 요건은 갖추었다고 볼 수 있다. 마지막으로 이 사안에서 위 외국판결을 한 온타리오 법원이 속한 캐나다 온타리오주법은 외국판결의 승인에 관한 규정을 두지 않고 있으나, 위 법원은 외국판결을 내린 법원이 해당 사항을 다룰 만한 사법권이 있고 확정된 외국판결이 캐나다 온타리오주의 공공질서에 반하지 않으며 외국법원을 기망하거나 자연적 정의의 원리를 위반하여 받은 판결이 아닌 경우에는 이를 승인하여 왔으므로 캐나다 온타리오주의 외국판결의 승인 요건이 현저하게 균형을 상실하지 아니하고, 우리 민소법이 정한 그것보다 전체로서 과중하지 아니하며 중요한 점에서 실질적으로 거의 차이가 없다고 할 수 있으며, 캐나다 온타리오주가 우리나라의 동종 판결을 승인할 것으로 기대할 수 있으므로 네 번째 요건 역시 충족하였다. 따라서 甲이 받은 위 외국판결은 민소법 제217조 제1항 각 호의 요건을 갖추고 있으므로 甲은 위 외국판결에 의하여 이혼신고하고, 또 양육비와 부양료에 관하여 집행판결을 받아서 乙의 국내재산에 집행을 할 수 있다.

의사진술을 명하는 판결과
등기권리자 지위의 승계

甲은 2018. 1. 1. 乙로부터 Y부동산을 대금 1억 원에 매수하였는데, 乙이 그 소유권이전등기를 해주지 않자, 2019. 1. 1. 乙을 상대로 소를 제기하여 2018. 1. 1.자 매매를 원인으로 하는 소유권이전등기절차를 이행하라는 판결을 선고받았고, 그 판결은 2019. 12. 1.경 확정되었다. A는 2020. 1. 1. 甲으로부터 Y부동산을 대금 1억 5,000만 원에 매수하였고, 甲으로부터 위 판결의 정본을 받았다. A는 Y부동산에 관한 소유권이전등기를 마치기 위하여 위 판결의 정본에 승계집행문을 부여해달라는 신청을 하였다. A의 신청은 받아들여질 수 있는가? 달리 A가 Y부동산에 관하여 소유권이전등기를 마칠 수 있는 방법이 있는가?

1. 쟁점

매매를 원인으로 하는 소유권이전등기절차의 이행을 명하는 판결의 확정된 후의 매수인 A가 위 판결에 승계집행문을 부여받을 수 있는지 여부 및 달리 소유권이전등기를 마칠 수 있는 방법이 있는지가 문제된다.

2. 의사진술을 명하는 판결과 등기권리자 지위의 승계

민집법 제263조 제1항은 의사표시의무의 집행에 관하여 '의사의 진술을 명한 판결이 확정된 때에는 그 판결로 의사를 진술한 것으로 본다.'고 규정하고 있다. 민집법 제263조 제2항과 같이 반대의무의 이행 등과 같은 조건이 부가된 것이 아니라 단순하게 의사의 표시를 명하는 경우에 판결 확정시에 의사표시가 있는 것으로 간주된다. 의사표시 간주의 효과가 생긴 후에 등기권리자의 지위가 승계된 경우에는 부동산등기법의 규정에 따라 등기절차를 이행할 수 있을 뿐이고 원칙적으로 승계집행문이 부여될 수 없다(대법원 2017. 12. 28.자 2017그100 결정).

3. 사안의 해결

사안에서 A는 甲이 받은 소유권이전등기절차이행을 명하는 판결이 확정된 후에 甲에 대하여 Y부동산에 관한 이전등기청구권을 취득하게 되었으므로 위 판결에 대하여 승계집행문을 받을 수 없다. 법원은 A의 승계집행문부여신청을 거절하여야 한다. A는 대위신청을 하여 甲이 받은 판결에 기초하여 Y부동산에 관하여 乙로부터 甲으로 소유권이전등기를 마친 뒤(부동산등기법 제28조, 제23조 제4항), 甲과 공동으로 소유권이전등기신청을 하거나, 甲과 공동으로 등기신청을 할 수 없는 경우에는 甲을 상대로 소를 제기하여 소유권이전등기절차의 이행을 명하는 판결을 받아서 단독으로 등기신청을 할 수 있다.

승계집행문의 요건과 승계집행문 부여에 대한 불복 방법 / 합병무효판결이 있는 경우

A주식회사는 B주식회사를 상대로 물품대금청구소송을 제기하여 "피고는 원고에게 1억 원을 지급하라."는 판결을 선고받았고, 그 판결이 확정되었다. A주식회사가 B주식회사에 대한 강제집행을 하기 위하여 B주식회사의 상업 등기부를 열람하였더니, B주식회사는 C주식회사에 흡수합병된 사항이 기재되어 있었다. A주식회사는 상업등기부에 기초하여 C주식회사에 대하여 승계집행문을 부여받았다. 그 후, 위 합병에 관하여 합병무효판결(상법 제236조)이 선고되어 확정되었다. C주식회사는 어떻게 다툴 수 있는가?

1. 쟁점

사안에서 흡수합병을 사유로 승계집행문이 부여된 후 합병무효판결이 확정된 경우에 승계집행문 부여와 관련하여 다투는 방법을 검토해 보아야 한다.

2. 승계집행문의 요건과 승계집행문 부여에 대한 불복 방법

판결에 표시된 채무자의 승계가 법원에 명백한 사실이거나 증명서로 승계를 증명한 때에는 그 채무자의 승계인에 대한 집행을 위하여 재판장의 명령에 따라 승계집행문을 내어 줄 수 있다(민집법 제31조, 제32조). 승계집행문 부여의 요건은 집행권원에 표시된 당사자에 관하여 실체법적인 승계가 있었는지 여부이다. 채무자가 채무자 지위의 승계를 부인하여 다투는 경우에는 승계집행문 부여에 대한 이의의 소를 제기할 수 있고(민집법 제45조), 집행문부여에 대한 이의신청도 할 수 있다(민집법 제45조 단서). 다만, 이러한 방법으로 다투는 것은 집행권원에 의한 집행이 완료되기 전이어야 한다. 승계사실의 부존재와 같은 실체적 요건의 흠을 판단하는 기준시점은 승계집행문 부여시가 아니라 이의에 대하여 판단하는 시점이다. 승계집행문 부여에 이의의 소에서 승계사실에 대한 증명책임은 승계를 주장하는 채권자에게 있다(대법원 2015. 1. 29. 선고 2012다111630 판결).

3. 합병무효판결이 있는 경우

합병무효판결은 상법 제240조, 제190조에 따라 판결 당사자가 아닌 제3자에 대하여도 일반적인 효력이 있으므로 승계집행문 부여에 대한 이의의 소에서 합병사실의 존부를 판단함에 있어서 일반에 대한 공시를 위한 합병무효등기가 마쳐졌는지 여부는 영향을 미칠 수 없다(대법원 2016. 6. 23. 선고 2015다52190 판결).

4. 사안의 해결

사안에서 B주식회사와 C주식회사의 합병이 판결에 의하여 무효로 확정되었으므로 C주식회사는 B주식회사의 승계인이 될 수 없다. 따라서 C주식회사는 승계집행문을 부여한 법원사무관등의 소속 법원(제1심 법원)에 집행문부여에 대한 이의신청을 하거나, 집행권원인 판결의 제1심 법원에 A주식회사를 상대로 승계집행문 부여에 대한 이의의 소를 제기하여 승계집행문 부여에 대하여 다툴 수 있다. 이의의 소를 제기하면서 잠정처분으로서 강제집행정지신청을 할 수 있다(민집법 제46조).

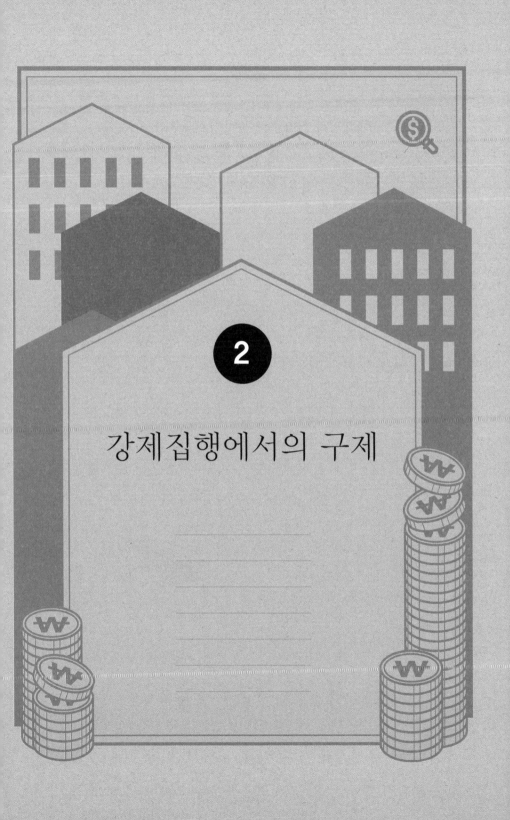

2

강제집행에서의 구제

무권대리인의 촉탁에 의하여 작성된 공정증서의 효력 / 무효인 공정증서에 대하여 집행 문이 부여된 경우에 다투는 방법

丙이 형인 乙 명의로 甲으로부터 5,000만 원을 차용하면서 공정증서 작성에 필요한 서류를 작성하여 주었다. 甲은 채권자 본인 및 채무자인 乙의 대리인으로서 공증인에게 "乙은 甲으로부터 2020. 1. 1. 차용한 5,000만 원을 2020. 8. 31.까지 변제하지 못할 경우에는 즉시 집행을 당하여도 이의가 없다."는 내용이 기재된 공정증서의 작성을 촉탁하였다. 甲은 丙이 2020. 8. 31.까지 5,000만 원을 변제하지 아니하자, 2020. 9. 1. 위 공정증서에 집행문을 부여받아 乙 소유의 부동산에 대하여 강제경매신청을 하였다. 丙이 甲으로부터 돈을 빌리는 사실을 알지 못했던 乙은 어떤 조치를 취하여야 하는가?

1. 쟁점

무권대리인의 촉탁에 의하여 작성된 공정증서에 기초하여 개시된 강제집행을 취소시킬 수 있는 방법이 문제로 된다.

2. 무권대리인의 촉탁에 의하여 작성된 공정증서의 효력

민집법 제56조 제5호에 의하면 공증인이 일정한 금액의 지급을 목적으로 하는 청구에 관하여 작성한 공정증서로서 채무자가 강제집행을 승낙한 취지가 적혀있는 것은 집행권원이 되고, 같은 법 제59조에 의하면 공정증

서에 의한 집행은 공증인으로부터 집행문을 받아야 가능하다. 한편, 공정
증서가 집행권원으로서 집행력을 가질 수 있도록 하는 집행인낙의 표시
는 공증인에 대한 소송행위이므로, 무권대리인의 촉탁에 의하여 공정증서
가 작성된 때에는 집행권원으로서 효력이 없다(대법원 2006. 3. 24. 선고 2006
다2803 판결 등).

3. 무효인 공정증서에 대하여 집행문이 부여된 경우에 다투는 방법

공정증서가 요건을 흠결하여 무효임에도 이에 집행문이 부여된 경우에는
집행문부여의 요건을 갖추지 못한 경우이므로, 민집법 제59조 제2항에 따
라 집행문부여에 대한 이의신청을 하여 무효인 공정증서에 부여된 집행문
을 취소하는 결정을 받아 그 집행력을 배제시킬 수 있다(대법원 1999. 6. 23.자
99그20 결정). 또, 민집법 제59조 제4항, 제44조에 따라 청구이의의 소를 제
기하여 집행권원상의 청구권이 발생하지 않음을 주장, 증명함으로써 무효인
공정증서의 집행력을 배제할 수 있다(대법원 1998. 8. 31.자 98마1535,1536 결정).
민집법 제50조, 제49조 제1호, 제57조에 의하면 집행기관은 공정증서에 대
하여 강제집행을 허가하지 아니하는 취지를 적은 집행력 있는 재판의 정
본이 제출되면 강제집행을 정지하고 이미 실시한 집행처분을 취소하여야
하는바, 집행문부여에 관한 이의신청에 대한 인용결정이나 청구이의의 소
에 대한 판결정본은 위 조항의 재판정본이 된다. 한편, 집행문부여에 대한
이의신청을 하는 경우에는 민집법 제34조 제2항, 제16조 제2항에 의하여,
청구이의의 소를 제기하는 경우에는 민집법 제46조, 제47조에 의하여 강
제집행을 일시 정지하게 하는 잠정처분을 받을 수 있는바, 이는 민집법 제
49조 제2호의 재판의 정본이 된다.

4. 사안의 해결

사안에서 乙은 집행문부여에 대한 이의신청 또는 청구이의의 소를 제
기하여 공정증서의 집행력을 배제(그 공정증서에 기한 강제집행을 불허)하는 결

정 또는 판결을 받고 그 정본을 집행법원(경매법원)에 제출함으로써 乙의 부동산에 대한 강제경매를 정지하고 강제경매개시결정을 취소시킬 수 있는바, 위 신청이나 소송이 계속되는 동안에는 강제집행의 정지를 명하는 잠정처분을 받아서 그 결정문을 집행법원에 제출함으로써 부동산에 대한 강제경매절차를 정지시킬 수 있다.

가집행선고부 판결에 기한
집행절차에서 한 변제의 효과 발생 시점

甲은 2019. 1. 1. 乙로부터 건물신축공사를 도급받아 2019. 6. 30. 그 공사를 완료하고 준공검사까지 마치고 인도하여 주었으나 乙이 그 공사대금 중 일부를 지급하지 않자, 乙을 상대로 공사잔대금청구의 소를 제기하여, 2021. 3. 1. "乙은 甲에게 금 5,000만 원 및 이에 대하여 2019. 7. 1.부터 2020. 6. 30.까지는 연 5%, 그 다음날부터 다 갚는 날까지는 연 12%의 비율로 계산한 돈을 지급하라."는 가집행선고부 일부 승소판결을 선고받았다. 甲과 乙이 모두 항소를 제기하였고, 항소심 법원은 2021. 7. 31. 쌍방 항소를 모두 기각하는 판결을 선고하였으며, 甲과 乙이 모두 상고를 하지 아니함으로써 그 무렵 위 제1심판결이 확정되었다. 甲은 항소심 계속 중에 위 가집행선고부 제1심 판결에 기초하여 乙의 丙은행에 대한 예금채권에 대하여 압류 및 추심명령을 받았고, 2021. 6. 30. 丙은행으로부터 3,000만 원을 수령한 다음 위 제1심 판결상 채권에 충당하였다. 甲은 위 제1심판결이 확정된 후 다시 乙의 丁은행에 대한 예금채권에 대하여 압류 및 추심명령을 신청하면서 위 제1심판결의 주문에 기재된 금원을 그대로 청구채권액으로 기재하였다. 乙이 甲의 위 부당한 집행을 막을 수 있는 방법이 있는가?

1. 쟁점

가집행선고부 판결에 기초하여 집행이 된 경우에 집행채권에 대한 변제의 효과가 발생하는 시점과 이를 사유로 집행권원 중 일부의 집행력을 배제하는 방법이 무엇인지가 문제로 된다.

2. 가집행선고부 판결에 기초한 집행에 따른 변제의 효과 발생 시점

제1심 판결 선고 후 채무자가 항소를 제기하여 제1심에서 인용한 금원에 대하여 다투고 있다면, 제1심 판결에 붙은 가집행선고에 기한 집행절차에 의하여 지급된 금원에 대하여는 확정적으로 변제의 효과가 발생하는 것이 아니어서 항소심은 그러한 사유를 참작하지 않고 판결을 한다. 따라서 항소심 재판 계속 중에 가집행선고부 제1심 판결의 집행절차에 의하여 지급된 금원에 의한 집행채권의 소멸 효과는 그 판결이 확정된 때에 비로소 발생하므로 가집행선고부 제1심 판결에 의하여 집행채권 중 일부의 지급이 있었다는 사정은 확정판결의 기판력 표준시인 사실심 변론종결 시이후의 사유로서 확정판결의 집행력을 배제하는 적법한 청구이의사유가될 수 있다(대법원 1995. 6. 30. 선고 95다15827 판결 등).

3. 사안의 해결

사안에서 甲이 항소심 계속 중에 가집행선고부 제1심 판결에 기초하여 乙의 丙은행에 대한 예금채권에 대하여 압류 및 추심명령을 받고, 2021. 6. 30. 丙은행으로부터 수령한 3,000만 원을 집행채권 중 일부[5,000만원에 대한 2019. 7. 1.부터 2021. 6. 30.까지의 지연손해금 850만 원(250만 원+600만 원)과 원금 중 2,150만 원]의 변제에 충당함으로써 집행채권 중미변제액은 2,850만 원 및 이에 대한 2021. 7. 1.부터 다 갚는 날까지 연12%의 비율로 계산한 돈이 남게 되었고, 이러한 확정판결상 채권에 대한변제의 효과는 사실심 변론종결 이후의 사유에 해당되므로, 집행채무자인乙은 위와 같은 사정을 사유로 위 확정판결 중 일부의 집행력을 배제하기위하여 민집법 제44조에 의하여 청구이의의 소를 제기할 수 있다. 乙로서는 甲을 상대로 위 확정판결 중 '2,850만 원 및 이에 대한 2021. 7. 1.부터 다 갚는 날까지 연 12%의 비율로 계산한 돈'을 초과하는 범위에 대하여 청구이의의 소를 제기하고, 그와 함께 민집법 제46조 제2항에 의한 잠정처분으로서 강제집행정지신청을 하여 청구이의의 소에 관한 판결이 있을 때까지 위 부분에 대한 강제집행을 정지시킬 수 있다.

확정판결에 의한 집행과 권리남용

甲은 2016. 1. 1. 乙에게 5,000만 원을 변제기는 2016. 12. 31., 이자는 월 1%로 정하여 대여하였고, 丙과 丁이 乙의 위 대여금채무를 연대보증하였다. 乙이 위 대여원리금을 전혀 변제하지 않자, 甲은 2018. 1. 1. 乙과 丙을 상대로 "피고들은 연대하여 원고에게 5,000만 원 및 이에 대하여 2016. 1. 1.부터 다 갚는 날까지 월 1%의 비율에 의한 금원을 지급하라."는 청구를 하였다. 丁이 2018. 6. 30. 甲에게 위 대여원리금에 관하여 2,500만 원을 변제하였고, 甲은 이를 위 대여원리금 중 이자 및 지연손해금과 원금 일부의 변제에 충당하였다. 그런데 甲은 위 소송에서 종전의 청구취지를 감축하지 않고 그대로 유지하였고, 乙과 丙은 丁의 일부 변제사실을 알지 못하여 위 소송에서 변제항변을 하지 못함으로써, 2018. 10. 1. 甲의 전부 승소 판결이 선고되었고, 위 판결은 그 무렵 확정되었다. 그 후 丁은 2018. 12. 31. 甲에게 1,240만 원을 추가로 변제하였고, 甲은 이를 위 대여원리금 중 지연손해금과 원금의 일부에 충당한 뒤, 丁을 상대로 보증금청구소송을 제기하여, 2020. 1. 1. "피고는 원고에게 3,000만 원 및 이에 대한 2019. 1. 1.부터 다 갚는 날까지 월 1%의 비율에 의한 금원을 지급하라."는 판결을 선고받았고, 위 판결 그 무렵 확정되었다. 그런데 甲은 2021. 1. 1. 丙에 대한 위 판결에 기하여 丙 소유의 부동산에 강제경매신청을 하였다. 丙은 위 강제집행을 저지할 수 있는가?

1. 쟁점

甲이 乙과 丙에 대한 대여금과 연대보증금 청구소송 계속 중에 연대보증인 중의 1인인 丁으로부터 채권액 중 일부를 변제받았음에도 그 소송과정에서 위의 사실을 밝히지 않음으로써 집행권원상의 채권이 실체적 권리관계와 부합하지 않게 되었고, 위 소송의 판결확정 후에 丁으로부터 또다시 집행권원상의 채권 중 일부를 변제받았는바, 위와 같은 사유를 주장하여 甲의 丙에 대한 판결의 일부 집행력을 배제하기 위한 청구이의의 소를 제기할 수 있는지가 문제로 된다.

2. 확정판결에 의한 집행과 권리남용

확정판결에 의한 권리라 하더라도 신의에 좇아 성실히 행사되어야 하고 그 판결에 기한 집행이 권리남용이 되는 경우에는 허용되지 않으므로 집행채무자는 청구이의의 소에 의하여 그 집행의 배제를 구할 수 있다. 확정판결의 내용이 실체적 권리관계에 배치되는 경우, 그 판결에 의하여 집행할 수 있는 것으로 확정된 권리의 성질과 그 내용, 판결의 성립 경위 및 판결 성립 후 집행에 이르기까지의 사정, 그 집행이 당사자에게 미치는 영향 등 제반 사정을 종합하여 볼 때, 그 확정판결에 기한 집행이 현저히 부당하고 상대방으로 하여금 그 집행을 수인하도록 하는 것이 정의에 반함이 명백하여 사회생활상 용인할 수 없다고 인정되는 경우에는 그 집행은 권리남용으로서 허용되지 않는다(대법원 1997. 9. 12. 선고 96다4862 판결 등).

3. 사안의 해결

사안에서 우선 甲이 2018. 6. 30. 丁으로부터 변제받은 2,500만 원 부분은 甲의 乙과 丙에 대한 소송이 사실심 변론종결 선의 사유이므로 乙과 丙이 이에 관한 변제항변을 하지 않은 이상, 이를 청구이의의 사유로 하기 어려운 면은 있다. 그러나 甲의 乙과 丙에 대한 집행채권의 성립경위에 관하여 보면, 乙과 丙이 위 소송에서 변제항변을 하지 못한 것은 甲과

丁 사이의 일부 채무의 변제사실을 알지 못함에 따라 어쩔 수 없었던 사정임에 반하여, 甲이 丁으로부터 채권 중 일부를 변제받고도 청구취지를 감축하지 않고 그대로 유지함에 기인한 것이어서 부당한 면이 있다. 또 甲의 丙에 대한 집행채권에 의한 집행에 이르기까지의 사정을 보면, 甲은 위 집행채권의 성립 후에도 2018. 12. 31. 丁으로부터 1,240만 원을 추가로 변제받고 丁을 상대로 보증금청구소송을 제기하여 2020. 1. 1. 판결을 선고받음으로써 甲이 행사할 수 있는 잔여 채권액에 관하여 명확하게 알고 있었음에도 2021. 1. 1 부동산강제경매를 신청하면서 丙에 대한 집행권원(확정판결)상의 채권액 전액을 청구채권액으로 한 것은 丙의 보증채무액 중 일부가 변제되어 소멸되었음에도 이를 이중으로 지급받고자 하는 태도로서 신의에 반하고 부당함이 현저하다고 볼 수 있다. 이미 소멸된 보증채무의 변제를 위하여 연대보증인에 불과한 丙에게 부동산에 관한 강제집행을 수인하게 하는 것은 가혹하다. 따라서 甲이 2018. 6. 30. 丁으로부터 변제받은 2,500만 원 부분에 관하여 집행을 하는 것은 권리남용에 해당되어 청구이의의 사유로 삼을 수 있다. 다음으로 甲이 2018. 12. 31. 丁으로부터 추가로 변제받은 1,240만 원 부분은 甲의 丙에 대한 집행권원의 변론종결 시 이후의 사유에 해당하므로 청구이의의 사유가 된다. 결국, 丙의 甲에 대한 집행권원상의 채무는 '3,000만 원 및 이에 대한 2019. 1. 1.부터 다 갚는 날까지 월 1%의 비율에 의한 금원'이 남아있으므로, 丙은 부동산강제경매비용과 위 금원을 변제공탁하고, 甲을 상대로 청구이의의 소를 제기하여 강제집행을 저지하여야 한다.

일부 변제공탁의 효력

甲은 乙을 상대로 대여금청구소송을 제기하여, 2021. 3. 1. "乙은 甲에게 1억 원 및 이에 대하여 2020. 1. 1.부터 다 갚는 날까지는 월 1%의 비율에 의한 돈을 지급하라."는 판결을 선고받았고, 위 판결은 그 무렵 확정되었다. 甲이 2021. 5. 1. 위 판결을 집행권원으로 하여 乙 소유의 부동산에 관하여 강제경매신청을 하면서 집행채권을 대여원금 1억 원으로 한정하였다. 乙은 2021. 6. 30. 1억 원과 집행비용 700만 원을 변제공탁한 다음, 위 판결의 집행력의 배제를 구하는 청구이의의 소를 제기하였다. 甲은 위 공탁금 1억 원은 위 대여원리금 중 이자 및 지연손해금에 우선 충당하고 나머지는 원금에 충당한다고 이의를 유보하고 위 공탁금을 수령하였다. 乙이 甲의 위 강제집행을 저지할 수 있는 방법이 있는가? 乙이 추가로 변제공탁을 해야 한다면 그 액수는 얼마나 되는가?

1. 쟁점

사안에서 乙의 변제공탁에 의하여 집행채권이 소멸되었는지가 문제로 된다.

2. 일부 변제공탁의 효력

변제공탁이 유효하려면 채무 전부에 대한 변제의 제공 및 채무 전액에 대한 공탁이 있음을 요하고 채무 전액이 아닌 일부에 대한 공탁은 그 부분에 관하여서도 변제의 효력이 생기지 않으나, 채권자가 공탁금을 채권의 일부에 충당한다는 유보의 의사표시를 하고 이를 수령한 때에는 그 공탁금은 채권의 일부의 변제에 충당된다(대법원 2012. 3. 15. 선고 2011다83776 판결 등). 한편, 채무자가 1개 또는 수개의 채무의 비용 및 이자를 지급하여야 할 경우에 변제자가 그 전부를 소멸하게 하지 못하는 급여를 한 때에는 비용, 이자, 원본의 순서로 변제에 충당하여야 한다(민법 제479조 제1항).

3. 사안의 해결

사안에서 乙의 공탁금은 甲의 乙에 대한 집행권원(확정판결)상의 채권 중 일부에 불과하므로 그 공탁으로써 채무변제의 효과가 발생하지는 않지만, 甲이 공탁금을 채무 중 일부에 충당한다는 이의를 유보하고 수령함으로써 甲의 乙에 대한 집행권원상의 채권 중 일부는 공탁에 의하여 소멸된다. 공탁금 1억 700만 원은 민법 제479조 제1항의 법정변제충당의 순서에 따라 부동산강제경매절차의 진행으로 발생한 집행비용 700만 원과 확정판결에 따른 대여원금의 이자 및 지연손해금[2021. 6. 30.을 기준으로 1,800만 원(=1억 원 x 0.01 x 18월)]과 원금 1억 원 중 8,200만 원(1억 원 − 1,800만 원)의 변제에 충당된다. 乙이 부동산에 관하여 진행되는 강제집행을 저지하기 위해서는 그 집행권원의 집행력을 완전히 배제하여야 하므로 집행권원상의 잔여 채무액, 즉 잔여 원금 1,800만 원과 이에 대한 2021. 7. 1.부터 다 갚는 날까지 월 1%의 비율로 계산한 지연손해금을 추가로 변제 또는 변제공탁하여야 한다.

가압류등기가 마쳐진 부동산을 취득한 사람이
집행채권자에게 대항할 수 있는 경우

甲이 2020. 1. 1. 乙로부터 乙 소유의 아파트를 매수하고, 공인중개사인 丙에게 소유권이전등기를 위임하였다. 그런데 乙이 2020. 1. 3.경 부도가 나자, 丙은 자신의 지인인 丁의 乙에 대한 대여금채권을 확보해주기 위하여 丁과 상의하여 乙 소유의 아파트에 가압류신청을 하고, 丁의 가압류등기가 기입된 뒤에 甲의 소유권이전등기가 마쳐지도록 하였다. 그 후 丁은 乙을 상대로 대여금청구소송을 제기하여 그 확정판결에 기하여 위 가압류를 본압류로 이행하여 위 아파트에 대한 강제경매신청을 하였다. 甲의 구제방법은?

1. 쟁점

甲이 丁에 대하여 乙 소유의 아파트에 대한 소유권을 주장하여 제3자이의의 소를 제기할 수 있을지가 문제로 된다.

2. 가압류등기가 마쳐진 후 소유권을 취득한 사람이 집행채권자에게 대항할 수 있는 경우

제3자이의의 소는 이미 개시된 집행의 목석물에 대하여 소유권 기타 목적물의 양도나 인도를 저지하는 권리를 주장함으로써 그에 대한 배제를 구하는 것이므로(민집법 제48조) 그 소의 원인이 되는 권리는 집행채권자에게 대항할 수 있는 것이어야 하고, 그 대항 여부는 그 권리의 취득과 집행

의 선후에 의하여 결정되는 것이 보통이므로 그 권리가 집행 당시에 이미 존재하여야 하는 것이 일반적이지만, 집행 후에 취득한 권리라고 하더라도 특별히 권리자가 이로써 집행채권자에게 대항할 수 있는 경우라면 그 권리자는 그 집행의 배제를 구하기 위하여 제3자이의 소를 제기할 수 있다(대법원 1997. 8. 29. 선고 96다14470 판결 등). 가압류집행이 형식적으로는 채권 확보를 위한 집행절차라고 하더라도 그 자체가 법이 보호할 수 없는 반사회적 행위에 의하여 이루어진 것임이 분명한 이상 그 집행의 효력을 그대로 인정할 수 없으므로, 위 가압류집행 후 본집행으로 이행하기 전에 소유권을 취득한 자는 그 가압류집행에 터잡은 강제집행절차에서 그 집행의 배제를 구할 수 있다(대법원 1996. 6. 14. 선고 96다14494 판결 참조).

3. 사안의 해결

사안에서 공인중개사인 丙이 甲으로부터 乙 소유 아파트에 관한 매매를 원인으로 한 소유권이전등기의 위임을 받은 후에 乙이 부도가 나자 자신의 지인인 丁의 乙에 대한 채권의 확보를 해주기 위하여 위 아파트에 가압류신청을 한 다음, 甲의 소유권이전등기가 마쳐지게 하였는바, 丙의 위와 같은 행위는 甲으로부터 수임받은 임무에 위배한 것으로서 반사회적 행위에 해당하므로 丙과 丁이 공모하여 한 가압류의 효력을 인정할 수 없다. 따라서 甲은 丁을 상대로 제3자이의의 소를 제기하여 위 아파트에 대한 강제집행을 저지할 수 있다.

목적물반환청구권과 제3자이의의 소

甲은 2021. 1. 1. 乙에게 丙 소유인 예술작품을 임대하기로 하는 약정을 체결하고 2021. 2. 1. 丙의 승낙 하에 위 예술작품을 인도하였다. 그런데 乙의 채권자인 丁이 위 예술작품에 대하여 가압류신청을 하여 가압류결정을 받고 이를 집행하였다. 甲은 어떤 조치를 취해야 하나?

1. 갱점

甲이 乙에게 예술작품에 대한 반환청구권을 행사하여 집행채권자에 대하여 그 인도를 저지할 권리를 가지는지가 문제로 된다.

2. 목적물반환청구권과 제3자이의의 소

민집법 제48조는 제3자가 강제집행의 목적물에 대하여 소유권이 있다고 주장하거나 목적물의 양도나 인도를 막을 수 있는 권리가 있다고 주장하는 때에는 채권자를 상대로 그 강제집행에 대한 이의의 소를 제기할 수 있다고 규정하고 있으므로 제3자이의의 소의 이의원인은 소유권에 한정되는 것이 아니고 집행목적물의 양도나 인도를 막을 수 있는 권리이면 된다. 판례에 의하면 집행목적물이 집행채무자의 소유에 속하지 아니한 경우에는 집행채무자와의 계약관계에 기초하여 집행채무자에 대하여 목적물의 반환을 구할 수 있는 채권적 청구권을 가지고 있는 제3자도 집행에 의한 양도나 인도를 막을 이익이 있으므로 그 채권적 청구권도 제3자이의의 소의 이의원인이 될 수 있다(대법원 2003. 6. 13. 선고 2002다16576 판결 등).

3. 사안의 해결

사안에서 甲은 乙에 대하여 예술작품(동산)에 대한 임대인으로서 그 반환청구권이 있고, 乙의 丁에 대한 양도나 인도를 막을 이익이 있으므로 丁을 상대로 제3자이의의 소를 제기하여 위 예술작품에 대한 가압류를 저지하여야 한다(甲은 제3자이의의 소제기와 함께 민집법 제48조 제3항에 근거하여 잠정처분으로서 강제집행정지 및 취소를 신청할 수 있다).

금전채권과 제3자이의의 소 /
조합재산에 대한 강제집행과 제3자이의의 소

甲과 乙은 2021. 1. 1. 예술의 전당 한가람미술관에서 루브르박물관으로부터 대여받은 루벤스 작품의 전시회를 공동으로 개최하여 그 수익을 반분하기로 하는 동업약정을 체결하였는데, 乙은 2021. 1. 5. 조합의 업무집행자의 지위에서 丙과 티켓판매대행계약을 체결하였다. 그런데 乙의 채권자인 丁이 乙을 채무자, 丙을 제3채무자로 하여 위 티켓판매대행계약에 기한 채권에 대하여 기압류를 하였나. 위 가압류는 적법한가? 甲이 권리를 구제받을 수 있는 방법은?

1. 쟁점

甲과 乙은 미술품 전시회를 개최하여 그 수익을 반분하는 동업약정을 체결하였고, 그 조합의 업무집행자인 乙이 丙과 체결한 티켓판매대행계약에 기하여 丙에 대하여 가지는 채권은 조합채권인데, 乙의 채권자인 丁이 위 조합채권에 대하여 가압류를 할 수 있는지, 그에 대하여 조합원인 甲이 합유자 중 1인으로서 합유물에 대한 보존행위로서 제3자이의의 소를 제기할 수 있는지 등이 문제이다.

2. 금전채권과 제3자이의의 소

민집법 제48조는 제3자가 강제집행의 목적물에 대하여 소유권이 있다고 주장하거나 목적물의 양도나 인도를 막을 수 있는 권리가 있다고 주장하는 때에는 채권자를 상대로 그 강제집행에 대한 이의의 소를 제기할 수 있다고 규정하고 있는바, 제3자이의의 소는 모든 재산권을 대상으로 하는 집행에 대하여 적용되는 것이므로, 금전채권에 대하여 압류 및 추심명령이 있은 경우에 있어서 그 집행채무자 아닌 제3자가 자신이 진정한 채권자로서 자신의 채권의 행사에 있어 위 압류 등으로 인하여 사실상 장애를 받았다면 그 채권이 자기에게 귀속한다고 주장하여 집행채권자에 대하여 제3자이의의 소를 제기할 수 있다(대법원 1997. 8. 26. 선고 97다4401 판결).

3. 조합재산에 대한 강제집행과 제3자이의의 소

민법상 조합에서 조합의 채권자가 조합재산에 대하여 강제집행을 하려면 조합원 전원에 대한 집행권원을 필요로 하고, 조합재산에 대한 강제집행의 보전을 위한 가압류의 경우에도 마찬가지로 조합원 전원에 대한 가압류명령이 있어야 하므로, 조합원 중 1인만을 가압류채무자로 한 가압류명령으로써 조합재산에 가압류집행을 할 수는 없다(대법원 2015. 10. 29. 선고 2012다21560 판결). 조합원 중 1인의 채권자가 그 조합원 개인을 집행채무자로 하여 조합의 채권에 대하여 강제집행(가압류도 포함)을 하는 경우, 다른 조합원으로서는 보존행위로서 제3자이의의 소를 제기하여 그 강제집행의 불허를 구할 수 있다.

4. 사안의 해결

사안에서 甲과 乙이 丙에 대하여 가지는 채권은 조합재산으로서 조합원 중 乙의 채권자인 丁으로서는 조합채권에 대하여 가압류를 할 수 없는바, 丁이 한 위법한 가압류에 대하여 조합원 중 1인인 甲으로서는 보존행위로서 제3자이의의 소를 제기하여 위 조합채권에 대한 가압류결정에 의한 강제집행의 불허를 구하여야 한다.

금전채권과 제3자이의의 소 / 강제집행이 종료된 후 제3자이의의 소의 적부

甲이 2021. 1. 1. 乙에 대한 집행력 있는 공정증서에 기하여 乙의 丙 은행에 대한 예금채권에 대하여 압류 및 전부명령을 신청하여 2021. 1. 5. 그 압류 및 전부명령이 발령되고 乙 및 丙 은행에 송달된 뒤 즉시항고기간이 도과함으로써 전부명령이 2021. 1. 31. 확정되었다. 丁은 위 예금채권의 실질적 권리자가 乙이 아니라 자신이라고 주장하여 권리구제를 받고 싶은데, 甲을 상대로 제3자이의의 소를 제기할 수 있는가?

1. 쟁점

채권압류의 경우에 압류채권의 진정한 채권자가 제3자이의의 소를 제기할 수 있는지와 제3자이의의 소를 제기할 수 있는 종기가 문제로 된다.

2. 금전채권에 대한 제3자이의의 소

민집법 제48조에는 제3자가 강제집행의 목적물에 대하여 소유권이 있다고 주장하거나 목적물의 양도나 인도를 막을 수 있는 권리가 있다고 주장하는 때에는 채권자를 상대로 그 강제집행에 대한 이의의 소를 제기할 수 있다고 규정하고 있다. 판례에 의하면 제3자이의의 소는 모든 재산권을 대상으로 하는 집행에 대하여 적용되는 것이므로, 금전채권에 대하여 압류 및 추심명령이 있은 경우에 있어서 그 집행채무자 아닌 제3자가 자신이 진정한 채권자로서 자신의 채권의 행사에 있어 위 압류 등으로 인하여 사실상 장애를 받았다면 그 채권이 자기에게 귀속한다고 주장하여 집행채권자에 대하여 제3자이의의 소를 제기할 수 있다(대법원 1997. 8. 26. 선고 97다4401 판결 등).

3. 강제집행이 종료된 후 제3자이의의 소의 적부

제3자이의의 소는 강제집행의 목적물에 대하여 소유권이나 양도 또는 인도를 저지하는 권리를 가진 제3자가 그 권리를 침해하여 현실적으로 진행되고 있는 강제집행에 대하여 이의를 주장하고 집행의 배제를 구하는 소이므로, 당해 강제집행이 종료된 후에 제3자이의의 소가 제기되거나 또는 제3자이의의 소가 제기된 당시 존재하였던 강제집행이 소송계속 중 종료된 경우에는 소의 이익이 없어 부적법하다(대법원 1996. 11. 22. 선고 96다37176 판결). 한편, 금전채권의 압류 및 전부명령이 집행절차상 적법하게 발령되어 채무자 및 제3채무자에게 적법하게 송달되고 1주일의 즉시항고 기간이 경과하거나 즉시항고가 제기되어 그 항고기각 또는 각하결정이 확정된 경우에는 집행채권에 관하여 변제의 효과가 발생하고 그 때에 강제집행절차는 종료한다.

4. 사안의 해결

사안에서 丁은 피전부채권인 예금채권의 실질적 권리자가 乙이 아니라 자신이라고 주장하여 제3자이의의 소를 제기할 수 있었으나, 그 전부명령이 2021. 1. 31. 확정됨으로써 더 이상 그 피전부채권의 귀속여부에 관하여 다툴 이익이 없게 되었으므로 제3자이의의 소를 제기할 수 없다.

건물철거판결 확정 후 토지임차인의 건물매수청구권행사

乙은 2016. 1. 1. 甲으로부터 건물소유를 목적으로 X토지를 보증금 1억 원, 기간 5년으로 정하여 임차한 뒤, X토지에 Y건물을 건립하여 음식점영업을 해왔다. 甲은 2020. 12.경 乙의 갱신요구를 거절하면서 기간이 만료되면 즉시 Y건물을 철거하고 X토지를 반환해 줄 것을 요구하였는데, 乙이 토지를 반환하지 않자, 2021. 2. 1.경 乙을 상대로 건물철거 및 토지 인도청구소송을 제기하여 2021. 6. 1.경 승소판결을 받았다. 甲은 위 판결이 그대로 확정되자 위 판결을 집행권원으로 하여 강제집행을 신청하였다. 이 경우 乙이 강제집행을 정지시킬 수 있는 방법이 있는가?

1. 쟁점

임차대지의 인도 및 그 지상 건물의 철거를 명하는 판결의 확정 후에 토지임차인의 건물매수청구권행사에 의하여 위 확정판결에 의한 강제집행을 정지시킬 수 있는지와 그 방법이 문제로 된다.

2. 건물철거판결 확정 후 토지임차인의 건물매수청구권행사

건물의 소유를 목적으로 하는 토지 임대차에 있어서, 임대차가 종료함에 따라 토지의 임차인이 임대인에 대하여 건물매수청구권을 행사할 수 있음에도 불구하고 이를 행사하지 아니한 채, 토지의 임대인이 임차인에 대하여 제기한 토지인도 및 건물철거 청구소송에서 패소하여 그 패소판결이 확정되었다고 하더라도, 그 확정판결에 의하여 건물철거가 집행되지 아니한 이상, 토지의 임차인으로서는 건물매수청구권을 행사하여 별소로써 임대인에 대하여 건물 매매대금의 지급을 구할 수 있다(대법원 1995. 12. 26. 선고 95다42195 판결).

3. 사안의 해결

사안에서 임차인 乙은 건물매수청구권을 행사하여 그것을 이유로 확정판결 중 건물철거를 명하는 부분의 집행력을 배제하기 위한 청구이의의 소를 제기할 수 있고, 잠정처분으로서 강제집행의 정지를 신청할 수 있다.

한정승인과 상속인 고유재산에 대한 강제집행 /
강제집행이 종료된 후 제3자이의의 소의 적부 /
전부명령이 확정된 후 구제방법

甲은 2018. 1. 1. 乙에게 1억 원을 이자는 월 1%, 변제기는 2018. 12. 31.로 정하여 대여하였다. 乙은 2019. 6. 30. 위 대여원리금을 변제하지 않은 채 사망하였고, 乙의 상속인으로는 처인 乙-1과 아들인 乙-2가 있었는데, 그들은 상속에 대하여 한정승인을 하였다. 甲이 2021. 1. 1. 乙-1과 乙-2를 상대로 대여원리금청구소송을 제기하여, 2021. 5. 1. "원고에게 상속재산의 범위 내에서 피고 乙-1은 6,000만 원, 피고 乙-2는 4,000만 원 및 각 이에 대하여 2018. 1. 1.부터 다 갚는 날까지 월 1%의 비율로 계산한 돈을 지급하라."는 판결을 선고받았고 위 판결은 그 무렵 확정되었다. 甲이 2021. 6. 1. 위 확정판결에 기하여 乙-2의 丙에 대한 2,000만 원의 물품대금채권에 관하여 채권압류 및 전부명령을 받았고, 위 전부명령은 그 무렵 확정되었다. 그런데 위 물품대금채권은 乙-2가 2021. 5. 1. 丙에게 공급한 식자재에 관한 것으로서 乙의 상속재산에는 포함되지 않는 것이다. 甲이 위 전부명령에 기하여 丙으로부터 1,000만 원은 지급을 받고 1,000만 원은 지급을 받지 않았다면, 乙-2는 어떻게 권리구제를 받을 수 있는가?

1. 쟁점

한정승인의 취지가 집행권원상 명백함에도 상속인의 고유재산에 집행이 있는 경우에 상속인의 구제방법, 특히 전부명령이 확정되어 강제집행이 종료된 경우가 문제된다.

2. 한정승인과 상속인 고유재산에 대한 전부명령

상속채무의 이행을 구하는 소송에서 피고의 한정승인 항변이 받아들여져서, 원고 승소판결인 집행권원 자체에, '상속재산의 범위 내에서만' 금전채무를 이행할 것을 명하는 이른바 유한책임의 취지가 명시되어 있음에도 불구하고, 상속인의 고유재산에 대하여 위 집행권원에 기한 압류 및 전부명령이 발령되었을 경우에, 상속인으로서는 책임재산이 될 수 없는 재산에 대하여 강제집행이 행하여졌음을 이유로 제3자이의의 소(민집법 제48조)를 제기하거나, 그 채권압류 및 전부명령 자체에 대한 즉시항고(민집법 제227조 제4항, 제229조 제6항)를 제기하여 불복할 수 있다.

3. 강제집행이 종료된 후 제3자이의의 소의 적부

제3자이의의 소는 강제집행의 목적물에 대하여 소유권이나 양도 또는 인도를 저지하는 권리를 가진 제3자가 그 권리를 침해하여 현실적으로 진행되고 있는 강제집행에 대하여 이의를 주장하고 집행의 배제를 구하는 소이므로, 당해 강제집행이 종료된 후에 제3자이의의 소를 제기할 소의 이익이 없게 된다. 또한 금전채권의 압류 및 전부명령이 집행절차상 적법하게 발령되어 채무자 및 제3채무자에게 적법하게 송달되고 1주일의 즉시항고기간이 경과하거나 즉시항고가 제기되어 그 항고기각 또는 각하 결정이 확정된 경우에는 집행채권에 관하여 변제의 효과가 발생하고 그 때에 강제집행절차는 종료한다.

4. 전부명령이 확정된 후 구제방법

상속채무의 이행을 구하는 소송에서 피고의 한정승인 항변이 받아들여져서 원고 승소판결인 집행권원 자체에 '상속재산의 범위 내에서만' 금전채무를 이행할 것을 명하는 이른바 유한책임의 취지가 명시되어 있음에도 불구하고, 상속인의 고유재산임이 명백한 임금채권 등에 대하여 위 집행권원에 기한 압류 및 전부명령이 발령되었을 경우, 그 채권압류 및 전부명령이 이미 확정되어 강제집행절차가 종료된 후에는 집행채권자를 상대로 부당이득의 반환을 구하되, 피전부채권 중 실제로 추심한 금전 부분에 관하여는 그 상당액의 반환을 구하고, 아직 추심하지 아니한 부분에 관하여는 그 채권 자체의 양도를 구하는 방법에 의할 수밖에 없다(대법원 2005. 12. 19.자 2005그128 결정 등).

5. 사안의 해결

사안에서 집행권원상 상속재산의 범위 내에서 이행하도록 하는 취지가 명기되어 있음에도 상속인인 乙-2의 고유재산인 물품대금채권에 관하여 채권압류 및 전부명령이 발령되었으므로 위 전부명령은 위법하다. 따라서 乙-2는 제3자이의의 소를 제기하거나, 즉시항고를 하여 위 전부명령에 대하여 다툴 수 있었는데 그와 같은 절차를 취하지 않아서 전부명령이 확정됨으로써 더 이상 제3자이의의 소를 제기할 수는 없게 되었다. 乙-2로서는 甲이 丙으로부터 추심한 1,000만 원에 대하여는 그 반환을 구하고, 추심하지 않은 1,000만 원 부분에 대하여는 피전부채권의 양도를 구하는 방법으로 부당이득의 반환을 구할 수 있다.

청구이의사유로서 한정승인 / 상속인 고유재산에 대한 강제집행이 개시된 경우의 구제방법 / 잠정처분

甲이 乙을 상대로 대여금청구소송을 제기하여 2020. 1. 1. "乙은 甲에게 1억 원 및 이에 대한 2019. 7. 1.부터 다 갚는 날까지 연 12%의 비율로 계산한 돈 을 지급하라."는 판결을 선고받았고, 위 판결이 확정되었다. 乙이 2020. 6. 1. 사망하자, 乙의 상속인들인 乙-1(처), 乙-2(자), 乙-3(녀) 중 乙-2, 3은 2016. 6. 10. 서울가정법원에 상속포기신고를 하여 2020. 6. 15. 그 신고를 수리 하는 심판을 고지받았고, 乙-1은 2020. 7. 1. 서울가정법원에 한정승인신고 를 하여 2020. 7. 15. 그 신고를 수리하는 심판을 고지받았다. 그런데 甲이 2021. 8. 1. 乙-1에 대한 승계집행문을 부여받고 乙-1 소유의 O부동산에 대 한 강제경매개시결정을 받았다. 乙-1은 위 강제경매절차의 진행을 막기 위 하여 어떤 조치를 하여야 하는가?

1. 쟁점

사안에서 乙-1은 한정승인을 하였으므로 乙에 대한 확정판결의 집행력 을 상속재산으로 제한되어야 하는데, 집행권원상 그러한 집행력의 제한이 명시되지 않은 상태에서 상속인의 고유재산에 대한 강제집행이 개시된 경 우의 그 구제방법이 문제로 되는바, 이에 관하여는 청구이의의 소를 제기 하여야 한다는 견해, 제3자이의의 소를 제기하여야 한다는 견해 등 학설 상 다툼이 있다.

2. 청구이의사유로서 한정승인

한정승인은 집행대상을 상속재산의 한도로 한정함으로써 집행권원의 집행력을 제한하는 것이므로 집행권원상 채권에 대한 권리저지사유에 해당된다. 청구이의의 소는 집행권원상 청구권의 소멸, 저지사유(예외적으로 장애사유를 포함) 등 실체법상의 사유를 들어 집행력의 배제시키도록 하는 것이다(민집법 제44조). 한정승인을 한 상속인은 피상속인에 대한 집행권원에 대하여 청구이의의 소를 제기하여 그 집행권원의 집행력을 상속재산에 한정하도록 제한할 수 있다(다수설). 판례는 채권자가 피상속인의 금전채무를 상속한 상속인을 상대로 그 상속채무의 이행을 구하여 제기한 소송에서 채무자가 한정승인을 하고도 채권자가 제기한 소송의 사실심 변론종결 시까지 그 사실을 주장하지 아니하는 바람에 책임의 범위에 관하여 아무런 유보가 없는 판결이 선고되어 확정되었다고 하더라도, 채무자는 그 후 위 한정승인 사실을 내세워 청구에 관한 이의의 소를 제기하는 것이 허용된다고 한다(대법원 2006. 10. 13. 선고 2006다23138 판결). 한편, 청구이의의 소는 집행권원의 집행력을 일반적으로 배제, 제한하기 위한 것으로서 특정재산에 대한 집행력의 배제를 목적으로 하는 것은 아니어서, 상속인의 고유재산에 대한 강제집행이 개시된 경우에 청구이의의 소에 의하여 그에 대한 집행을 배제할 수 있는지가 문제로 된다.

3. 제3자이의의 소에 의한 구제 가능성

제3자이의의 소는 집행의 대상(목적물)에 대하여 제3자가 소유권을 가지거나 목적물의 양도, 인도를 막을 수 있는 권리를 가질 때 그 제3자가 집행채권자를 상대로 집행의 배제를 구하는 소이다(민집법 제48조). 제3자이의의 소는 청구이의의 소와 달리 특정재산에 대한 집행을 배제하기 위한 것이고, 집행의 대상(목적물)의 종류에 상관없이 허용되고, 담보권실행을 위한 경매나 가압류, 가처분절차에서도 허용된다. 판례는 집행권원 자체에 '상속재산의 범위 내에서만' 금전채무를 이행할 것을 명하는 이른바 유한

책임의 취지가 명시되어 있음에도 불구하고, 상속인의 고유재산임이 명백한 임금채권 등에 대하여 위 집행권원에 기한 압류 및 전부명령이 발령되었을 경우에, 상속인인 피고로서는 책임재산이 될 수 없는 재산에 대하여 강제집행이 행하여졌음을 이유로 제3자이의의 소를 제기하거나, 그 채권 압류 및 전부명령 자체에 대한 즉시항고를 제기하여 불복하는 것은 별론으로 하고, 청구에 관한 이의의 소에 의하여 불복할 수는 없다고 한다(대법원 2005. 12. 19.자 2005그128 결정). 한편, 제3자이의의 소의 원고적격은 강제집행의 목적물에 대하여 양도 또는 인도를 막을 권리가 있다고 주장하는 제3자에게 있고, 여기서 제3자는 집행권원 또는 집행문에 채권자, 채무자 또는 그 승계인으로 표시된 사람 이외의 사람을 말한다(대법원 2016. 8. 18. 선고 2014다225038 판결). 집행권원 자체에 '상속재산의 범위 내에서만' 금전채무를 이행할 것을 명하는 이른바 유한책임의 취지가 명시되어 있지 않은 경우에, 집행채무자인 상속인은 제3자이의의 소의 원고적격을 갖지 못한다. 위 다수설과 2006다23138 판결의 견해에 대하여 반대하면서, 민법 및 민소법의 해석상 책임은 금전채무 이행소송의 소송물에 해당한다고 보기 어려운 점, 상속인이 한정승인한 경우에는 강제집행의 대상이 상속재산으로 한정되므로 고유재산에 대해서는 제3자의 지위에 있다고 볼 수 있는 점, 제3자이의의 소에 의할 경우 민집법 제44조 제2항의 저촉 문제가 발생하지 않고, 청구이익에 기한 구체적 집행배제의 문제도 발생하지 않는 점 등을 종합하여 보면, 금전채무의 이행소송에서 한정승인의 항변은 불필요하고, 유효한 한정승인이 인정되는 경우에도 주문에 책임제한의 취지를 기재할 필요가 없으며, 상속인은 강제집행이 개시된 후 제3자이의의 소를 제기함으로써 고유재산에 대한 상속채권자의 집행을 배제할 수 있는 것으로 보는 것이 타당하다는 견해가 있다.

4. 잠정처분

청구이의의 소와 제3자이의의 소는 강제집행의 진행에 영향을 미치지 않으므로 원고로서는 민집법 제46조, 제48조에 따라 수소법원에 이의사유를 소명하여 잠정처분으로서 강제집행정지 또는 취소 결정을 받을 수 있다.

5. 사안의 해결

사안에서 乙-1은 적법하게 한정승인을 하였으므로 청구이의의 소를 제기하여 乙에 대한 확정판결에 의한 집행의 대상을 상속재산의 범위 내로 제한할 수 있다. 다만, 乙에 대한 확정판결의 집행력을 일반적으로 상속재산의 범위 내로 제한하는 내용의 판결은 주문에 乙-1의 고유재산인 O부동산에 대한 강제집행을 배제하는 내용이 들어있지 않으므로 그 판결로써 바로 O부동산에 대한 강제집행을 배제하기 어려움이 있다. O부동산에 대한 강제집행을 배제시키기 위하여는 제3자이의의 소를 제기하는 방법을 고려할 수 있는데, (청구이의의 소에 의하여) 집행권원의 집행력의 범위가 제한되지 않은 상태에서는 한정상속인은 채무자겸 소유자로서 제3자이의의 소를 제기할 원고적격이 인정되지 않는 문제점이 있다. 乙-1로서는 청구이의의 소 또는 제3자이의의 소를 제기하면서 잠정처분으로서 강제집행정지신청을 하고 그 결정을 받아서 집행법원에 제출함으로써 강제집행절차의 진행을 정지시켜야 한다.

사해행위취소소송의 확정판결과 청구이의의 소 /
의사진술을 명하는 판결과 청구이의의 소

甲은 2018. 8. 1. 丙과 丁의 연대보증 아래 乙에게 3억 원을 변제기 2021. 7. 31., 이율 연 12%(변제기에 지급)로 정하여 대여하였다. 丁은 무자력 상태에서 2018. 10. 1. 자신의 유일한 재산인 시가 4억 원 상당의 O토지를 戊에게 대금 1억 원에 매도하고 같은 달 10. 소유권이전등기를 마쳐주었다. 甲이 2019. 9. 30. 丁에 대한 연대보증금채권을 피보전채권으로 하여 戊에 대하여 사해행위의 취소 및 원상회복으로서 소유권이전등기의 말소청구소송을 제기하자, 법원은 2020. 9. 30. 丁이 유일한 재산으로서 시가 4억 원의 O토지를 1억 원에 매도한 것은 일반 채권자들을 해하는 사해행위에 해당하고, 채무자인 丁의 사해의사는 추정되며, O토지를 매수한 戊가 선의라는 점에 대한 증명이 없다는 이유로 X토지에 관한 사해행위의 취소 및 원상회복을 명하는 원고 승소 판결을 선고하였고, 그 판결이 확정되었다. 그런데 乙이 2021. 7. 31. 甲에게 위 차용원리금을 모두 변제하였다. 戊가 위 확정판결에 대하여 다툴 수 있는 방법이 있는가?

1. 쟁점

사해행위취소소송에서 사해행위의 취소 및 원상회복을 명하는 판결이 확정된 후, 피보전채권이 변제로 소멸한 경우 수익자가 확정판결에 대해서 다툴 수 있는 방법이 문제된다.

2. 사해행위취소소송의 확정판결과 청구이의의 소

채권자취소권은 채무자의 사해행위를 채권자와 수익자 또는 전득자 사이에서 상대적으로 취소하고 채무자의 책임재산에서 일탈한 재산을 회복하여 채권자의 강제집행이 가능하도록 하는 것을 본질로 하는 권리이므로, 채권자취소권에 의하여 책임재산을 보전할 필요성이 없어지면 채권자취소권은 소멸한다. 따라서 채권자취소소송에서 피보전채권의 존재가 인정되어 사해행위취소 및 원상회복을 명하는 판결이 확정되었다고 하더라도, 그에 기하여 재산이나 가액의 회복을 마치기 전에 피보전채권이 소멸하여 채권자가 더 이상 채무자의 책임재산에 대하여 강제집행을 할 수 없게 되었다면, 이는 위 판결의 집행력을 배제하는 적법한 청구이의 이유가 된다(대법원 2017. 10. 26. 선고 2015다224469 판결).

3. 의사진술을 명하는 판결과 청구이의의 소

의사진술을 명하는 판결은 그 판결이 확정된 때에 의사를 진술한 것으로 보게 되므로(민집법 제263소 제1항), 농시이행판결 등과 같이 집행문을 부여받아야 의사의 진술을 한 것으로 보게 되는 경우가 아닌 한, 의사진술을 명하는 판결이 확정되면 더 이상 집행절차를 남지 않게 된다. 따라서 이에 대하여는 그 판결의 집행력을 배제하기 위하여 청구이의의 소를 구할 소의 이익이 없다.

4. 사안의 해결

사안에서 甲은 연대보증인 丁의 사해행위에 대하여 채권자취소권을 행사하여 사해행위취소 및 원상회복을 명하는 판결을 받고 그 판결이 확정됨으로써 위 판결은 더 이상 집행절차가 남아있지 않으므로 위 판설에 대하여 청구이의의 소를 제기할 수는 없고, 달리 판결 자체에 대하여 다툴 수 있는 방법이 없다.

제3자이의의 소의 원고적격 /
집행문부여에 대한 이의신청

甲은 2020. 1. 1. A주식회사를 상대로 물품대금청구소송을 제기하여 2020.
10. 1. "피고는 원고에게 1억 원을 지급하라."는 판결을 선고받았고 그 판결
은 2020. 12. 1. 확정되었다. 甲은 법원에 A−1주식회사는 A주식회사가 상호
를 변경한 것으로 동일한 법인체라고 주장하면서 집행문부여신청을 하였고,
이에 법원도 채무자를 A−1주식회사로 표시하여 집행문을 부여하였다. 甲이
A−1주식회사 소유의 Z부동산에 대하여 강제경매개시신청을 하고 그에 따
라 강제경매개시결정이 내려지자, A−1주식회사는 A주식회사와는 전혀 다른
법인체인데 甲이 A−1주식회사의 재산인 Z부동산에 대하여 강제집행을 하
는 것은 부당하다고 주장하면서 제3자이의의 소를 제기하였다. A−1은 승소
할 수 있는가? A−1주식회사가 절차상의 오류에 기인하여 법인등기부의 법
인등록번호를 같이 쓰고 있을 뿐이고 A주식회사와 실체적으로 다른 법인체
라면, 달리 A−1주식회사가 Z부동산에 대한 강제경매를 저지할 수 있는 방법
이 있는가?

1. 쟁점

사안에서 별개의 법인체인 A−1주식회사 소유 부동산에 대해 A주식회
사에 대한 판결을 기초로 집행문이 부여된 후 강제경매개시결정이 이루어
진바, 이에 대한 A−1주식회사의 권리구제 방법이 문제된다.

2. 제3자이의의 소의 원고적격

제3자이의의 소의 원고적격은 강제집행의 목적물에 대하여 소유권 또는 그 양도 또는 인도를 막을 권리가 있다고 주장하는 제3자에게 있고, 여기서 제3자는 집행권원 또는 집행문에 채권자, 채무자 또는 그 승계인으로 표시된 사람 이외의 사람을 말한다(대법원 1992. 10. 27. 선고 92다10883 판결 등). 그리고 집행의 채무자가 누구인지는 집행문을 누구에 대하여 내어 주었는지에 의하여 정하여지고, 집행권원의 채무자와 동일성이 없는 사람 등 집행의 채무자적격을 가지지 아니한 사람이라도 그에 대하여 집행문을 내어 주었으면 집행문부여에 대한 이의신청 등에 의하여 취소될 때까지는 그 집행문에 의한 집행의 채무자가 된다(대법원 2016. 8. 18. 선고 2014다225038 판결).

3. 집행문부여에 대한 이의신청

집행문부여에 대한 이의신청(민집법 제34조 제1항)은 집행문부여요건의 흠을 이유로 하여 집행문의 취소를 구하는 신청으로서, 집행권원이 유효하게 존재하지 않는 경우(집행권원의 당연무효), 집행력이 현존하지 않는 경우(판결의 미확정, 청구이의의 소에 대한 판결이 확정된 경우), 집행문부여의 방식위배(재판장의 명령이 없는 경우), 재도부여의 사유가 없음에도 집행문을 다시 내어 준 경우 등이 해당되고, 조건성취의 사실 또는 승계의 사실이 존재하지 않거나 이에 대한 증명이 빠져 있는 경우에도 이의신청을 할 수 있다.

4. 강제경매개시결정에 대한 이의

부동산에 대한 강제경매개시결정(민집법 제86조 제1항)에 대한 이의는 집행에 관한 이의신청(민집법 제16조)의 성질을 갖는 것으로서, 경매신청요건의 흠, 경매개시요건의 흠 등 경매개시결정 시에 준거히는 절차상 흠을 이유로 이의신청을 할 수 있다. 집행권원의 흠, 집행문부여에 있어서 흠은 강제집행의 요건 및 강제집행개시의 요건의 흠에 해당하므로 이를 사유로 강제경매개시결정에 대한 이의를 할 수 있다.

5. 사안의 해결

사안에서 A-1주식회사에 대하여 집행문이 부여되었으므로 A-1주식회사가 A주식회사와 실체적으로 동일성이 없다고 하더라도 집행문부여에 대한 이의신청 등에 의하여 집행문이 취소될 때까지는 집행채무자의 지위에 있으므로 제3자이의의 소를 제기할 수 있는 제3자에 해당되지 않는다. 따라서 A-1주식회사가 제기한 제3자이의의 소는 부적법 각하되어야 한다. A-1주식회사는 집행채무자가 아닌 자에 대하여 집행문이 부여되었음을 사유로 하여 집행문부여에 대한 이의신청을 할 수 있고, 또 강제경매개시결정에 대한 이의신청을 하여 다툴 수 있다. 또한 위와 같은 신청을 하면서, 잠정처분으로서 강제경매정지결정을 받아 Z부동산에 관한 강제경매절차의 진행을 정지하게 할 수 있다(민집법 제34조 제2항, 제16조 제2항, 제86조 제2항).

지급명령 송달 후 이의신청 기간 내에 채무자에 대하여 회생절차개시결정이 있는 경우 / 청구이의의 소의 대상적격

甲은 2021. 1. 1. B주식회사를 상대로 물품대금 3억 원의 지급을 구하는 지급명령신청을 하였고, 법원은 2021. 1. 15. 지급명령을 발령하였으며, 그 지급명령이 2021. 1. 20. B주식회사에게 송달되었다. 그런데 B주식회사는 2021. 1. 25. 파산선고를 받았고, 그 파산관재인은 위 독촉절차에서 수계절차를 밟지 않았다. B주식회사의 파산관재인이 甲을 상대로 위 지급명령에 기초한 강제집행의 불허를 구하는 취지의 청구이의의 소를 제기하였다. 법원은 어떤 판결을 하여야 하는가?

1. 쟁점

이의신청 기간 중에 채무자에 대하여 파산선고가 된 경우에 지급명령이 확정되는지 여부와 확정되지 않은 지급명령이 청구이의의 소의 대상이될 수 있는지가 쟁점이 된다.

2. 지급명령 송달 후 이의신청 기간 내에 채무자에 대하여 회생절차개시결정이 있는 경우

독촉절차는 금전, 그 밖에 대체물이나 유가증권의 일정한 수량의 지급을 목적으로 하는 청구에 대하여 채권자로 하여금 간이·신속하게 집행권원을 얻을 수 있도록 하기 위한 특별소송절차로서(민소법 제462조), 그 성질에 어긋나지 아니하는 범위에서 소에 관한 규정이 준용된다(민소법 제464조). 따라서 지급명령이 송달된 후 이의신청 기간 내에 회생절차개시결정 등과 같은 소송중단 사유가 생긴 경우에는 민소법 제247조 제2항이 준용되어 그 이의신청 기간의 진행이 정지된다.

3. 청구이의의 소의 대상적격

청구이의의 소는 채무자가 확정된 종국판결 등 집행권원에 표시된 청구권에 관하여 실체상 사유를 주장하여 그 집행력의 배제를 구하는 소를 말하므로(민집법 제44조), 유효한 집행권원을 그 대상으로 한다. 지급명령은 이의신청이 없거나, 이의신청을 취하하거나, 각하결정이 확정된 때에 확정판결과 같은 효력이 있는데(민소법 제474조), 미확정 상태에 있는 지급명령은 유효한 집행권원이 될 수 없으므로 이에 대하여 집행력의 배제를 구하는 청구이의의 소를 제기할 수 없다(대법원 2012. 11. 15. 선고 2012다70012 판결).

4. 사안의 해결

사안에서 甲의 신청에 기초하여 발령된 지급명령은 그 이의신청기간 내에 채무자인 B주식회사에 대한 파산선고가 됨으로써 소송중단사유가 발생하였고, 그 파산관재인이 수계신청을 하지 않는 한 이의신청기간이 진행히지 않아서 확정되지 않는다. 확정되지 않은 지급명령에 대한 청구이의의 소는 부적법하므로 법원으로서는 B주식회사 파산관재인의 청구이의의 소에 대하여 각하판결을 하여야 한다.

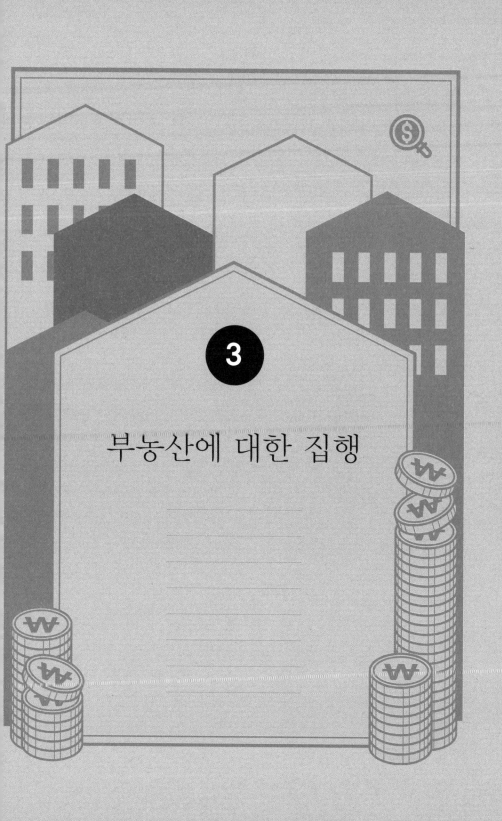

3

부동산에 대한 집행

압류의 효력에 반하는 처분행위의 효력 / 경매절차에서 배당요구를 하지 않은 실체법상 우선변제권자의 지위

甲은 2020. 1. 1. 乙에 대한 집행증서에 기하여 乙 소유 아파트에 관하여 청구금액을 5,000만 원으로 하여 강제경매신청을 하였고, 2020. 1. 10. 위 아파트에 그 강제경매개시결정이 기입되었다. 그 후 乙은 2021. 2. 1. 그 아파트를 丙에게 대금 3억 원에 매도하였고, 丙은 2021. 2. 5. 소유권이전등기를 마쳤다. 위 아파트에는 2019. 1. 1. 채권최고액을 1억 원으로 한 丁 명의의 근저당권이 설정되어 있고, 戊가 2019. 4. 1. 乙로부터 위 아파트를 보증금 1억 원에 임차하여 확정일자를 받고 주민등록전입신고를 마친 뒤 점유사용하고 있다. 위 경매절차에서 위 아파트는 2억 5,000만 원에 매각되었는데, 己가 위 경매절차의 배당요구종기 전에 乙을 상대로 한 "피고는 원고에게 5,000만 원을 지급하라."는 확정판결을 가지고 배당요구를 하였다.

가. 己는 배당받을 수 있는가?

1. 쟁점

강제경매개시결정 후 경매목적물이 처분되었는바, 강제경매개시결정에 의한 압류의 효력에 반하는 처분행위의 효력이 문제로 된다.

2. 압류의 효력에 반하는 처분행위의 효력

채무자가 압류 후에 처분행위를 한 경우에 처분행위 후에 절차에 참가한 채권자와의 관계에서 그 처분이 유효한지에 관하여 학설이 나뉜다. 개별상대효설은 압류 후 채무자가 한 처분행위는 압류채권자에 대하여만 대항할 수 없어 무효이고 처분 후에 집행절차에 참가한 이중압류권자나 배당요구권자와의 관계에서는 완전히 유효하다고 보는 입장이다. 이에 따르면 압류 후 채무자가 소유권을 양도하였다면 더 이상 채무자의 재산이 아니어서 채무자의 채권자들은 배당요구를 할 수 없게 되고, 채권자들의 배당이 끝난 뒤 남은 돈은 양수인에게 돌려주어야 한다. 이에 반하여 절차상대효설은 압류채권자의 압류는 압류채권자만이 아니라 그 집행절차에 참가한 모든 채권자에게 효력을 미치게 되어, 압류 후에 채무자가 처분행위를 한 경우에는 처분 후에 집행절차에 참가한 모든 채권자와의 관계에서 무효가 된다고 한다. 이에 따르면 압류 후 채무자가 소유권을 양도하였다면 절차에 참가한 모든 채권자들에 대하여 당해 재산은 여전히 채무자의 재산이 되어 종전 채무자에 대한 채권자의 이중입류나 배당요구가 가능하고, 배당금이 남았을 때에는 제3취득자가 아니라 채무자에게 돌려주어야 한다.

3. 사안의 해결

사안에서 己가 乙에 대한 확정판결에 기하여 배당요구를 하기 전에 경매부동산의 소유권이 변동되었는바, 우리 대법원판례가 취하고 있는 개별상대효설에 따르면 乙이 경매부동산을 처분한 행위는 甲에 대하여는 효력이 없으나, 乙의 다른 채권자들에게는 유효한 행위이므로 乙의 채권자인 己는 더 이상 乙의 재산이 아닌 부동산의 경매절차에서 배당요구를 할 수 없다.

나. 戊는 배당요구를 하지 않았고, 법원은 매각대금 2억 5,000만 원 중 1억 원은 丁에게, 각 5,000만 원은 甲과 己에게 각 배당하고 나머지 5,000만 원은 丙에게 반환하였다. 戊는 배당이의의 소나 부당이득반환청구로써 구제

받을 수 있는가?

1. 쟁점

경매절차에서 배당요구를 하지 않은 실체법상 우선변제권자의 지위가 문제로 된다.

2. 경매절차에서 배당요구를 하지 않은 실체법상 우선변제권자의 지위

배당요구를 하지 않은 실체법상의 우선변제권자는 배당을 받을 수 없으므로 배당이의의 소에 의하여 배당표의 변경을 구할 수 없다. 또한 배당요구를 하여야 배당을 받을 수 있는 채권자가 적법한 배당요구를 하지 아니하여 그를 배당에서 제외하는 것으로 배당표가 작성·확정되고 그 확정된 배당표에 따라 배당이 실시되었다면 그가 적법한 배당요구를 한 경우에 배당받을 수 있었던 금액 상당의 금원이 후순위채권자에게 배당되었다고 하여 이를 법률상 원인이 없는 것이라고 할 수 없으므로 후순위채권자를 상대로 부당이득반환청구도 할 수 없다(대법원 2002. 1. 22. 선고 2001다70702 판결 등).

3. 사안의 해결

사안에서 戊는 확정일자 있는 임차권자로서 민법, 상법 등에 의하여 우선변제권이 있는 채권자이므로 민집법 제88조 제1항에 의하여 배당요구를 할 수 있고, 민집법 제148조 제2호에 의하여 배당요구의 종기까지 배당요구를 하여야 배당을 받을 수 있다. 戊가 실체법상으로 우선변제권자라고 하더라도 배당요구를 하지 않음으로써 그를 제외하고 배당표가 작성된 경우에는 배당이의의 소나 부당이득반환청구의 소로써 구제를 받을 수 없다.

배당이의의 소에서의 증명책임 / 배당이의의 소와 배당표의 경정

甲이 乙을 상대로 대여금청구소송을 제기하여 승소판결을 받고 2020. 1. 1. 乙 소유 X부동산(서울 소재 주택과 대지)에 청구금액을 1억 2,000만 원으로 하여 강제경매를 신청함으로써 부동산경매절차가 진행되었다. X부동산에는 위 경매절차가 진행되기 전에 2015. 7. 1. 채권최고액을 1억 원으로 한 丙 명의의 근저당권설정등기, 2016. 1. 1. 매매예약을 원인으로 한 丁 명의의 소유권이전청구권가등기, 2018. 1. 1. 피보전권리를 소유권말소등기청구권으로 하고 채권자를 戊로 한 가처분기입등기, 2017. 5. 1. 청구금액을 3,000만 원으로 한 채권자 己의 가압류기입등기, 2017. 6. 1. 채권최고액을 5,000만 원으로 한 庚 명의의 근저당권설정등기가 경료되었다. 한편 辛은 2016. 7. 1. 주택 중 방 1칸을 보증금 5,000만 원에 임차하고 같은 날 주민등록전입신고를 갖추고 입주하고 2016. 9. 15. 확정일자를 받은 이래 거주해오고 있다. 丁은 배당요구 종기 전에 위 경매절차에서 자신의 가등기는 乙에 대한 3,000만 원의 채권을 담보하기 위한 담보가등기라고 신고하였고, 辛도 배당요구를 하였으며, 丙은 배당요구를 하지 않았다.

가. X부동산이 3억 1,000만 원에 매각되었고 집행비용이 1,000만 원이라면, 3억 원은 어떻게 배당되어야 하는가?

배당표(배당할 금액 3억 원)

1. 순위 : 辛 3,200만 원(소액임차인) = 2015. 7. 1. 당시 시행된 주택임대차보호법

시행령

2. 순위 : 丙 1억 원(근저당권자)

3. 순위 : 丁 3,000만 원(담보가등기권자)

4. 순위 : 辛 1,800만 원(우선변제 임차권자)

5. 순위 : 己 1,800만 원[1억 2,000만 원×(3,000만 원/2억 원)/ 가압류권자]

庚 5,000만 원(3,000만 원+2,000만 원/ 근저당권자)

甲 5,200만 원(7,200만 원-2,000만 원/ 경매신청권자)

나. 甲이 辛을 상대로 배당이의의 소를 제기하면서 辛이 가장임차인이라고 주장하였다. 그 배당이의소송에서 증명책임은 어떻게 되는가?

1. 배당이의의 소에서의 증명책임

배당이의의 소에서는 원고가 배당이의 사유를 구성하는 사실에 대하여 주장·증명하여야 하므로 상대방의 채권이 가장된 것임을 주장하여 배당이의를 신청한 채권자는 이에 대하여 증명책임을 부담한다(대법원 1997. 11. 14. 선고 97다32178 판결).

2. 사안의 해결

사안에서 甲이 辛을 상대로 배당이의의 소를 제기하여 辛이 가장임차인이라고 주장하는 경우, 甲이 乙과 辛 사이의 임대차계약이 통정허위표시에 의하여 무효임을 증명하여야 한다.

다. 위 소송에서 甲이 승소할 경우 배당표는 어떻게 경정되어야 하는가?

1. 배당이의의 소와 배당표의 경정

채권자가 제기하는 배당이의의 소는 대립하는 당사자인 채권자들 사이의 배당액을 둘러싼 분쟁을 해결하는 것이므로, 그 소송의 판결은 원·피고로 되어 있는 채권자들 사이에서 상대적으로 계쟁 배당부분의 귀속을 변경하는 것이어야 하고, 따라서 피고의 채권이 존재하지 않는 것으로 인정되는 경우 계쟁 배당부분 가운데 원고에게 귀속시키는 배당액을 계산함에 있어서 이의신청을 하지 아니한 다른 채권자의 채권을 참작할 필요가 없으며, 이는 이의신청을 하지 아니한 다른 채권자 가운데 원고보다 선순위의 채권자가 있다 하더라도 마찬가지이다(대법원 2004. 1. 27. 선고 2003다6200 판결).

2. 사안의 해결

사안에서 甲이 승소할 경우에 배당표 중 辛의 배당액 5,000만 원은 삭제되고, 甲의 배당액이 1억 200만 원으로 증액되어야 한다.

원상회복된 재산에 대한 경매절차에서 사해행위 이후 채권을 취득한 채권자의 지위

甲은 2020. 1. 1. 乙에게 X토지를 대금 1억 원에 매도하고 乙에게 소유권이 전등기를 마쳐주었다. 丙이 甲에 대한 손해배상채권을 피보전채권으로 하여 위 매매계약이 사해행위라는 이유로 乙을 상대로 사해행위취소소송을 제기하여 2021. 1. 1. 승소판결을 받고 그 판결이 확정됨으로써, X토지에 관한 乙 명의의 소유권이전등기가 말소되었다. 甲은 2021. 5. 1. 乙과 위와 같은 사해행위취소로 甲이 乙에 대하여 부담하는 부당이득반환채무액을 5,000만 원으로 합의하고, 그 변제를 위하여 乙에게 공정증서를 작성하여 주었다. 乙의 신청으로 X토지에 대한 강제경매절차가 개시되었다. 乙은 위 경매절차에서 배당을 요구할 수 있는가?

1. 쟁점

사해행위 이후 채권을 취득한 채권자인 乙이 민법 제407조의 '모든 채권자'에 속하는지 여부와 그에 따라 경매절차에서 배당을 요구할 권리가 있는지 여부가 문제된다.

2. 사해행위 이후 채권을 취득한 채권자의 지위

민법 제407조는 "채권자취소권의 행사에 의한 취소와 원상회복은 모든 채권자의 이익을 위하여 그 효력이 있다."고 규정하고 있다. 채권자취소권의 행사에 의하여 수익자로부터 회복된 재산은 채무자의 일반재산으로서 총채권자에 의하여 공동담보가 되고 취소채권자가 그것으로부터 우선변제를 받을 수는 없으므로 취소채권자가 회복된 재산으로부터 자기 채권을 변제받기 위해서는 집행권원에 기하여 그 재산에 대한 강제집행의 절차를 밟아야 한다. 민법 제407조에 의하여 채권자취소권의 효력을 받는 '모든 채권자'는 취소 목적물에 대한 강제집행절차에서 배당을 받을 수 있다. 사해행위 당시 채권을 가지고 있던 자는 스스로 사해행위취소권을 행사할 수 있었던 지위에 있었으므로 사해행위취소의 효력을 원용할 수 있는 채권자에 당연히 속한다는 데에는 이견이 없다. 한편, 사해행위 이후 채권을 취득한 채권자가 민법 제407조의 '모든 채권자'에 속하는지에 대하여는 긍정설과 부정설이 대립하나, 판례는 "채권자취소권은 채무자가 채권자를 해함을 알면서 자기의 일반재산을 감소시키는 행위를 한 경우에 그 행위를 취소하여 채무자의 재산을 원상회복시킴으로써 모든 채권자를 위하여 채무자의 책임재산을 보전하는 권리이나, 사해행위 이후에 채권을 취득한 채권자는 채권의 취득 당시에 사해행위취소에 의하여 회복되는 재산을 채권자의 공동담보로 파악하지 아니한 자로서 민법 제407조 소정의 사해행위취소와 원상회복의 효력을 받는 채권자에 포함되지 아니한다."고 하여 부정설의 입장이다(대법원 2009. 6. 23. 선고 2009다18502 판결).

3. 사안의 해결

사안에서 乙의 甲에 대한 부당이득반환채권은 판례의 입장을 따르면 사해행위 이후에 취득한 채권으로서 乙은 사해행위취소에 의하여 원상회복된 재산에 대한 강제경매절차에서 배당을 요구할 수 없다(대법원 2015. 10. 29. 선고 2012다14975 판결)

상속재산에 대한 강제경매에서 한정승인자의 고유 채권자의 지위 / 한정승인자의 담보권자와 상속채권자의 우열

甲은 2018. 1. 1. 사망하였는데, 상속인들은 모두 상속을 포기하고, 乙만이 한 정승인 신고를 하여 수리되었다. 乙은 2018. 5. 1. 甲 소유이던 X토지에 관하 여 상속을 원인으로 한 소유권이전등기를 마친 다음, 2018. 6. 1. A은행에게 채권최고액을 1억 원으로 한 근저당권설정등기를 마쳐주었다. 丙은 甲의 채 권자로서 乙을 상대로 대여금청구소송을 제기하여 "乙은 상속재산의 범위 내에서 丙에게 1억 원을 지급하라."는 판결을 받고 위 판결이 확정되자, X토 지에 대하여 강제경매신청을 하였다. (각 문항은 관련이 없음)

가. 乙에 대한 손해배상채권이 있던 丁이 乙에 대한 가집행선고부 판결에 근 거하여 위 경매절차에서 배당요구를 하였다면, 丁은 배당을 받을 수 있는가?

1. 쟁점

상속채권자가 상속재산에 대한 강제경매를 신청한 경우에 한정승인자 의 고유채권자가 그 강제경매절차에서 배당을 받을 수 있는지 문제된다.

2. 상속재산에 대한 강제경매에서 한정승인자의 고유채권자의 지위

민법 제1028조는 "상속인은 상속으로 인하여 취득할 재산의 한도에서 피상속인의 채무와 유증을 변제할 것을 조건으로 상속을 승인할 수 있다."

라고 규정하고 있다. 상속채권자가 아닌 한정승인자의 고유채권자가 상속재산에 관하여 저당권 등의 담보권을 취득한 경우, 담보권을 취득한 채권자와 상속채권자 사이의 우열관계는 민법상 일반원칙에 따라야 하고 상속채권자가 우선적 지위를 주장할 수 없다. 그러나 상속재산에 관하여 담보권을 취득하였다는 등 사정이 없는 이상, 한정승인자의 고유채권자는 상속채권자가 상속재산으로부터 채권의 만족을 받지 못한 상태에서 상속재산을 고유채권에 대한 책임재산으로 삼아 이에 대하여 강제집행을 할 수 없다고 보는 것이 형평의 원칙이나 한정승인제도의 취지에 부합한다(대법원 2016. 5. 24. 선고 2015다250574 판결).

3. 사안의 해결

사안에서 丁은 한정승인자 乙의 고유채권자인바, 丁은 상속채권자인 丙이 상속재산에 대한 강제경매절차에서 채권의 만족을 얻은 후에야 배당을 받을 수 있다.

나. X토지의 매각대금이 1억 5,000만 원이고 경매비용이 1,000만 원이라면 위 매각대금은 어떻게 배당이 되어야 되는가?

1. 쟁점

한정승인자의 고유채권자가 상속재산에 관하여 담보권을 취득한 경우에 상속재산에 대한 강제경매절차에서 한정승인자의 담보권자와 상속채권자의 우열이 문제로 된다.

2. 한정승인자의 담보권자와 상속채권자의 우열

판례는, 민법은 한정승인을 한 상속인이 상속재산을 은닉하거나 부정소비한 경우 단순승인을 한 것으로 간주하는 것(제1026조 제3호) 외에는 상속재산의 처분행위 자체를 직접적으로 제한하는 규정을 두고 있지 않는

점, 한정승인자가 상속재산으로 상속채권자 등에게 변제하는 절차는 규정하고 있으나(제1032조 이하) 한정승인만으로 상속채권자에게 상속재산에 관하여 한정승인자로부터 물권을 취득한 제3자에 대하여 우선적 지위를 부여하는 규정은 두고 있지 않은 점, 민법 제1045조 이하의 재산분리제도와 달리 한정승인이 이루어진 상속재산임을 등기하여 제3자에 대항할 수 있게 하는 규정도 두고 있지 않는 점에 비추어, 한정승인자로부터 상속재산에 관하여 저당권 등의 담보권을 취득한 사람과 상속채권자 사이의 우열관계는 민법상의 일반원칙에 따라야 하고, 상속채권자가 한정승인의 사유만으로 우선적 지위를 주장할 수는 없다고 한다(대법원 2010. 3. 18. 선고 2007다77781 전원합의체 판결).

3. 사안의 해결

판례에 따르면 사안에서 상속재산에 대하여 강제경매개시결정 전에 한정승인자로부터 담보권을 취득한 A은행은 상속채권자인 丙에 우선하게 되는바, 매각대금 1억 5,000만 원 중 비용 1,000만 원을 공제한 나머지 1억 4,000만 원은 A은행의 채권액에 우선 배당되고(A은행이 채권계산서를 제출하지 않은 경우에는 채권최고액인 1억 원을 배당), 잔액이 丙에게 배당되어야 한다.

유사문제 甲은 2007. 1. 1. 乙에게 변제기를 2007. 12. 31.로 정하여 3,000만 원을 대여하였다. 그런데 乙은 이를 변제하지 못한 채 심장마비로 2017. 9. 1. 사망하고 말았다.

乙의 상속인 丙은 한정승인신고를 하였고 2017. 9. 15. 乙 소유의 X토지(시가 1억 원)에 대해 상속을 원인으로 한 소유권이전등기를 마쳤다. 그런데 丙은 甲에 대한 3,000만 원의 채무를 변제하지 않았고, 2017. 10. 1. 丁으로부터 변제기를 2018. 4. 30.로 정하여 1억 원을 빌리면서 X토지에 저당권을 설정해 주었다. 丙은 변제기가 지나도 丁에게 변제하지 못하였고, 丁은 몇 차례의 독촉 후 X토지에 대한 경매를 신청하였다. 경매 결과 X토지가 매각되었고 甲이 적법하게 배당요구를 하였으나, 법원은 매각대금 중 경매비용 등을 공제한 나머지 금액 1억 원을 丁에게 모두 배당하였다. 이에 甲이 배당이의의 소를 제기하였다. 위 배당이의의 소는 인용될 수 있는가? (2018년 6월 변호사시험 모의시험)

배당요구 없이 배당을 받을 수 있는 채권자 / 부동산 가압류의 주관적 효력 / 사망자를 채무자로 한 가압류의 효력

甲은 2014. 1. 1. A로부터 1억 원을 이자 월 1%, 변제기 2014. 12. 31.로 정하여 차용하였고, 2014. 2. 1. B로부터 5,000만 원을 이자 월 1%, 변제기 2015. 12. 31.로 정하여 차용하였다. 甲이 위 차용원리금을 변제하지 않자, A는 2015. 7. 1. 청구금액을 1억 1,800만 원으로 하여 甲 소유의 X부동산에 관하여 가압류결정을 받았고, 2015. 7. 5. 그 가압류등기가 마쳐졌다. B는 2016. 2. 1. 청구금액을 6,200만 원으로 하여 甲 소유의 X부동산에 관하여 가압류결정을 받았고, 2016. 2. 5. 그 가압류등기가 마쳐졌다. 그런데 甲은 2015. 9. 1. 사망하였고, 상속인으로는 아들인 甲-1만이 있다. 甲-1은 2016. 3. 1. X부동산에 관한 상속등기를 마친 후, 같은 날 乙에게 매매를 원인으로 한 소유권이전등기를 마쳐주었다. C는 2016. 5. 1. X부동산에 관하여 채권최고액 2억 원, 채무자 乙로 된 근저당권설정등기를 마쳤다. D는 2016. 7. 1. 乙에 대한 대여금 채권에 기하여 청구금액을 1억 원으로 하여 X부동산에 관하여 가압류결정을 받았고 2016. 7. 5. 그 가압류등기가 마쳐졌다. A는 甲-1을 상대로 대여금 청구소송을 제기하여 "피고는 원고에게 1억 원 및 이에 대하여 2014. 1. 1.부터 다 갚는 날까지 월 1%의 비율에 의한 금원을 지급하라."는 판결을 선고받고, 2017. 7. 1. 청구금액을 1억 4,200만 원(원금 1억 원 및 2014. 1. 1.부터 2017. 6. 30.까지 월 1%의 비율에 의한 이자 및 지연손해금)으로 하여 강제경매신청을 하였고, 법원은 2017. 7. 5. 강제경매개시결정을 하였다. B는 2017. 7. 1. 甲-1을 상대로 지급명령을 신청하여 "채무자는 채권자에게 5,000만 원 및 이에 대한 2014. 2. 1.부터 다 갚는 날까지 월 1%의 비율에 의한 금원을 지급하라."는 지급명령을 받고 그 지급명령이 확정되자, 이에 기하여 위 강제경매절차에서 배당요구종기까지 6,200만 원에 대하여 배당요구를 하였다. X부동산은 2018. 5. 1. 위 강제경매절차에서 매각대금 4억 원에 매각되었다. 집행법원이 배당할 금액이 4억 원이라면, A, B, C, D에게 배당하여야 할 액수는 각 어떻게 되는가? (압류의 효력은 개별상대효에 따른다)

1. 쟁점

사안에서 쟁점은 배당요구 없이 배당받을 수 있는 자(민집법 제148조)가 누구인지, 가압류의 객관적, 주관적 효력은 어떠한지, 가압류신청 시 채무자가 사망한 경우 가압류의 효력은 어떠한지, 근저당권자와 가압류채권자 간의 배당의 우열은 어떠한지 채권신고 없는 근저당권자와 가압류 채권자에 대한 배당은 어떻게 하여야 하는지 문제된다. 이하에서는 각 인원의 배당액을 확정하고 관련 법리를 살펴본다.

2. A의 배당액

민집법 제148조에 의하면 ① 배당요구의 종기까지 경매신청을 한 압류채권자, ② 배당요구의 종기까지 배당요구를 한 채권자, ③ 첫 경매개시결정등기전에 등기된 가압류채권자, ④ 저당권·전세권, 그 밖의 우선변제청구권으로서 첫 경매개시결정등기전에 등기되었고 매각으로 소멸하는 것을 가진 채권자는 배당요구 없이 배당받을 수 있는 자로 규정하고 있다.

부동산 가압류의 주관적 효력에 관하여, 판례는 부동산에 대한 가압류집행 후 가압류목적물의 소유권이 제3자에게 이전된 경우 가압류채권자는 집행권원을 얻어 제3취득자가 아닌 가압류채무자를 집행채무자로 하여 그 가압류를 본압류로 이전하는 강제집행을 실행할 수 있으나, 이 경우 그 강제집행은 가압류의 처분금지적 효력이 미치는 객관적 범위인 가압류결정 당시의 청구금액의 한도 안에서만 집행채무자인 가압류채무자의 책임재산에 대한 강제집행절차라 할 것이고, 나머지 부분은 제3취득자의 재산에 대한 매각절차라 할 것이므로, 제3취득자에 대한 채권자는 그 매각절차에서 제3취득자의 재산 매각대금 부분으로부터 배당을 받을 수 있다고 한다(대법원 2005. 7. 29. 선고 2003다40637 판결).

또한 객관적 범위에 관하여 가압류의 처분금지의 효력이 미치는 객관적 범위는 가압류결정에 표시된 청구금액에 한정되므로 가압류의 청구금액으로 채권의 원금만이 기재되어 있다면 가압류채권자가 가압류채무자에 대하여 원금채권 외에 그에 부대하는 이자 또는 지연손해금 채권을 가지고 있다고 하더라도 가압류의 청구금액을 넘어서는 부분에 대하여는 가압류채권자가 처분금지의 효력을 주장할 수 없다고 한다(대법원 2006. 11. 24. 선고 2006다35223 판결).

사안에서 A는 민집법 제148조에 의하여 배당요구 없이 배당받을 수 있는 자에 해당하고 가압류의 청구범위를 초과하여 확정판결을 받았으나, 가압류의 청구금액 범위 내에서만 배당받을 수밖에 없다. 청구금액을 초과하는 부분에 대하여 본압류에 의하여 청구금액을 확장할 수 없기 때문이다. 따라서 A의 배당액은 1억 1,800만 원이 된다.

3. B의 배당액

사망자를 채무자로 한 가압류 결정의 효력에 관하여 판례는 사망한 자를 채무자로 한 가압류신청은 부적법하고 위 신청에 따른 가압류결정이 있었다 하여도 그 결정은 당연무효이며, 그 효력이 상속인에게 미친다고 할 수는 없고, 채무자표시를 상속인으로 할 것을 이미 사망한 피상속인으로 잘못 표시하였다는 사유는 가압류결정에 명백한 오류가 있는 것이라고 할 수 없으므로 가압류결정을 경정할 사유에도 해당되지 않는다고 한다(대법원 1991. 3. 29.자 89그9 결정).

사안에서 B의 가압류의 효력은 가압류 당시 乙이 사망하였으므로 가압류는 효력이 없고 앞서 본 바와 같이 개별상대효에 따라 배당요구의 종기까지 배당요구는 하였으나 B는 乙의 채권자가 아니므로 효력이 없다. 따라서 B는 배당받을 수 없다.

4. C의 배당액

채권신고 없는 근저당권자와 가압류채권자에 대한 배당은 민집법 제148조 제3호 및 제4호의 채권자가 민집법 제84조 제4항의 최고에 대한 신고를 하지 아니한 때에는 그 채권자의 채권액은 등기사항증명서 등 집행기록에 있는 서류와 증빙(證憑)에 따라 계산한다. 이 경우 다시 채권액을 추가하지 못한다.

사안에서 C는 근저당권자로 배당요구 없이 배당받을 수 있는 자에 해당하고 일반채권자인 D에 우선하므로 채권최고액 2억 원에 대하여 배당하면 된다.

5. D배당액

D는 첫 경매개시결정등기 전에 등기된 가압류채권자로서 배당요구 없이 배당받을 수 있는 자에 해당하고 청구금액인 1억 원에 대하여 배당하여야 하나 근저당권자인 C보다 후순위이므로 잔액인 8,200만 원만을 배당받을 수 있다.

배당요구 없이 배당을 받을 수 있는 채권자 / 근로기준법 및 근로자퇴직급여보장법에 따른 우선변제권 / 가압류등기 후 근저당권설정등기가 마쳐진 경우 가압류채권자와 근저당권자의 우열관계 / 안분 후 흡수 / 유치권자에 대한 배당 / 주택임대차보호법상 소액보증금반환채권과 배당요구 / 배당표 확정과 실체법적 권리관계 / 유치권자가 부동산에 관한 경매절차의 매수인에게 대항할 수 있는 경우 / 가압류에 의한 시효중단

甲은 2007. 1. 1. A은행으로부터 2억 원을 대출받으면서 같은 날 자신의 소유인 X토지(서울 소재)와 그 토지 위의 Y건물에 관하여 채권최고액 2억 5,000만 원의 근저당권설정등기를 마쳐주었다. 乙은 2006. 1. 1. 甲으로부터 Y건물의 보수공사를 수급하여 2006. 6. 30. 공사를 완료하였는데 그 공사대금을 지급받지 못하자, 2007. 7. 1. 공사잔대금채권 6,000만 원을 피보전권리(청구금액)로 하여 X토지와 Y건물에 대한 가압류신청을 하였고, 같은 날 위 부동산에 가압류기입등기가 마쳐졌다. 甲은 2012. 1. 1. B저축은행으로부터 1억 원을 대출받으면서 X토지와 Y건물에 관하여 채권최고액 1억 2,000만 원의 근저당권설정등기를 마쳐주었다. 丙은 2013. 1. 1. 甲에 대한 2,000만 원의 임금 및 퇴직금채권을 피보전권리(청구금액)로 하여 X토지와 Y건물에 대한 가압류신청을 하여, 같은 날 위 부동산에 가압류기입등기가 마쳐졌다. B저축은행은

2014. 9. 1. 위 근저당권에 기하여 청구금액을 1억 원으로 하여 경매신청을 하였고, 2014. 9. 10. X토지와 Y건물에 관하여 경매개시결정의 기입등기가 마쳐졌다. 집행법원이 2015. 1. 10.을 배당요구종기로 정하여 경매절차를 진행한 결과, C가 2015. 6. 1. 매각대금을 완납함으로써 X토지와 Y건물에 관한 소유권을 취득한 다음, 2015. 7. 1. 그 소유권이전등기를 마쳤다. 한편, X토지와 Y건물은 일괄하여 4억 1,000만 원에 매각되었고 집행비용은 1,000만 원이며, 배당기일은 2015. 8. 1.이었다. 경매절차에서 A은행과 乙, 丙은 모두 배당요구를 하지 않았는데, 丁이 2014. 12. 1. 甲에 대한 집행증서에 기하여 1억 원을 채권액으로 하여 배당요구를 하였고, 戊는 2015. 1. 1. 5,000만 원을 채권액으로 하여 배당요구를 하면서 "2014. 7. 1. 甲으로부터 Y건물의 보수공사를 도급받아 2014. 12. 31. 그 공사를 완성하였는데 공사대금 5,000만 원을 지급받지 못하여 Y건물에 관하여 유치권을 행사하고 있는 유치권자"라고 주장하였으며, 丙은 2015. 7. 25. 위 가압류의 피보전권리가 근로기준법과 근로자퇴직급여보장법에 의하여 우선변제권이 있는 최종 3개월분의 임금 및 최종 3년간의 퇴직급여에 해당된다는 사실에 관한 자료를 제출하였다. 己는 2012. 1. 1. 甲으로부터 Y건물 중 일부를 5,000만 원에 임차하여 주민등록을 마치고 주택을 인도받아 사용해오다가, 2015. 7. 15.경 C로부터 건물을 인도해달라는 요구를 받고 집행법원에 채권액을 5,000만 원으로 하여 배당요구를 하였다 (2010. 7. 26. 시행된 주택임대차보호법 시행령에 따르면 서울의 경우 주택임대차보호법 제3조에 의하여 우선변제권이 인정되는 보증금 액수는 7,500만 원 이하이고, 우선 변제되는 보증금액의 범위는 2,500만 원이다). (각 문항은 관련이 없음)

가. 집행법원은 어떤 배당표를 작성하여야 하는가? 배당받을 자와 배당받지 못하는 자를 근거를 제시하여 구별하고, 배당받을 지의 배당순위와 배당액을 근거와 함께 서술하시오.

1. 쟁점

사안에서는 배당요구 없이 배당받을 수 있는 자(민집법 제148조)는 누구이고 배당요구를 할 수 있는 자(민집법 제88조)는 누구인지, 채권신고 없는 근저당권자와 가압류채권자에 대한 배당방법(민집법 제84조 제5항)과 경매에 의하여 소멸하는 권리와 인수되는 권리에서 유치권자의 지위(민집법 제91조 제5항), 선행가압류채권자와 근저당권자의 배당관계 등이 문제되어 살펴본다.

2. 배당표

1) 丙 → 2,000만 원

민집법 제148조에 의하면 ① 배당요구의 종기까지 경매신청을 한 압류채권자, ② 배당요구의 종기까지 배당요구를 한 채권자, ③ 첫 경매개시결정등기전에 등기된 가압류채권자, ④ 저당권·전세권, 그 밖의 우선변제청구권으로서 첫 경매개시결정등기전에 등기되었고 매각으로 소멸하는 것을 가진 채권자는 배당요구 없이 배당받을 수 있다.

최종 3개월분의 노임채권 및 최종 3년간 퇴직금채권의 경우 근로기준법 제38조 및 근로자퇴직급여보장법 제12조에 의하여 우선변제권을 가진다. 근로기준법에 의하여 우선변제청구권을 갖는 임금채권자라고 하더라도 임의경매절차에서 배당요구의 종기까지 배당요구를 하여야만 우선배당을 받을 수 있는 것이 원칙이나, 경매절차개시 전의 부동산 가압류권자는 배당요구를 하지 않았더라도 당연히 배당요구를 한 것과 동일하게 취급하여 설사 그가 별도로 채권계산서를 제출하지 아니하였다 하여도 배당에서 제외하여서는 안 되므로 민사집행절차의 안정성을 보장하여야 하는 절차법적 요청과 근로자의 임금채권을 보호하여야 하는 실체법적 요청을 형량하여 보면 근로기준법상 우선변제권이 있는 임금채권자가 경매절차개시 전에 경매 목적 부동산을 가압류한 경우에는 배당요구의 종기까지 우선권 있는 임금채권임을 소명하지 않았다고 하더라도 배당표가 확정되기 전까지 그 가압류의 청구채권이 우선변제권 있는 임금채권임을 소명하면 우선배당을 받을 수 있다(대법원 2004. 7. 22. 선고 2002다52312 판결).

따라서 丙은 경매개시 전 가압류권자로서 배당요구 없어도 배당받는 자에 해당하고 근기법 제38조, 근로자퇴직급여보장법 제12조에 의하여 우선변제권을 가진 최종 3개월분의 노임채권 및 최종 3년간 퇴직금채권을 가진 자로 경매개시 전에 임금채권에 기하여 가압류하고 배당표 확정 전에 피보전권리가 우선변제권 있는 임금채권임을 소명한 경우에 해당하므로 2,000만 원을 최우선으로 배당받는다.

2) A → 2억 5,000만 원

채권신고 없는 근저당권자와 가압류채권자에 대한 배당은 민집법 제148조 제3호 및 제4호의 채권자가 민집법 제84조 제4항의 최고에 대한 신고를 하지 아니한 때에는 그 채권자의 채권액은 등기사항증명서 등 집행기록에 있는 서류와 증빙(證憑)에 따라 계산한다. 이 경우 다시 채권액을 추가하지 못한다.

사안에서 A는 최선순위 근저당권자로서 경매 전 등기되고 매각으로 소멸하는 우선변제권자로 배당요구 없이도 배당받는 자에 해당하고, 채권신고가 없어서 채권최고액으로 배당한다. 따라서 2억 5,000만 원을 배당받는다.

3) 乙, B, 丁의 경우: 乙 → 3,000만 원, B → 1억 원, 丁 → 0원

부동산에 대하여 가압류등기가 먼저 되고 나서 근저당권설정등기가 마쳐진 경우에 그 근저당권등기는 가압류에 의한 처분금지의 효력 때문에 그 집행보전의 목적을 달성하는 데 필요한 범위 안에서 가압류채권자에 대한 관계에서만 상대적으로 무효이다. 위의 경우 가압류채권자와 근저당권자 및 근저당권설정등기 후 강제경매신청을 한 압류채권가 사이의 배당관계에 있어서, 근저당권자는 선순위 가압류채권자에 대하여는 우선변제권을 주장할 수 없으므로 1차로 채권액에 따른 안분비례에 의하여 평등배당을 받은 다음, 후순위 경매신청압류채권자에 대하여는 우선변제권이 인정되므로 경매신청압류채권자가 받을 배당액으로부터 자기의 채권액을 만족시킬 때까지 이를 흡수하여 배당받을 수 있다(대법원 1994. 11. 29.자 94마417 결정).

乙의 경우, 경매개시 전 가압류권자로서 배당요구 없이 배당받을 수 있고 채권신고 없어 가압류신청 시 청구금액으로 배당된다. 후행 근저당권자와 선행 가압류채권자간의 배당의 우열은 앞서 본 법리에 의하여 동순위(안분)이고 일반채권자와 가압류채권자간의 배당의 우열 또한 동순위(안분)이므로 배당액은 3,000만 원[1억 3,000만x6,000만/(6,000만+1억+1억)]이 된다.

B의 경우, 근저당권자 또는 경매신청자로서 배당요구 없이 배당받을 수 있고 경매신청 시 기재한 청구금액 1억 원에 대하여 배당한다. 선행 가압류권자와 동순위이나, 후행 가압류권자, 일반채권자에 우선하므로 그 배당 부분 흡수할 수 있다. 안분액 5,000만 원[1억 3,000만x1억/(6,000만+1억+1억)]서 丁의 배당부분 5,000만 원을 흡수하여 총 1억 원이 배당된다.

丁의 경우, 배당요구종기 전에 집행권원에 의하여 배당요구를 함으로써 배당받을 수 있고 선행 저당권자에 우선하지 못한다. 안분액 5,000만 원[1억 3,000만x1억/(6,000만+1억+1억)]은 B의 배당액에 흡수되어 종국적으로는 배당액이 없다.

4) 戊의 경우 → 0원

戊는 유치권자로서 배당요구를 하였으나, 유치권은 우선변제권이 없고 민집법 제91조 제5항에 따라 매수인이 유치권자에게 그 유치권으로 담보하는 채권을 변제할 책임이 있으므로 매수인에게 인수된다.

5) 己의 경우 → 0원

주택임대차보호법에 의하여 우선변제청구권이 인정되는 소액임차인의 소액보증금반환채권은 현행법상 민집법 제88조 제1항에서 규정하는 배당요구가 필요한 배당요구채권에 해당한다.

己는 주택임대차보호법상 소액임차인에 해당하나 주택임대차보호법상 소액임차인도 법정우선변제권자로서 배당요구종기까지 배당요구를 하여야 우선변제를 받을 수 있으므로 己는 배당요구종기 이후에 배당요구를 하여 배당받을 수 없다.

나. 丁은 위 배당표가 확정된 뒤, 甲으로부터 A은행에 대한 채무는 경매개시 이전에 이미 완제되었음에도 근저당권설정등기가 말소되지 않았을 뿐이라는 말을 들었고, A은행이 배당기일에 출석하지 않음으로써 그 배당금이 공탁된 사실을 확인하였다. 丁이 위 공탁금에 관하여 권리행사를 할 방법이 있는가? 己는 어떤가?

1. 쟁점

사안에서는 배당표 확정과 실체법적 권리관계가 문제된다.

2. 배당표 확정과 실체법적 권리관계

확정된 배당표에 의하여 배당을 실시하는 것은 실체법상의 권리를 확정하는 것이 아니고 배당받아야 할 자가 배당을 받지 못하고 배당을 받지 못할 자가 배당을 받은 경우에는 배당에 관하여 이의를 한 여부 또는 형식상 배당절차가 확정되었는가의 여부에 관계없이 배당을 받지 못한 우선채권자는 부당이득반환청구권이 있다(대법원 1988. 11. 8. 선고 86다카2949 판결). 그러나 배당요구가 필요한 배당요구채권자는, 압류의 효력발생 전에 등기한 가압류채권자, 경락으로 인하여 소멸하는 저당권자 및 전세권자로서 압류의 효력발생 전에 등기한 자 등 당연히 배당을 받을 수 있는 채권자의 경우와는 달리, 매각기일까지 배당요구를 한 경우에 한하여 비로소 배당을 받을 수 있고, 적법한 배당요구를 하지 아니한 경우에는 비록 실체법상 우선변제청구권이 있다 하더라도 경락대금으로부터 배당을 받을 수는 없을 것이므로, 이러한 배당요구채권자가 적법한 배당요구를 하지 아니하여 그를 배당에서 제외하는 것으로 배당표가 작성·확정되고 그 확정된 배당표에 따라 배당이 실시되었다면 그가 적법한 배당요구를 한 경우에 배당받을 수 있었던 금액 상당의 금원이 후순위채권자에게 배당되었다고 하여 이를 법률상 원인이 없는 것이라고 할 수 없다(대법원 2002. 1. 22. 선고 2001다70702 판결)

3. 사안의 해결

사안에서 丁은 배당요구종기까지 배당요구를 하여 배당받을 수 있는 자에 해당하므로 배당을 받지 않아야 할 A은행을 상대로 배당표의 확정 후에도 부당이득반환청구를 할 수 있다. 한편, 己는 적법한 배당요구를 하지 아니하여 배당을 받을 수 없는 자이므로 부당이득반환청구도 할 수 없다.

다. C가 戊를 상대로 건물인도청구소송을 제기하면 승소할 수 있는가?

1. 쟁점

경매개시결정의 기입등기 전에 채무자로부터 부동산의 점유를 이전받았으나 기입등기 후에 공사대금채권을 취득한 유치권자가 경매절차의 매수인에게 대항할 수 있는지 여부가 문제된다.

2. 유치권자가 부동산에 관한 경매절차의 매수인에게 대항할 수 있는 경우

유치권은 그 목적물에 관하여 생긴 채권이 변제기에 있는 경우에 비로소 성립한다(민 제320조). 채무자 소유의 부동산에 경매개시결정의 기입등기가 마쳐져 압류의 효력이 발생한 후에 유치권을 취득한 경우에는 그로써 그 부동산에 관한 경매절차의 매수인에게 대항할 수 없다. 채무자 소유의 건물에 관하여 증·개축 등 공사를 도급받은 수급인이 경매개시결정의 기입등기가 마쳐지기 전에 채무자로부터 그 건물의 점유를 이전받았다 하더라도 경매개시결정의 기입등기가 마쳐져 압류의 효력이 발생한 후에 공사를 완공하여 공사대금채권을 취득함으로써 그때 비로소 유치권이 성립한 경우에는, 수급인은 그 유치권을 내세워 경매절차의 매수인에게 대항할 수 없다(대법원 2011. 10. 13. 선고 2011다55214 판결 등).

3. 사안의 해결

사안에서 戊는 2014. 9. 10. 경매개시결정의 기입등기가 마쳐진 후인 2014. 12. 31. 공사를 완성하여 공사대금채권을 취득하였고, 그로써 유치권이 성립되었으므로 매수인인 C에게 대항할 수 없다.

라. 甲이 2018. 9. 1. 乙을 상대로 공사대금채권이 시효로 소멸되었다고 주장하면서 채무부존재확인소송을 제기하자, 乙은 2018. 10. 1. 甲 소유 부동산에 가압류를 해두었으므로 2007. 7. 1. 소멸시효는 중단되었다고 항변을 하면서 6,000만 원의 공사잔대금청구를 반소로 제기하였다. 甲은 승소할 수 있는가?

1. 쟁점

공사대금채권의 소멸시효기간과 가압류에 의한 시효중단의 효력이 종료되는 시점이 문제된다.

2. 가압류에 의한 시효중단

민법 제168조는 소멸시효 중단사유로서 가압류를 규정하고 있다. 이는 가압류에 의하여 채권자가 권리를 행사하였다고 할 수 있기 때문이고 가압류에 의한 집행보전의 효력이 존속하는 동안은 가압류채권자에 의한 권리행사가 계속되고 있다고 보아야 하므로 가압류에 의한 시효중단의 효력은 가압류의 집행보전의 효력이 존속하는 동안 계속된다. 한편 부동산에 대한 경매절차에서 경매개시결정등기 전에 등기된 가압류채권자는 매각대금으로부터 배당을 받고(민집법 제148조 제3호), 가압류채권자의 채권에 대한 배당액은 공탁을 하여야 하며(민집법 제160조 제1항 제2호), 그 가압류채권자의 가압류등기는 매수인이 인수하지 아니한 부동산의 부담으로서 매각대금이 납부되면 집행법원의 법원사무관등이 말소등기의 촉탁을 하여야 한다(민법 제144조 제1항 제2호). 이와 같이 가압류는 강제집행을 보전하기 위한 것으로서 경매절차에서 부동산이 매각되면 그 부동산에 대한 집행보전의 목적을 다하여 효력을 잃고 말소되며, 가압류채권자에게는 집행법원이 그 지위에 상응하는 배당을 하고 배당액을 공탁함으로써 가압류채권자가 장차 채무자에 대하여 권리행사를 하여 집행권원을 얻었을 때 배당액을 지급받을 수 있도록 하면 족한 것이다. 따라서 이러한 경우 가압류에 의한 시효중단은 경매절차에서 부동산이 매각되어 가압류등기가 말소되기 전에 배당절차가 진행되어 가압류채권자에 대한 배당표가 확정되는 등의 특별한 사정이 없는 한, 채권자가 가압류집행에 의하여 권리행사를 계속하고 있다고 볼 수 있는 가압류등기가 말소된 때 그 중단사유가 종료되어, 그때부터 새로 소멸시효가 진행한다(대법원 2013. 11. 14. 선고 2013다18622,18639 판결).

3. 사안의 해결

사안에서 乙의 가압류에 의한 시효중단은 2015. 7. 1. C가 소유권이전등기를 마치고 가압류기입등기가 말소된 때에 종료되고 새로이 소멸시효가 진행한다. 공사대금채권은 민법 제163조 제3호에 의하여 3년 단기소멸시효에 해당하고, 乙은 2015. 7. 1.로부터 3년이 경과한 후인 2018. 10. 1. 甲의 청구에 대하여 다투는 취지의 답변서와 반소를 제기하였으므로 甲은 승소할 것이다.

가압류등기 후 저당권설정등기가 마쳐진 경우에 가압류채권자와 저당권자의 우열관계

甲은 2016. 8.경 인테리어 시공업자인 乙과 카페의 인테리어 공사에 관하여 공사대금 5,000만 원으로 하는 도급계약을 체결하였다. 乙은 약정기한인 2016. 10. 20. 위 인테리어 공사를 완료하고, 甲에게 카페를 인도하였다. 甲은 2015. 2. 1. A로부터 1억 원을 빌리면서 변제기는 2015. 8. 1.로 정하였으나, 위 기일까지 甲이 대여금채무를 변제하지 아니하여 A는 甲 소유의 카페건물에 대하여 2015. 10. 10. 가압류를 신청하여, 같은 달 10. 12. 가압류기입등기를 마쳤다. 한편, 甲은 2016. 2. 20. B에게 2억 원을 빌리면서 위 카페건물에 대하여 위 차용금채무를 담보하기 위하여 B에게 저당권을 설정해주었다. 甲은 2016. 2. 1. C로부터 1억 원을 빌리면서 변제기는 2016. 8. 1.로 정하였으나, 위 기일까지 甲이 대여금채무를 변제하지 아니하여 C는 甲소유의 카페건물에 대하여 2016. 10.1 0. 가압류를 신청하여, 같은 달 10. 12. 가압류기입등기를 마쳤다. B는 甲이 변제기가 지나도록 피담보채무를 이행하지 아니하자 2017. 3. 5. 저당권을 실행하여 D가 경매절차에서 매각대금을 납부하고 그 명의로 소유권이전등기를 마쳤다. 집행법원은 1억 원(매각대금에서 집행비용을 공제한 금액)을 A, B, C에게 어떻게 배당하여야 하는지를 근거를 들어 서술하시오. (2017년 6월 변호사시험 모의시험)

1. 가압류채권자와 저당권자의 우열관계

부동산에 대하여 가압류등기, 저당권등기, 가압류등기가 순차적으로 마쳐진 경우에 선행가압류의 처분금지효에 의하여 저당권은 가압류의 집행보전의 목적을 달성하는 데 필요한 범위 안에서 선행 가압류채권자에 대한 관계에서만 상대적으로 무효이다. 저당권자는 후행 가압류권자에 대하여 우선변제권이 인정되나 가압류채권자 사이에서 우열관계가 인정되지 않으므로 선행 가압류채권자, 저당권자, 후행 가압류채권자 사이에서 채권액에 따라 안분배당을 한 후 저당권자가 후행 가압류채권자가 받을 배당액으로부터 자기의 채권액을 만족시킬 때까지 이를 흡수하여 배당받을 수 있다(대법원 1994. 11. 29.자 94마417 결정).

2. 사안의 해결

선행 가압류채권자(A), 저당권자(B), 후행 가압류채권자(C)의 채권액은 각각 1억 원, 2억 원, 1억 원이므로 배당금액 1억 원을 1:2:1의 비율로 안분 후 흡수 배당시켜야 한다. 이에 따라 A에게 2,500만 원, B에게 5,000만 원, C에게 2,500만 원이 배당되고, B는 C의 배당액 2,500만 원을 흡수한다. 따라서 집행법원은 A에게 2,500만 원, B에게 7,500만 원, C에게 0원을 배당하여야 한다.

상속채권자와 한정승인자의 일반채권자 사이의 우열 / 배당요구 없이 배당을 받을 수 있는 자와 배당요구를 하여야 배당을 받을 수 있는 자 / 주택임대차보호법에 따른 대항력과 경매절차에서의 매수인 / 가집행선고의 효력 소멸과 강제집행의 효력 / 배당표 확정과 변제 효력의 발생

甲 소유이던 X건물(서울 종로구 소재)의 등기부에는 아래와 같이 기재되어 있나. 甲은 2016. 1. 1. 사망하였고, 그의 상속인으로는 자녀들인 乙과 丙이 있는데, 乙은 한정승인심판을 받았고, 丙은 상속포기심판을 받았다(X건물은 甲의 유일한 재산이다).

〈갑구〉

2012. 1. 1. 소유권이전	소유자 甲
2016. 2. 1. 가압류(2016. 1. 30. 가압류결정/ 청구금액 5,000만 원)	채권자 B
2016. 4. 1. 소유권이전(상속)	소유자 乙
2016. 6. 1. 가압류(2016. 5. 30. 가압류결정/청구금액 5,000만 원)	채권자 D
2017. 1. 3. 강제경매개시결정(2017. 1. 1. 경매개시결정)	채권자 C

〈을구〉

2011. 7. 1. 근저당권설정(최고액 1억 원/ 채무자 甲)	근저당권자 A

2016. 5. 1. 근저당권설정(최고액 4,500만 원/ 채무자 乙)　　　　근저당권자 C

E는 2014. 1. 1. 甲에게 1억 원을 이자는 월 1%, 변제기는 2015. 6. 30.로 정하여 대여하였고, 2016. 7. 1. 乙을 상대로 대여금청구소송을 제기하여 2016. 12. 1. "피고는 원고에게 상속재산의 범위 내에서 1억 원 및 이에 대하여 2014. 1. 1.부터 다 갚는 날까지 월 1%의 비율로 계산한 돈을 지급하라."는 가집행선고부 판결을 받았다. E는 2017. 1. 1. 위 가집행선고부 판결에 기초하여 청구금액을 1억 원으로 기재하고 X건물에 관한 강제경매신청을 하였다. X건물에 관한 강제경매절차에서 배당요구종기인 2017. 5. 1.까지 교부청구, 배당요구, 채권신고 등은 다음과 같다.

D : 확정된 지급명령(乙에 대한 물품대금채권 5,000만 원)
F : 채무자를 甲으로 한 2015. 10. 1.자 약속어음공정증서에 기한 채권 1억 원
G : 임차보증금채권 1억 원(2012. 1. 1. 임대차계약, 2010. 1. 1. 주민등록전입신고 및 입주)
종로세무서장(국세) : 乙에 대한 상속세 채권 1,000만 원(법정기일 2016. 6. 30.)
종로세무서장(국세) : 乙에 대한 부가가치세 채권 1,000만 원(법정기일 2016. 12. 31.)

X건물의 매수인 丁은 2017. 10. 31. 매각대금을 완납하고, X건물에 관하여 소유권이전등기를 마쳤다. 한편, 배당기일이 2017. 12. 31.로 정해지자, E는 원금 1억 원과 이자 및 지연손해금 3,600만 원 합계 1억 3,600만 원을 채권액으로 하여 채권계산서를 제출하였고, B는 배당기일에 출석하여 2016. 2. 1. 甲을 상대로 X건물에 대한 가압류 및 물품대금 5,000만 원의 지급을 구하는 지급명령을 신청하였고 그 지급명령이 이미 확정되었다고 주장하면서, 집행문을 부여받은 지급명령의 정본을 제출하였다.
배당할 금액은 2억 5,000만 원이고, 집행비용은 1,100만 원이다. (각 문항에서

제시된 상황은 관련이 없음)

가. 집행법원은 어떤 배당표를 작성하여야 하는가? 배당받을 자와 배당받지 못하는 자를 근거를 제시하여 구별하고, 배당받을 자의 배당순위와 배당액을 근거와 함께 서술하시오. (압류의 효력에 관해서는 개별상대효에 따른다) [서울특별시의 경우, 2010. 7. 26. 시행된 주택임대차보호법 시행령에 따르면 주택임대차보호법 제8조에 의하여 우선변제권이 인정되는 보증금 액수는 7,500만 원 이하, 우선 변제되는 보증금액의 범위는 2,500만 원이고, 2014. 1. 1. 시행된 같은 법 시행령에 따르면 우선변제권이 인정되는 보증금 액수는 9,500만 원 이하, 우선 변제되는 보증금액의 범위는 3,200만 원이며, 2016. 3. 31. 시행된 같은 법 시행령에 따르면 우선변제권이 인정되는 보증금 액수는 1억 원 이하, 우선 변제되는 보증금액의 범위는 3,400만 원이고, 2018. 9. 18. 시행된 같은 법 시행령에 따르면 우선변제권이 인정되는 보증금 액수는 1억 1,000만 원 이하, 우선 변제되는 보증금액의 범위는 3,700만 원이다]

1. 쟁점

X건물은 乙이 甲으로부터 상속받은 재산인바, 실체법적으로 상속재산에 대한 강제집행절차에서 상속채권자들 사이의 우열의 문제, 상속채권자와 한정승인자의 채권자 사이의 우열의 문제가 쟁점이 되고, 집행법상으로 배당요구 없이 배당받을 수 있는 자(민집법 제148조), 배당요구를 할 수 있는 자(민집법 제88조) 등이 쟁점이 된다.

2. 배당순위와 배당액

1) 집행비용 1,100만 원

2) 상속세에 기한 종로세무서장

국세기본법 제35조 제3항에 따라 당해세는 담보권에 우선하며, 동조 제1항 제4호에 따라 당해세는 주택임대차보호법 제8조에 따른 소액임차인 보다는 열위에 있게 된다. 판례에 따르면 상속재산에 관하여 담보권을

취득하였다는 등 사정이 없는 이상, 한정승인자의 고유채권자는 상속채권
자가 상속재산으로부터 그 채권의 만족을 받지 못한 상태에서 상속재산을
고유채권에 대한 책임재산으로 삼아 이에 대하여 강제집행을 할 수 없지
만 한정승인자의 고유채무가 조세채무로서 당해세인 경우, 상속채권자에
우선하게 된다(대법원 2016. 5. 24. 선고 2015다250574 판결 참조).

사안에서 종로세무서장의 상속세 채권은 G의 소액임차보증금반환채권
보다는 열위에 있지만, A, C의 근저당권보다는 우위에 있게 된다. 따라서
상속세에 기해 종로세무서장에게는 1,000만 원이 배당된다.

3) 최선순위 근저당권자 A → 1억 원

근저당권자는 민집법 제148조 제4호에 따라 배당요구 없이도 배당을
받을 수 있는 채권자에 해당한다. 근저당권자에 대한 배당은 민집법 제84
조 제5항에 따라 채권최고액 범위 내에서 배당기일 전 신고한 채권액에
대하여 배당이 이루어지며, 채권계산서의 제출이 없는 경우에는 채권최고
액에 대하여 배당이 이루어진다. 근저당권자는 국세기본법 제35조 제3항
에 따라 당해세 채권보다는 열위에 있게 된다. 또한 주택임대차보호법 제
8조에 따른 소액임차인보다 열위에 있게 된다.

사안에서 A는 최선순위 근저당권자로서 당해세채권인 종로세무서장의
상속세 채권보다는 후순위로 배당이 되지만, 담보권 설정일 기준으로 소
액임차인에 해당되는 배당요구자가 없기 때문에 다음 순위자로서 채권최
고액인 1억 원을 배당받게 된다.

4) 소액임차인 G → 3,400만 원

주택임대차보호법상 소액임차인의 경우 민집법 제88조 제1항에서 정하
는 배당요구에 의하여 배당을 받을 수 있는 채권자에 해당한다. 소액임차
보증금반환채권의 경우 주택임대차보호법 제8조, 국세기본법 제35조 제1
항 제4호에 의하여 담보권자, 당해세보다 우선해서 배당을 받을 수 있다.

사안에서 G는 제1순위 근저당권자 A에 대하여는 소액임차인에 해당되지 않으나, 제2순위 근저당권자 C에 대하여는 소액임차인으로서 3,400만 원의 범위에서 우선 변제를 받을 수 있다. G의 소액임차보증금반환채권이 종로세무서장의 상속세(당해세)에 우선하는 바, 결과적으로 종로세무서의 상속세(당해세), 근저당권자 A, 소액임차인 G는 순환배당관계에 있게 된다.

5) 근저당권자 C → 4,500만 원

판례에 따르면 한정승인자로부터 상속재산에 관하여 저당권 등의 담보권을 취득한 사람과 상속채권자 사이의 우열관계는 민법상의 일반원칙에 따라 담보권자가 일반 상속채권자에 우선하게 된다(대법원 2010. 3. 18. 선고 2007다77781 전원합의체 판결 참조).

사안에서 C는 한정승인자인 乙의 채권자이지만, 담보권자로서 일반 상속채권자에 우선하여 배당을 받을 수 있고, 채권계산서를 제출하지 않아 채권최고액에 대하여 배당이 이루어지므로 4,500만 원을 배당받게 된다.

6) 상속채권자로서 압류채권자 E, 상속채권자로서 집행력 있는 정본에 기한 배당요구권자 F → 각 2,500만 원

압류채권자는 민집법 제148조 제1호에 따라 배당요구 없이도 배당을 받을 수 있다. 집행력 있는 정본에 기해 적법하게 배당요구를 한 자는 민집법 제88조 제1항에 따라 배당을 받을 수 있다. 판례에 따르면 일반채권자인 상속채권자가 담보권자에는 우선하지 못하지만, 한정승인자의 일반채권자 또는 당해세가 아닌 조세에 기초한 한정승인자의 조세채권자에 대하여는 우선한다(대법원 2016. 5. 24. 선고 2015다250574 판결 참고). 한편 경매신청 후에는 청구금액을 확장할 수 없고, 배당요구종기 이후 계산서의 제출은 배당요구의 효력 역시 없다.

사안에서 E, F는 甲의 채권자로서 상속채권자에 해당한다. E의 경우 압류채권자로서 배당요구 없이도 배당을 받을 수 있고, F의 경우 집행력 정본에 기해 적법하게 배당요구를 한 채권자로서 배당을 받을 수 있다. E, F는 한정승인자의 담보권자인 C에 대하여는 우선하지 못하지만, 한정승인자의 일반채권자인 D, 당해세가 아닌 조세에 기초한 한정승인자의 조세채권자인 부가가치세에 기한 종로세무서장에 대하여는 우선한다. 한편 E는 청구금액을 1억 원으로 기재하여 X건물에 관하여 경매신청을 하였으므로 원금인 1억 원에 대해서만 배당을 받을 수 있다.

따라서 E, F에게는 위에서 배당된 금액을 제외한 나머지 5,000만 원을 E의 청구금액과 F와 채권액 비율로 안분한 2,500만 원이 각각 배당된다.

7) 상속채권자 B → 0원

가압류 신청 당시 사망자를 상대로 한 가압류 신청은 당연무효이며, 사망자를 상대방으로 한 지급명령 역시 무효이다.

사안에서 B가 가압류를 신청할 당시 甲이 사망한 바, B의 가압류는 당연무효이고, 지급명령을 신청할 당시에도 甲이 사망해 있었으므로, B는 집행력 있는 정본에 기한 채권자로서 배당요구 할 수도 없다.

8) 한정승인자의 일반채권자 D, 부가가치세에 기한 종로세무서장 → 0원

판례에 따르면 상속재산에 관하여 담보권을 취득하였다는 등 사정이 없는 이상, 한정승인자의 고유채권자는 상속채권자가 상속재산으로부터 채권의 만족을 받지 못한 상태에서 상속재산을 고유채권에 대한 책임재산으로 삼아 이에 대하여 강제집행을 할 수 없다고 보는 것이 형평의 원칙이나 한정승인제도의 취지에 부합하며, 이는 한정승인자의 고유채무가 조세채무인 경우에도 그것이 상속재산 자체에 대하여 부과된 조세나 가산금, 즉 당해세에 관한 것이 아니라면 마찬가지이다(대법원 2016. 5. 24. 선고 2015다250574 판결).

사안에서 D, 부가가치세에 기한 종로세무서장은 한정승인자의 일반채

3. 부동산에 대한 집행 117

권자로서 상속채권자인 E, F에 우선하지 못하는바 배당을 받을 수 없다.

9) 임차인 G

G는 소액임차인으로 우선 배당 받은 부분을 제외한 나머지 부분에 대해서는 확정일자를 받지 않았으므로 일반 상속채권자와 동일한 지위에 있는데, 집행력 있는 정본에 기한 배당요구를 하지 않았으므로 배당을 받지 못한다.

나. 乙은 배당기일에 출석하여 甲으로부터 F에게 약속어음 공정증서를 작성해주었다는 말을 듣지 못하였다는 이유로 F에 대한 배당표에 대하여 이의를 하였고, E는 F의 약속어음 공정증서는 甲과 F가 통모하여 다른 채권자들을 해하기 위하여 작성한 것으로서 F는 가장채권자라고 주장하였다. F에 대한 배당을 저지하기 위하여 乙과 E는 각각 어떤 행위를 하여야 하는가?

1. 乙의 경우

민집법 제151조 제1항에 따라 배당기일에 출석한 채무자는 채권자의 채권 또는 그 순위에 대하여 이의할 수 있다. 한편 민집법 제154조 제2항에 따라 집행력 있는 집행권원의 정본을 가진 채권자에 대하여 이의를 한 채무자는 청구이의의 소를 제기하여야 한다.

사안에서 乙은 F를 상대로 청구이의의 소를 제기하여 집행권원의 집행력을 배제하여야 한다.

2. E의 경우

민집법 제151조 제3항에 따라 기일에 출석한 채권자는 자기의 이해에 관계되는 범위 안에서 다른 채권자를 상대로 그의 채권 또는 그 채권의 순위에 대하여 이의를 할 수 있으며, 같은 조 제1항 및 제3항에 따라 다른 채권자에 대하여 이의한 채권자는 1주일 이내에 집행법원에 배당이의의 소를 제기하고 그 사실을 증명하는 서류를 집행법원에 제출하여야 한다.

사안에서 E는 배당기일로부터 1주일 이내에 F에 대하여 배당이의의 소를 제기하여 그 소제기증명서를 집행법원에 제출하여야 한다.

다. 매수인 丁이 G를 상대로 인도명령을 신청하자, G는 심문절차에서 원래 X건물의 소유자이었다가 甲에게 X건물을 매도한 뒤 X건물 중 일부를 甲으로부터 임차하여 계속 거주하고 있는데, 근저당권자 A보다 먼저 대항력을 갖춘 임차인으로서 보증금 중 위 경매절차에서 배당받지 못한 나머지 금액을 지급받기 전까지는 임차한 부분을 점유할 권리가 있으므로 丁의 인도명령신청은 기각되어야 한다고 주장하였다. G의 주장은 받아들여질 수 있는가?

1. 쟁점

G가 주택임대차보호법에 따른 대항력에 기초하여 丁의 인도명령신청에 대항할 수 있는지가 문제된다.

2. 주택임대차보호법에 따른 대항력과 매수인 사이의 관계

경매목적 부동산이 매각된 경우에는 소멸되는 선순위 저당권보다 뒤에 등기되었거나 대항력을 갖춘 임차권은 함께 소멸하고, 매각 부동산의 매수인은 주택임대차보호법 제3조에서 말하는 임차주택의 양수인 중에 포함되지 않으므로 매수인에 대하여 그 임차권의 효력을 주장할 수 없다(대법원 1999. 4. 23. 선고 98다32939 판결, 1990. 1. 23.자 89다카33043 결정 등 참조).

주택임대차보호법 제3조 제1항에서 주택의 인도와 더불어 대항력의 요건으로 규정하고 있는 주민등록은 거래의 안전을 위하여 임차권의 존재를 제3자가 명백히 인식할 수 있게 하는 공시방법으로 마련된 것으로서, 주민등록이 어떤 임대차를 공시하는 효력이 있는가의 여부는 그 주민등록으로 제3자가 임차권의 존재를 인식할 수 있는가에 따라 결정된다고 할 것이므로, 주민등록이 대항력의 요건을 충족시킬 수 있는 공시방법이 되려면 단순히 형식적으로 주민등록이 되어 있다는 것만으로는 부족하고, 주민등록에 의하여 표상되는 점유관계가 임차권을 매개로 하는 점유임을 제3자가 인식할 수 있는 정도는 되어야 한다(대법원 2000. 2. 11. 선고 99다59306 판결). 부동산의 매도인이 매수인 앞에서 소유권이전등기가 마쳐지기 전에 매수인으로부터 부동산을 임차하여 거주하여 왔다고 하더라도 제3자로서는 매도인의 주민등록이 소유권 아닌 임차권을 매개로 하는 점유라는 것을 인식하기 어려우므로, 매도인의 주민등록은 부동산에 관하여 매수인 명의의 소유권이전등기가 마쳐지기 이전에는 주택임대차의 대항력 인정의 요건이 되는 적법한 공시방법으로서의 효력이 없고, 매수인의 소유권이전등기가 마쳐져야 임대차를 공시하는 유효한 공시방법이 된다(대법원 2000. 2. 11. 선고 99다59306 판결).

3. 사안의 해결

사안에서 X건물의 전 소유자로서 매도인인 G는 갑이 소유권이전등기를 마친 2012. 1. 1. 임대차에 관한 유효한 공시방법을 갖추었다고 할 수 있는바, G의 임차권은 그에 우선하는 A의 근저당권이 소멸되는 이상 매각에 의하여 소멸되고, 매수인 丁에게 대항할 수 없으므로 G의 주장은 받아들여질 수 없다.

라. E가 제기한 대여금청구소송의 항소심은 2017. 12. 1. E의 채권자인 H가 E의 乙에 대한 대여금채권에 대하여 채권압류 및 추심명령을 받았음을 이유로 제1심판결을 취소하고 E의 청구를 각하하는 판결을 선고하였고, 2018. 1. 1.경 그 판결이 확정되었다. 乙은 2018. 2. 1. 가집행선고부 제1심판결이 항소심판결에 의하여 취소되었으니 제1심판결에 기초한 위 경매가 무효라고 주장하면서 丁을 상대로 X건물에 관한 소유권이전등기말소청구소송을 제기하였다. 乙은 승소할 수 있는가?

1. 쟁점

가집행선고가 있는 판결에 기한 강제집행이 이루어진 후 가집행선고의 효력이 소멸된 경우 강제집행의 효력이 문제된다.

2. 가집행선고의 효력 소멸과 강제집행의 효력

가집행선고 있는 판결에 기한 강제집행은 확정판결에 기한 경우와 같이 본집행이므로 상소심의 판결에 의하여 가집행선고의 효력이 소멸되거나 집행채권의 존재가 부정된다 하더라도 그에 앞서 이미 완료된 집행절차나 이에 기한 매수인의 소유권 취득의 효력에는 아무런 영향을 미치지 아니한다(대법원 1993. 4. 23. 선고 93다3165 판결).

3. 사안의 해결

X건물에 대한 강제경매개시에 있어서 집행권원이 되었던 가집행선고부 판결이 항소심에서 변경됨으로써 그 가집행선고의 효력이 소멸되었다고 하더라도 丁이 이미 매각대금을 완납하여 소유권을 취득한 효력에는 영향을 미치지 못하므로 乙이 丁을 상대로 한 X건물에 관한 소유권이전등기말소청구소송은 승소할 수 없다.

마. C가 2016. 4. 1. 乙에게 4,000만 원을 이율 월 1%, 변제기는 2018. 3. 31.로 정하여 대여하였고, 위 경매절차에서 4,500만 원을 배당받았는데, B가 배당이의를 하는 바람에 배당금이 공탁되었다가, B가 C를 상대로 제기한 배당이의소송이 B의 패소로 확정된 2018. 6. 30.에야 공탁된 배당금 4,500만 원을 수령하였다면, C가 乙에게 청구할 수 있는 잔여 대여원리금은 얼마나 되는가?

1. 쟁점

배당이의의 소가 제기되어 배당표가 확정되지 않고 공탁되었다가 이후 배당표가 확정되어 배당금을 수령한 경우 변제의 효력이 발생하는 시점이 문제된다.

2. 배당표의 확정과 변제 효력의 발생

배당표가 확정되어야 비로소 채권자가 공탁된 배당금의 지급을 신청할 수 있으므로, 배당표 확정 이전에 채권자가 배당금을 수령하지 않았는데도 그 채권에 대해 변제의 효력이 발생한다고 볼 수는 없다. 한편 배당표가 일단 확정되면 채권자는 공탁금을 즉시 지급받아 수령할 수 있는 지위에 있는데, 배당표 확정 이후의 어느 시점(가령 배당액 지급증 교부 시 또는 공탁금 출급 시)을 기준으로 변제의 효력이 발생한다고 보게 되면, 채권자의 의사에 따라 채무의 소멸 시점이 늦추어질 수 있고, 그때까지 채무자는 지연손해금을 추가로 부담하게 되어 불합리하다. 따라서 채무자가 공탁금 출급을 곤란하게 하는 장애요인을 스스로 형성·유지하는 등의 특별한 사정이 없는 한 배당액에 대한 이의가 있었던 채권은 공탁된 배당액으로 충당되는 범위에서 배당표의 확정 시에 소멸한다고 보아야 한다. 다만 위와 같은 배당표의 확정 전에 어떤 경위로든 채권자가 공탁된 배당금을 지급받아 수령하고 그 후 같은 내용으로 배당표가 확정된 경우에는, 채권자가 현실적으로 그 채권의 만족을 얻은 시점인 공탁금 수령 시에 변제의 효력이 발생한다고 봄이 타당하다. 이러한 법리는 근저당권자의 피담보채권에 대하여 다른 채권자가 이의함으로써 해당 배당액이 공탁되었다가 배당이의소송을 거쳐 배당표가 확정됨에 따라 공탁된 배당금이 지급되는 경우에도 마찬가지로 적용된다.

채권계산서를 제출한 근저당권자의 피담보채권에 대하여 다른 채권자가 이의함으로써 해당 배당액이 공탁되었다가 배당이의소송을 거쳐 배당표가 확정됨에 따라 공탁된 배당금이 지급되는 경우에, 그 배당금은 특별한 사정이 없는 한 민법 제479조 제1항에 따라 배당표의 확정시까지(배당표 확정시보다 앞서는 공탁금 수령 시에 변제의 효력이 발생한다고 볼 수 있는 경우에는 공탁금 수령 시까지를 의미한다) 발생한 이자나 지연손해금 채권에 먼저 충당된 다음 원금에 충당된다(대법원 2018. 3. 27. 선고 2015다70822 판결).

3. 사안의 해결

사안에서 C가 배당표의 확정시인 2018. 6. 30. 기준으로 C의 乙에 대한 2016. 4. 1.자 대여금채권액은 원금 4,000만 원과 이에 대한 2016. 4. 1.부터 2018. 6. 30.까지의 이자 및 지연손해금 1,080만 원 합계 5,080만 원인바, 배당금 4,500만 원을 이자 및 지연손해금채권에 먼저 충당하면 원금 580만 원이 남으므로 C는 乙에 대하여 580만 원 및 이에 대하여 2018. 7. 1.부터 다 갚는 날까지 월 1%의 비율로 계산한 돈을 청구할 수 있다.

바. I는 2017. 2. 1. 甲의 채권자로서 2013. 1. 1. X건물에 관하여 채권최고액 3억 원의 근저당권을 설정받았는데 甲이 2015. 7. 1.경 위 근저당권을 부당하게 말소하였다고 주장하면서 乙을 상대로 근저당권말소회복등기청구의 소를 제기하고, B, C, D, E를 상대로 위 회복등기에 대한 승낙의 의사표시를 구하는 청구를 하였다. 위 소송 계속 중에 X건물이 丁에게 매각된 뒤 丁이 그 매각대금을 완납하고 그 매각대금으로써 배당이 이루어졌다. 법원은 I의 각 청구에 대하여 어떤 판단을 하여야 하는가? I가 자신의 권리를 구제받을 수 있는 방법이 있는가?

1. 각 피고들에 대한 청구부분

부동산에 관하여 근저당권설정등기가 마쳐졌다가 그 등기가 위조된 관계서류에 기하여 아무런 원인 없이 말소되었다는 사정만으로는 곧바로 근저당권이 소멸하는 것은 아니지만, 부동산이 경매절차에서 매각되면 그 매각부동산에 존재하였던 저당권은 당연히 소멸하므로(민집법 제91조 제2항, 제268조 참조) 근저당권설정등기가 원인 없이 말소된 이후에 그 근저당목적물인 부동산에 관하여 다른 근저당권자 등 권리자의 신청에 따라 경매

절차가 진행되어 매각허가결정이 확정되고 매수인이 매각대금을 완납하
였다면, 원인 없이 말소된 근저당권도 소멸한다(대법원 1998. 1. 23. 선고 97
다43406 판결 등). 따라서 원인 없이 말소된 근저당권설정등기의 회복등기
절차이행과 그 회복등기에 대한 승낙의 의사표시를 구하는 소송 도중에
그 근저당목적물인 부동산에 관하여 경매절차가 진행되어 매각허가결정
이 확정되고 매수인이 매각대금을 완납하였다면 그 매각부동산에 설정된
근저당권은 당연히 소멸하므로, 더 이상 원인 없이 말소된 근저당권설정
등기의 회복등기절차이행이나 그 회복등기에 대한 승낙의 의사표시를 구
할 법률상 이익이 없게 된다(대법원 2014. 12. 11. 선고 2013다28025 판결).

사안에서 X건물에 관한 경매절차가 진행되어, 그 매수인 丁이 이미 매
각대금을 완납함으로써 원고는 더 이상 乙과 등기부상의 이해관계인들을
상대로 자신의 근저당권설정등기가 원인 없이 말소되었음을 이유로 그 회
복등기절차의 이행이나 그 회복등기에 대한 승낙의 의사표시를 구할 법률
상 이익이 없게 되었다. 따라서 법원은 위 각 소에 대하여는 각하 판결을
하여야 한다.

2. 부당이득반환청구

부동산에 관하여 근저당권설정등기가 마쳐졌다가 그 등기가 위조된 관
계서류에 기하여 아무런 원인 없이 말소되었다는 사정만으로는 근저당권
이 소멸하는 것이 아니다. 확정된 배당표에 의하여 배당을 실시하는 것은
실체법상의 권리를 확정하는 것이 아니므로, 배당을 받아야 할 자가 배당
을 받지 못하고 배당을 받지 못할 자가 배당을 받은 경우에는 배당에 관하
여 이의를 한 여부 또는 형식상 배당절차가 확정되었는지 여부에 관계없
이 배당을 받지 못한 채권자는 배당받은 자에 대하여 부당이득반환을 청
구할 수 있다(대법원 2008. 6. 26. 선고 2008다19966 판결 등).

사안에서 I는 근저당권자로서 선순위 근저당권자 A에 이어 나머지 금
액을 전액 배당받을 수 있는 지위에 있다. I로서는 경매절차에서 배당을

받은 C, E, F, G를 상대로 부당이득반환청구를 할 수 있는바, 계속되는 소송에서 C, E에 대한 청구를 부당이득반환청구로 청구를 변경, 추가하는 방안도 고려할 수 있다.

근저당권의 피담보채무 확정과 연대보증인의 대위변제의 효력 / 일부 대위변제가 있은 경우 채권자와 대위변제자의 관계

甲은 2017. 3. 6. 乙과 4년간의 여신거래약정을 체결하고, 현재 및 장래에 발생할 채권을 담보하기 위해 채무자 乙 소유의 X부동산에 채권최고액 9억 원의 근저당권을 설정하였고, 이 채무를 담보하기 위하여 丙과 丁이 공동으로 甲과 연대보증계약을 체결하였다. 상환기일에 乙이 채무를 상환하지 않자, 甲은 X부동산에 대해 근저당권에 기한 경매를 신청하였다. 경매절차가 진행되던 중 丙은 3억 원을, 丁은 2억 원을 甲에게 변제하였다. 丙과 丁이 대위변제액에 상응하는 비율로 甲으로부터 근저당권 일부의 이전등기를 받은 후 경매를 통해 A가 X부동산을 8억 원에 매수하였다. 경매신청 시 甲의 乙에 대한 채권액은 10억 원이었으나 A가 매각대금을 완납할 당시 채권액은 12억 원이었다. 매각대금 8억 원은 甲, 丙, 丁에게 얼마씩 배당되는지 근거와 함께 서술하시오.(비용, 이자 및 지연배상은 고려하지 않음) (2019년 6월 변호사시험 모의시험)

1. 쟁점

사안에서 연대보증인인 丙과 丁이 대위변제의 효력과 근저당권의 일부 대위변제가 있은 경우 채권자와 대위변제자의 관계와 채권자의 우선변제 범위가 문제된다.

2. 근저당권의 피담보채무 확정과 연대보증인의 대위변제의 효력

근저당권자가 피담보채무의 불이행을 이유로 경매신청을 한 경우, 경매신청 시에 근저당권의 피담보채무액이 확정된다(대법원 2002. 11. 26. 선고 2001다73022 판결 등 참조). 근저당권의 피담보채무액이 확정되기 전까지는 피담보채무의 일부를 대위변제하더라도, 근저당권이 대위변제자에게 이전할 여지가 없는 반면(대법원 1996. 6. 14. 선고 95다53812 판결), 근저당권에 의하여 담보되는 피담보채권이 확정되게 되면, 그 피담보채권액이 그 근저당권의 채권최고액을 초과하지 않는 한 그 근저당권 내지 그 실행으로 인한 매각대금에 대한 권리 중 그 피담보채권액을 담보하고 남는 부분은 저당권의 일부이전의 부기등기의 경료 여부와 관계없이 대위변제자에게 법률상 당연히 이전된다(대법원 2002. 7. 26. 선고 2001다53929 판결).

3. 일부 대위변제가 있은 경우 채권자와 대위변제자의 관계

변제할 정당한 이익이 있는 자가 채무자를 위하여 근저당권의 피담보채무의 일부를 대위변제한 경우, 대위변제자는 변제한 가액의 범위 내에서 종래 채권자가 가지고 있던 채권 및 담보에 관한 권리를 법률상 당연히 취득하게 되는 것이나, 이때에도 채권자가 대위변제자에 대하여 우선변제권을 가진다(대법원 2004. 6. 25. 선고 2001다2426 판결). 한편 채권의 일부에 관하여 법정대위자가 순차적으로 대위변제한 경우, 민법 제483조 제1항에 의하여 그 변제한 가액에 비례하여 채권자의 권리를 행사할 수 있으므로 각 법정대위자는 그 변제한 가액에 비례하여 채권자의 권리를 행사할 수 있다(대법원 2001. 1. 19. 선고 2000다37319 판결).

4. 사안의 해결

사안에서 甲이 X부동산에 대해 경매를 신청하였으므로, 그 시점에 甲의 X부동산에 대한 근저당권의 피담보채무액이 확정되었다. 따라서 甲의 근저당권에 의해 담보되는 피담보채무액은 10억 원이다. 이후 丙,

丁이 각각 3억 원, 2억 원을 대위변제하였으므로, 각각 그 비율에 의해서 근저당권이 당연히 이전되었다. 이후 X부동산이 8억 원에 매각되었는데, 甲이 丙, 丁에 대하여 우선변제권을 가지므로, 甲에게 피담보채무액 잔액 5억 원이 우선 배당되고 이후 나머지 3억 원에 대하여 丙, 丁에 각각 3/5, 2/5 비율로 배당이 되므로 丙이 1억 8,000만 원을, 丁이 1억 2,000만 원을 배당받게 된다.

부동산경매절차에서 전소유자의 가압류채권자의 지위 / 전세권의 존속기간 전에 마쳐진 전세권설정등기의 효력 / 부동산에 대한 가압류 후 유치권의 취득과 유치권자의 점유 / 가압류취소가 배당이의사유가 될 수 있는지 여부 / 배당표 확정과 부당이득반환청구

甲 소유이던 X건물(서울 종로구 소재)의 등기사항전부증명서에는 아래와 같이 기재되어 있다.

〈갑구〉

| 2015. 1. 1. 가압류(2015. 1. 1. 가압류결정/ 청구금액 5,000만 원) | 채권자 乙 |

| 2015. 7. 1. 소유권이전 | 소유자 甲 |

| 2018. 7. 1. 가압류(2018. 7. 1. 가압류결정/ 청구금액 2,000만 원) | 채권자 丙 |

2018. 9. 10. 경매개시결정(2018. 9. 1. 경매개시결정/ 청구금액 2억 원)

근저당권자 B

〈을구〉

| 2015. 8. 1. 전세권설정(기간 2015. 10. 1.부터 2년간/ 전세금 1억 원) | 전세권자 A |

| 2015. 9. 1. 근저당권설정(최고액 2억 5,000만 원/ 채무자 甲) | 근저당권자 B |

| 2016. 1. 1. 근저당권설정(최고액 1 억 2,000만 원/ 채무자 甲) | 근저당권자 C |

B는 2018. 9. 1. 근저당권에 기초하여 청구금액을 2억 원으로 하여 경매신청을 하였고, 2018. 9. 10. X건물에 관하여 경매개시결정의 기입등기가 마쳐졌다. 집행법원이 2019. 1. 10.을 배당요구종기로 정하여 경매절차를 진행한 결과, D가 2019. 6. 1. 매각대금을 완납함으로씨 X건물에 관한 소유권을 취득한 다음, 2019. 7. 1. 그 소유권이전등기를 마쳤다. 한편, X건물은 4억 1,000만 원에 매각되었고 집행비용은 1,000만 원이며, 배당기일은 2019. 10. 1.이었다. X건물에 관한 강제경매절차에서 배당요구종기인 2019. 1. 10.까지 교부청구, 배당요구, 채권신고 등은 다음과 같다.

丁 : 집행증서(甲에 대한 대여금채권 1억 원)
戊 : 임차보증금채권 1억 5,000만 원
己 : 유치권의 피담보채권 5,000만 원
A : 전세금 1억 원
종로세무서장(국세) : 부가가치세 1,000만 원(법정기일 2017. 12. 31.)
송로구청장(지방세) : 재산세 500만 원(법정기일 2018. 8. 31. X건물에 관하여 부과
된 것)

X건물에 관한 매각물건명세서상 점유현황은 다음과 같다.

점유자	점유부분	점유권원	점유기간	전세금 또는 임대보증금	차임	전입신고	전세권등기 또는 확정일자
甲	1층	소유권	2015. 7. 1.~				
A	2층	전세권	2015.10. 1.~	1억 원		2015.10. 1.	2015. 8. 1.
戊	3층	임차권	2015. 7. 1.~	1억 5,000만 원	월100만 원	2015. 7. 1.	2015. 7. 1.
己(庚)	4층	유치권	2018. 7. 5.~	5,000만 원			

乙, 丙, B, C는 배당요구를 하지 않았는데, 丙은 2019. 9. 25. 가압류의 피보

전권리가 근로기준법과 근로자퇴직급여보장법에 의하여 우선변제권이 있는 임금 및 퇴직금에 해당된다는 사실(그중 최종 3개월분의 임금 및 최종 3년간의 퇴직급여에 해당되는 부분은 1,000만 원)에 관한 자료를 제출하였다. (각 문항은 관련이 없음)

가. 집행법원은 어떤 배당표를 작성하여야 하는가? (乙, 丙, 丁, 戊, 己, 종로세무서장, 종로구청장, A, B, C에 대하여) 배당받을 자와 배당받지 못하는 자를 근거를 제시하여 구별하고, 배당받을 자의 배당순위와 배당액을 근거와 함께 서술하시오. (압류의 효력에 관해서는 개별상대효에 따른다)

1. 쟁점

甲은 乙의 가압류가 설정된 상태로 X건물의 소유권을 취득하였는바, 甲의 채권자에 의하여 개시된 경매절차에서 전소유자의 가압류채권자 乙에 대하여 어떻게 배당을 할 것인지, 甲의 채권자들 중 집행법상으로 배당요구 없이 배당받을 수 있는 사람(민집법 제148조)은 누구이고, 배당요구를 하여야 배당을 받을 수 있는 사람(민집법 제88조)은 누구이며, 실체법적으로 채권자들 사이의 우열이 쟁점이 된다.

2. 배당순위와 배당액

1) 집행비용 1,000만 원

2) 전소유자에 대한 가압류채권자 乙 → 5,000만 원

가압류채권자는 민집법 제148조 제3호에 따라 배당요구 없이도 배당을 받을 수 있다. 가압류채권자에게는 가압류청구금액의 범위에서 먼저 배당이 이루어진다(대법원 2006. 7. 28. 선고 2006다19986 판결).

사안에서 전소유자에 대한 가압류채권자 乙은 청구금액의 범위에서 배당을 받을 수 있으므로 5,000만 원을 배당받을 수 있다.

3) 최우선변제권에 기초한 임금 등 채권자 丙 → 1,000만 원

근로기준법 제38조 제2항, 근로자퇴직급여보장법 제12조 제2항, 국세기본법 제35조 제1항 제5호, 지방세기본법 제71조 제1항 제5호에 의해 최종 3개월분의 임금 및 최종 3년간의 퇴직급여에 해당하는 부분은 최우선변제권이 있다.

사안에서 채권자 丙의 채권 중 1,000만 원 부분은 최종 3개월분의 임금 및 최종 3년간의 퇴직급여에 해당하므로 이 부분에 대해서는 최우선 배당을 받을 수 있다.

4) 종로구청장 재산세(당해세) → 500만 원

조세채권자는 민집법 제148조 제2호, 제88조 제1항에 따라 배당요구에 의해 배당을 받을 수 있다. 지방세 중 당해세는 지방세기본법 제71조 제1항 제3호, 제2항 단서, 제5항에 의하여 법정기일에 상관없이 담보권에 우선하여 배당을 받을 수 있고, 동조 제1항 제5호에 의하여 최우선변제권이 있는 임금 등 채권에는 열위에 있게 된다.

사안에서 종로구청장의 지방세 채권은 당해세에 해당하고, 종로구청장이 배당요구를 하였으므로 500만 원을 배당받을 수 있다.

5) 확정일자(2015. 7. 1.) 갖춘 임차인 戊 → 1억 5,000만 원

우선변제권을 갖춘 주택임차인은 민집법 제148조 제2호, 제88조 제1항에 따라 배당요구에 의하여 배당을 받을 수 있다. 주택임차인의 경우 주택임대차보호법 제3조의2 제2항에 의하여 확정일자를 기준으로 담보권자와 동일하게 취급된다. 국세기본법 제35조 제1항 제3호, 지방세기본법 제71조 제1항 제3호에 의할 때 우선변제권을 갖춘 주택임차인의 주택임대차보증금반환채권은 법정기일과 상관없이 당해세에 우선하지는 못하지만 법정기일이 뒤인 조세채권에는 우선한다.

사안에서 戊는 배당요구를 하였고, 전세권자 A, 근저당권자 B, C, 임금채권자 丙의 채권 중 최우선변제권 부분을 제외한 나머지 임금 등 채권, 종로세무서장의 국세채권에 우선하여 배당을 받을 수 있으므로 1억 5,000만 원을 배당받을 수 있다.

6) 전세권자 A → 1억 원

전세권자는 민집법 제148조 제4호, 제91조 제3항에 의하여 배당요구 없이도 배당을 받을 수 있으며, 민법 제303조에 의해 전세권설정등기일자를 기준으로 우선 변제를 받을 수 있다. 전세권자는 국세기본법 제35조 제1항 제3호, 지방세기본법 제71조 제1항 제3호에 의하여 법정기일과 상관없이 당해세에는 우선하지 못하지만 법정기일이 뒤인 조세채권에는 우선한다.

사안에서 A는 전세권자로서 B, C, 종로세무서장에 우선하기 때문에 1억 원을 배당받을 수 있다.

7) 근저당권자 B → 8,500만 원

근저당권자는 민집법 제148조 제4호에 따라 배당요구 없이도 배당을 받을 수 있으며, 담보권자로서 일반채권자에는 우선하지만 선순위 가압류채권자에게는 우선하지 못한다.

사안에서 B는 청구금액 2억 원 중 선순위채권자에게 배당되고 남은 8,500만 원에 대하여 배당받을 수 있다.

8) 근저당권자 C → 0원

근저당권자 C의 경우 배당요구 없이 배당받을 수 있고, 담보권자로서 일반채권자에 우선하나 선순위자에게 배당된 후 배당받을 수 있는 배당액이 없으므로 배당을 받을 수 없다.

9) 임금채권자 丙(최우선변제권 부분을 제외한 나머지 임금 등 채권) → 0원

임금채권자 丙은 가압류채권자로서 배당요구 없이도 배당을 받을 수 있고, 근로기준법 제38조 제1항에 의하여 담보권자에 우선하지 못하지만 조세채권자(당해세 제외), 일반채권자에 우선한다. 하지만 선순위자에게 배당된 후 배당받을 수 있는 배당액이 없으므로 丙은 배당을 받을 수 없다.

10) 종로세무서장 → 0원

종로세무서장은 배당요구에 의하여 배당을 받을 수 있는데, 배당요구를 하였다. 종로세무서장은 조세채권자로서 일반채권에 우선하지만 국세기본법 제35조 제1항 제3호에 의해 법정기일보다 먼저 설정된 담보권자보다 열위에 있고, 근로기준법 제38조 제1항에 따라 임금채권자보다 열위에 있다. 따라서 선순위 채권자에게 배당되고 난 후 남은 돈이 없으므로 종로세무서장은 배당을 받을 수 없다.

11) 일반채권자 丁 → 0원

집행력 있는 정본을 가진 일반채권자는 민집법 제148조 제2호, 제88조 제1항에 따라 배당요구에 의하여 배당을 받을 수 있다. 사안에서 丁은 배당요구를 하였으나 선순위채권자에게 배당되고 남은 돈이 없으므로 배당을 받을 수 없다.

12) 유치권자 己 → 0원

민집법 제91조 제5항에 따라 경매절차의 매수인은 유치권자에게 유치권으로 담보하는 채권을 변제할 책임이 있을 뿐, 유치권자는 경매절차에서 배당은 받지 못하므로 유치권자 己는 배당을 받을 수 없다.

나. B는 배당기일에서 "A의 전세권설정등기가 B의 근저당권설정등기보다 먼저 되었으나 전세권의 존속기간이 B의 근저당권설정등기일보다 뒤이어서

그 이전의 전세권설정등기는 무효이다."고 주장하였다. B의 위 주장은 받아들여질 수 있는가?

1. 전세권의 존속기간 전에 마쳐진 전세권설정등기의 효력

전세권자는 전세금을 지급하고 타인의 부동산을 점유하여 그 부동산의 용도에 좇아 사용 · 수익하며, 그 부동산 전부에 대하여 후순위권리자 기타 채권자보다 전세금의 우선변제를 받을 권리가 있다(민법 제303조 제1항). 이처럼 전세권이 용익물권적인 성격과 담보물권적인 성격을 모두 갖추고 있는 점에 비추어 전세권 존속기간이 시작되기 전에 마친 전세권설정등기도 특별한 사정이 없는 한 유효한 것으로 추정된다. 한편 부동산등기법 제4조 제1항은 "같은 부동산에 관하여 등기한 권리의 순위는 법률에 다른 규정이 없으면 등기한 순서에 따른다."라고 정하고 있으므로, 전세권은 등기부상 기록된 전세권설정등기의 존속기간과 상관없이 등기된 순서에 따라 순위가 정해진다(대법원 2018. 1. 25.자 2017마1093 결정).

2. 사안의 해결

사안에서 A의 전세권설정등기가 전세권의 존속기간 전에 마쳐졌다고 하더라도 유효한 것으로 추정되고, 판례의 법리에 따르면 전세권은 등기부상 기록된 전세권설정등기의 존속기간과 상관없이 등기된 순서에 따라 순위가 정해지므로 B의 위 주장은 받아들여질 수 없다.

다. C는 배당기일에서 이의를 한 다음, 戊를 상대로 배당이의의 소를 제기하는데, 戊가 2016. 1. 1.부터 차임을 연체하고 있어서 임차보증금 1억 5,000만 원에서 배당기일 또는 임차부분 인도일까지의 연체차임 전액을 공제하여야 한다고 주장한다. 戊는 C의 주장과 같이 차임을 지급하지 않고 있기는 하지만 경매개시결정일 이후에는 甲에 대하여 차임을 지급할 의무가 없으므로 그 연체차임 부분은 임차보증금에서 공제되어서는 안 된다고 다툰다. 법원은 어떤 판결을 하여야 하는가?

1. 쟁점

보증금이 수수된 저당부동산에 관한 임대차계약이 저당부동산에 대한 경매로 종료되고 저당권자가 차임채권 등에 대하여 별개로 저당권을 실행하지 아니한 경우, 연체 차임 등이 보증금에서 당연히 공제되는지가 쟁점이 된다.

2. 근저당권이 설정된 부동산에 대하여 경매개시결정이 있는 경우 그 부동산에 관한 차임채권

민법 제359조 전문은 "저당권의 효력은 저당부동산에 대한 압류가 있은 후에 저당권설정자가 그 부동산으로부터 수취한 과실 또는 수취할 수 있는 과실에 미친다."라고 규정하고 있다. 위 규정상의 '과실'에는 천연과실뿐만 아니라 법정과실도 포함된다. 따라서 저당부동산에 대한 압류가 있으면 그 압류 이후의 저당권설정자의 저당부동산에 관한 차임채권 등에도 저당권의 효력이 미친다. 다만, 저당부동산에 대한 경매절차에서 저당부동산에 관한 차임채권 등을 관리하면서 이를 추심하거나 저당부동산과 함께 매각할 수 있는 제도가 마련되어 있지 아니하므로, 저당권의 효력이 미치는 차임채권 등에 대한 저당권의 실행이 저당부동산에 대한 경매절차에 의하여 이루어질 수는 없고, 그 저당권의 실행은 저당권의 효력이 존속하는 동안에 채권에 대한 담보권의 실행에 관하여 규정하고 있는 민집법 제273조에 따른 채권집행의 방법으로 저당부동산에 대한 경매절차와 별개로 이루어질 수 있을 뿐이다.

3. 압류 이후 저당부동산에 관한 차임채권이 임차보증금에서 당연공제되는지 여부

부동산임대차에서 수수된 보증금은 차임채무, 목적물의 멸실·훼손 등으로 인한 손해배상채무 등 임대차에 따른 임차인의 모든 채무를 담보하는 것으로서 이와 같은 피담보채무 상당액은 임대차관계의 종료 후 목적물이 반환될 때에 특별한 사정이 없는 한 별도의 의사표시 없이 보증금에서 당연히 공제된다. 보증금이 수수된 저당부동산에 관한 임대차계약이 저당부동산에 대한 경매로 종료되었는데, 저당권자가 차임채권 등에 대하여는 민집법 제273조에 따른 채권집행의 방법으로 별개로 저당권을 실행하지 아니한 경우에 저당부동산에 대한 압류의 전후와 관계없이 임차인이 연체한 차임 등의 상당액이 임차인이 배당받을 보증금에서 당연히 공제됨은 물론, 저당권자가 차임채권 등에 대하여 채권에 대한 담보권의 실행방법으로 별개로 저당권을 실행한 경우에도 그 채권집행 절차에서 임차인이 실제로 그 차임 등을 지급하거나 공탁하지 아니하였다면 잔존하는 차임채권 등의 상당액은 임차인이 배당받을 보증금에서 당연히 공제된다(대법원 2016. 7. 27. 선고 2015다230020 판결).

4. 사안의 해결

사안에서 담보권실행을 위한 경매를 신청한 B가 甲의 戊에 대한 차임채권에 관하여 채권집행을 하고 그 절차에서 戊가 차임을 지급하거나 공탁하지 않은 한, 戊가 연체를 시작한 2016. 1. 1.부터 X건물에 관하여 매각대금이 납부된 2019. 6. 1. 이전(D에게 소유권이 이전되기 전)까지의 연체차임 또는 차임 상당의 부당이득 4,100만 원(100만 원×41개월)은 보증금 1억 5,000만 원에서 공제되어야 한다. 따라서 법원은 戊에 대한 배당액 중 4,100만 원 부분을 삭제하는 판결을 하여야 한다.

라. D가 乙와 X건물의 4층 부분을 사용하고 있는 庚을 상대로 건물인도청구소송을 제기하자, 乙는 "2018. 7. 5. 甲으로부터 X건물의 보수공사를 도급받아 2018. 8. 15. 그 공사를 완성하였는데 공사대금 5,000만 원을 지급받지 못하여 X건물에 관하여 유치권을 행사하고 있고, 甲의 승낙을 받아 庚에

게 X건물의 4층 부분을 임대하였다."고 주장하였다. 이에 대하여 D는 "己가 丙의 가압류 이후에 X건물의 점유를 취득하였으므로 D에게 대항할 수 없을 뿐만 아니라, 己은 2018. 9. 15. X건물의 4층 부분을 庚에게 임대함으로써 그 점유를 상실하였으니 유치권을 주장할 수 없고, 庚은 차임을 연체함으로써 임대차계약이 해지되었으므로 위 부분을 점유할 권원이 없다."고 주장하였다. D의 주장과 같이 己와 庚 사이의 임대차계약이 해지되었다면, D는 승소할 수 있는가?

1. 쟁점

가압류가 설정된 부동산에 관하여 유치권을 취득할 수 있는지와 유치권자가 유치물인 부동산을 임대한 경우에 점유를 상실한 것으로 볼 수 있는지가 쟁점이 된다.

2. 가압류가 설정된 부동산에 대한 유치권의 취득

부동산에 가압류등기가 경료되면 채무자가 당해 부동산에 관한 처분행위를 하더라도 이로써 가압류채권자에게 대항할 수 없게 되는바, 여기서 처분행위라 함은 당해 부동산을 양도하거나 이에 대해 용익물권, 담보물권 등을 설정하는 행위를 말하고 특별한 사정이 없는 한 점유의 이전과 같은 사실행위는 이에 해당하지 않는다. 다만, 부동산에 경매개시결정의 기입등기가 경료되어 압류의 효력이 발생한 후에 채무자가 제3자에게 당해 부동산의 점유를 이전함으로써 그로 하여금 유치권을 취득하게 하는 경우 그와 같은 점유의 이전은 처분행위에 해당한다는 것은 경매개시결정의 기입등기가 경료되어 압류의 효력이 발생한 후에 채무자가 당해 부동산의 점유를 이전함으로써 제3자가 취득한 유치권으로 압류채권자에게 대항할 수 있다고 한다면 경매절차에서의 매수인이 매수가격 결정의 기초로 삼은 현황조사보고서나 매각물건명세서 등에서 드러나지 않는 유치권의 부담을 그대로 인수하게 되어 경매절차의 공정성과 신뢰를 현저히 훼손하게 될 뿐만 아니라, 유치권신고 등을 통해 매수신청인이 위와 같은 유치권의 존재를 알게 되는 경우에는 매수가격의 즉각적인 하락이 초래되어 책임재산을 신속하고 적정하게 환가하여 채권자의 만족을 얻게 하려는 민사집행제도의 운영에 심각한 지장을 줄 수 있으므로, 위와 같은 상황에서는 채무자의 제3자에 대한 점유이전을 압류의 처분금지효에 저촉되는 처분행위로 봄이 상당하다는 취지이다. 따라서 이와 달리 부동산에 가압류등기가 경료되어 있을 뿐 현실적인 매각절차가 이루어지지 않고 있는 상황하에서는 채무자의 점유이전으로 인하여 제3자가 유치권을 취득하게 된다고 하더라도 이를 처분행위로 볼 수는 없다(대법원 2011. 11. 24. 선고 2009다19246 판결).

3. 유치권자의 점유

유치권의 성립요건인 유치권자의 점유는 직접점유이든 간접점유이든 관계없고, 다만, 유치권자는 채무자의 승낙이 없는 이상 그 목적물을 타에 임대할 수 있는 처분권한이 없다(민법 제324조 제2항). 간접점유를 인정하기 위해서는 간접점유자와 직접점유자 사이에 일정한 법률관계 법률매개관계가 필요한데, 점유매개관계를 이루는 임대차계약 등이 해지 등의 사유로 종료하더라도 직접점유자가 목적물을 반환하기 전까지는 간접점유자의 직접점유자에 대한 반환청구권이 소멸하지 않으므로 간접점유의 점유매개관계가 단절된다고 할 수 없다(대법원 2019. 8. 14. 선고 2019다205329 판결).

4. 사안의 해결

사안에서 己는 2018. 7. 5. 가압류가 설정된 X건물의 보수공사를 도급받아서 2018. 8. 15. 그 공사를 완성하였으므로 X건물에 관한 경매개시 전에 공사대금채권을 피담보채권으로 하여 유치권을 취득하였고, 甲의 승낙을 받아 X건물의 4층 부분을 임대하였으니 己와 庚 사이에 임대차계약이 해지되었다고 하더라도 庚에 대한 반환청구권이 있으므로 점유를 상실하였다고 할 수 없다. 庚은 채무자인 甲의 동의를 받은 유치권자 己로부터 임차하여 점유하고 있으므로 경매절차에서 X건물을 매수한 D에게 대항할 수 있다. 따라서 D는 승소할 수 없다.

마. C가 乙을 상대로 배당이의의 소를 제기한 후, 乙을 상대로 3년간 본안의 소를 제기하지 않았음을 이유로 가압류취소신청을 하여 법원으로부터 가압류취소결정을 받고(민집법 제288조), 그 결정이 확정되었다. C는 乙의 가압류에 대하여 취소결정이 확정된 사실을 배당이의사유로 주장할 수 있는가?

1. 가압류취소가 배당이의사유가 될 수 있는지 여부

채권자가 받은 가압류결정이 취소되었다면 그 채권자는 가압류채권자로서의 배당받을 지위를 상실하므로 가압류결정의 취소는 배당이의의 소에서 가압류채권자에 대한 배당이의의 사유가 될 수 있다. 나아가 배당이의의 소에서 원고는 배당기일 후 그 사실심 변론종결 시까지 발생한 사유도 이의사유로 주장할 수 있으므로(대법원 2007. 8. 23. 선고 2007다27427 판결 등), 배당기일 후 배당이의 소송 중에 가압류결정이 취소된 경우에도 이를 이의사유로 주장할 수 있다(대법원 2015. 6. 11. 선고 2015다10523 판결).

2. 사안의 해결

사안에서 C는 배당이의의 소에서 乙의 가압류가 취소되었음을 주장할 수 있다

바. 丁은 戊를 상대로 배당이의의 소를 제기하여, "戊는 B가 X건물에 관하여 근저당권을 설정할 당시 '甲과의 임대차계약으로 인한 채권채무관계가 없고, B에 대하여 임대차계약에 따른 일체의 권리를 주장하지 않겠다'는 내용의 무상거주확인서를 작성해주었는바, X건물에 관한 경매절차에서 B에 우선하여 배당을 받는 것은 신의칙에 위반된다."고 주장하였고, 배당이의의 소에서 승소하여 배당표상의 戊의 배당액이 0으로, 丁의 배당액이 1억 5,000

만 원으로 경정되었고, 이에 따라 배당금을 수령하였다. 이를 알게 된 B는 甲에 대한 근저당권의 피담보채권액이 2억 5,000만 원을 초과하는데, 경매신청 당시에 계산을 잘못하여 청구금액을 2억 원으로 하였을 뿐이고 일반 채권자인 丁에 대하여 우선변제권이 있다고 주장하면서 丁을 상대로 1억 5,000만 원 전액에 대하여 부당이득반환청구를 하였고, 丁은 B가 戊에 대하여 배당기일에 이의를 하지 않은 이상 丁을 상대로 부당이득반환청구를 할 수 없다고 다툰다. B는 승소할 수 있는가?

1. 쟁점

배당표확정 후에 부당이득반환청구를 할 수 있는지 여부와 경매절차에서 감축하여 주장한 청구금액을 부당이득반환청구에서 확장할 수 있는지 여부

2. 배당표 확정과 부당이득반환청구

실체적 하자 있는 배당표에 기한 배당으로 인하여 배당받을 권리를 침해당한 자는 원칙적으로 배당기일에 출석하여 이의를 하고 배당이의의 소를 제기하여 구제받을 수 있고, 가사 배당기일에 출석하여 이의를 하지 않음으로써 배당표가 확정되었다고 하더라도, 확정된 배당표에 의하여 배당을 실시하는 것은 실체법상의 권리를 확정하는 것이 아니기 때문에 부당이득금반환청구의 소를 제기할 수 있다. 이러한 법리의 주된 근거는 배당절차에 참가한 채권자가 배당이의 등을 하지 않아 배당절차가 종료되었더라도 그의 몫을 배당받은 다른 채권자에게 그 이득을 보유할 정당한 권원이 없는 이상 잘못된 배당의 결과를 바로잡을 수 있도록 하는 것이 실체법 질서에 부합한다는 데에 있다. 전원합의체 판결(대법원 2019. 7. 18 선고 2014다206983 전원합의체 판결)에서, 반대의견은 배당절차 종료 후 배당이의 등을 하지 않은 채권자의 부당이득반환 청구를 허용하는 것은 민집법 제155조의 문언은 물론이고 민집법의 전체적인 취지에 반할 뿐만 아니라, 확정된 배당절차를 민집법이 예정하지 않은 방법으로 사후에 실질적으로 뒤집

는 것이어서 배당절차의 조속한 확정과 집행제도의 안정 및 효율적 운영을 저해하는 문제점을 드러내고 있으며, 배당절차 종료 후 배당이의 등을 하지 않은 채권자의 부당이득반환 청구를 허용하는 것은 금반언의 원칙에 반하고, 일련의 배당절차와 이에 투입된 집행법원과 절차 참가자들의 노력을 무시하는 결과를 초래한다는 이유로, 채권자가 적법한 소환을 받아 배당기일에 출석하여 자기의 의견을 진술할 기회를 부여받고도 이러한 기회를 이용하지 않은 채 배당절차가 종료된 이상, 배당절차에서 배당받은 다른 채권자를 상대로 부당이득반환청구의 소를 제기하여 새삼스럽게 자신의 실체법적 권리를 주장하는 것을 허용해서는 안 된다고 봄이 타당하다고 하였다. 그러나 다수의견은 부당이득반환 청구를 허용해야 할 현실적 필요성(배당이의의 소의 한계나 채권자취소소송의 가액반환에 따른 문제점 보완), 현행 민집법에 따른 배당절차의 제도상 또는 실무상 한계로 인한 문제, 민집법 제155조의 내용과 취지, 입법 연혁 등에 비추어 종래 대법원판례가 법리적으로나 실무적으로 타당하므로 유지되어야 한다고 하였다.

3. 담보권실행을 위한 경매절차에서의 청구금액과 달리 피담보채권을 주장할 수 있는지 여부

담보권실행을 위한 경매절차에서 경매신청채권자는 특별한 사정이 없는 한 경매신청서에 기재한 청구금액을 채권계산서의 제출에 의하여 확장할 수 없다(대법원 1995. 2. 28. 선고 94다8952 판결 참조). 배당표가 정당하게 작성되어 배당표 자체에 실체적 하자가 없는 경우에는 그 확정된 배당표에 따른 배당액의 지급을 들어 법률상 원인이 없는 것이라고 할 수 없다.

4. 사안의 해결

사안에서 실체법상 우선변제권이 있는 근저당권자 B는 경매절차에서 戊가 위법하게 1억 5,000만 원을 배당받음으로써 배당받지 못한 금액에 대하여 일반채권자인 丁을 상대로 부당이득반환청구를 할 수 있다. 다만,

B가 부당이득반환청구를 할 수 있는 범위는 경매신청서에 기재한 청구금액 2억 원을 기준으로 하여 戊가 배당을 받지 않았더라면 추가로 배당을 받을 수 있었던 금액이 된다.

부동산경매절차에서 명의신탁

국세를 체납하고 있던 甲이 부동산경매절차에서 육촌 형수인 乙의 명의로 X부동산을 매수하여 그 매수대금을 모두 납입하였고, 乙 명의의 소유권이전등기가 마쳐졌다. 그 뒤 甲은 乙의 양해 하에 동서인 丙에게 X부동산을 다시 명의신탁하기로 약정한 다음, 丙이 乙을 상대로 소유권이전등기청구소송을 제기하고 그 판결을 선고받아 丙 명의의 소유권이전등기를 마쳤다. 甲의 채권자인 丁이 甲의 丙에 대한 X부동산의 매수대금 상당의 부당이득반환청구권에 대하여 채권압류 및 추심명령을 받아 丙을 상대로 추심금 청구소송을 제기하였다. 丁은 승소할 수 있는가?

1. 쟁점

부동산경매절차에서 명의신탁약정에 의하여 다른 사람 명의로 부동산을 매수하고 매각대금을 완납한 경우의 법률관계가 문제이다.

2. 부동산경매절차에서의 명의신탁

부동산경매절차에서 부동산을 매수하려는 사람이 다른 사람가이 명이신탁약정 아래 그 사람의 명의로 매각허가결정을 받아 자신의 부담으로 매각대금을 완납한 경우, 경매목적 부동산의 소유권은 매수대금의 부담 여부와는 관계없이 그 명의인이 취득하게 되고, 매수대금을 부담한 명의신탁자와 명의를 빌려 준 명의수탁자 사이의 명의신탁약정은 부동산 실권리자명의 등기에 관한 법률 제4조 제1항에 의하여 무효이므로, 명의신탁자는 명의수탁자에 대하여 그 부동산 자체의 반환을 구할 수는 없고 명의수탁자에게 제공한 매수대금에 상당하는 금액의 부당이득반환청구권을 가질 뿐이다. 나아가 이러한 경우에 명의신탁자와 명의수탁자 및 제3자 사이의 새로운 명의신탁약정에 의하여 명의수탁자가 다시 명의신탁자가 지정하는 제3자 앞으로 소유권이전등기를 마쳐 주었다면, 제3자 명의의 소유권이전등기는 위 법률 제4조 제2항에 의하여 무효이므로, 제3자는 소유권이전등기에도 불구하고 그 부동산의 소유권을 취득하거나 그 매수대금 상당의 이익을 얻었다고 할 수 없다(대법원 2009. 9. 10. 선고 2006다73102 판결 등).

3. 사안의 해결

사안에서 甲이 강제경매절차에서 매각대금을 부담하여 乙의 명의로 X부동산을 매수하였다고 하더라도 乙이 X부동산의 소유권을 취득하게 되므로 甲은 乙에 대하여 매수대금 상당의 부당이득반환청구권을 갖게 될 뿐이며, 또다시 甲, 乙, 丙 명의신탁약정에 의하여 X부동산을 丙 명의로 이전등기를 마쳤다고 하더라도 위 명의신탁약정과 그 물권변동은 부동산 실권자명의 등기에 관한 법률 제4조 제1항 및 제2항에 의하여 무효이므로 丙은 X부동산의 소유권을 취득하지 못하므로 甲이 丙에 대하여 매수대금 상당의 부당이득반환청구권을 갖는다고 할 수 없다. 따라서 채권압류 및 추심명령의 압류채권인 甲의 丙에 대한 부당이득반환채권이 존재하지 않으므로 그 추심권자인 丁이 丙을 상대로 추심금 청구소송을 제기하더라도 승소할 수 없다.

무효인 공정증서에 기초하여 진행된
강제경매절차의 효력

甲이 2019. 1. 1. 처남인 乙로부터 덤프트럭 1대를 구입해달라는 요청을 받고 乙로부터 그 매수에 필요한 서류인 자동차주요계약내용설명확인서, 연대보증서, 약속어음, 위임장(약속어음공정증서작성 촉탁용) 등을 각 2부씩 교부받았다. 甲은 2019. 2. 1. 위 서류를 이용하여 乙을 계약당사자로 하여 丙으로부터 덤프트럭 1대를 구입하는 한편, 친구인 丁이 乙을 연대보증인으로 하여 丙으로부터 덤프트럭 1대를 구입할 수 있도록 乙로부터 교부받은 각 서류를 교부하였다. 丁이 2019. 3. 1. 위 서류를 이용하여 공증인가 법률사무소의 공증담당 변호사에게 乙의 丙에 대한 연대보증채무에 관하여 강제집행을 인낙하는 취지가 기재된 약속어음공정증서의 작성을 촉탁함으로써 공정증서가 작성되었다. 그 후 丁이 덤프트럭의 할부금채무의 이행을 지체하자, 丙이 2020. 1. 1. 위 집행증서에 기하여 乙 소유의 X부동산에 관하여 강제경매신청을 하였고, 그 경매절차에서 戊가 X부동산을 매수하고 그 매각대금을 완납한 다음 2021. 7. 1. X부동산에 관한 소유권이전등기를 마쳤다. 戊는 X부동산의 소유권을 취득할 수 있는가?

1. 쟁점

무권대리인의 촉탁에 의하여 작성된 공정증서의 효력과 그에 기하여 진행된 경매절차의 효력이 문제로 된다.

2. 무권대리인의 촉탁에 의하여 작성된 공정증서의 효력 및 경매절차의 효력

무권대리인의 촉탁에 의하여 공정증서가 작성된 경우 그 공정증서는 집행권원으로서의 효력이 없고, 무효인 공정증서에 기하여 진행된 경매절차 역시 무효이어서 매수인은 소유권을 취득하지 못하고 그 등기는 원인무효로서 말소되어야 함이 원칙이며, 다만 무효주장이 금반언 및 신의칙에 위반되는 경우에는 그 주장이 제한될 뿐이다(대법원 2002. 5. 31. 선고 2001다64486 판결 등).

3. 사안의 해결

사안에서 乙은 丁이 丙으로부터 덤프트럭을 매수하는 데 연대보증을 하거나 그 연대보증채무를 위하여 약속어음공정증서의 작성을 위임한 바가 없음에도, 丁이 甲으로부터 받은 서류를 사용하여 약속어음공정증서의 작성을 촉탁하였다. 위 공정증서는 무권대리인의 촉탁에 의한 것으로서 乙에 대하여는 집행권원으로서 효력이 없다. 따라서 무효인 공정증서에 기하여 乙 소유의 X부동산에 관하여 강제경매절차가 진행되었다고 하더라도 그 절차는 무효이어서 매수인인 戊는 X부동산에 관한 소유권을 취득하지 못한다.

원인무효로 말소된 가처분등기와 그 회복 / 경매절차의 매수인이 소유권을 상실하게 된 경우에 구제방법

甲은 2013. 1. 1. 乙 은행으로부터 5,000만 원을 대출받으면서 X토지에 관하여 채권최고액을 6,000만 원으로 한 乙 은행 명의의 근저당권설정등기를 마쳐주었다가 2014. 12. 31. 위 대출금을 변제하였으나 위 근저당권설정등기를 말소하지는 않았다. 그 후 甲은 2015. 1. 1. 丙에게 X토지를 대금 3억 원에 매도하였는데, 丙은 2015. 4. 1. 위 토지를 인도받아 그 위에 주택을 건립하여 사용하면서 위 토지에 관한 소유권이전등기청구권을 보전하기 위하여 처분금지가처분신청을 하였고, 그에 따라 2015. 7. 1. 그 가처분결정이 내려지고, 2015. 7. 10. 그 가처분기입등기가 경료되었다. 그 후 甲의 채권자인 丁의 신청에 따라 위 토지에 관하여 2018. 1. 1. 강제경매개시결정이 내려지고 강제경매절차가 진행된 결과, 戊가 이를 매수하여 매각대금을 완납하였고, 이어 집행법원의 촉탁에 따라 2019. 12. 31. X토지에 관하여 戊 명의의 소유권이전등기가 마쳐지면서 위 근저당권설정등기와 가처분기입등기의 각 말소등기가 마쳐졌다. 한편 丙은 甲을 상대로 X토지에 관하여 소유권이전등기절차의 이행을 구하는 소를 제기하여 2021. 3. 1. 승소판결을 선고받았고 그 무렵 판결이 확정되었다.

가. 丙이 X토지에 관하여 소유권이전등기를 하려면 어떻게 하여야 하는가?

1. 쟁점

강제경매개시 당시 근저당권이 이미 소멸하였으나 형식상 등기만이 남아 있는데 그보다 후순위라는 이유로 강제경매개시결정 이전에 경료된 가처분기입등기가 집행법원의 촉탁에 의하여 말소된 경우, 그 말소등기의 효력 및 그 가처분권자가 본안에서 승소판결을 받은 후 소유권이전등기를 마치기 위한 절차 등이 문제로 된다.

2. 원인무효로 말소된 가처분기입등기와 그 회복

민집법 제91조 제2항에 의하면 매각부동산 위의 저당권은 매각으로 소멸된다. 매각부동산에 관한 처분금지가처분은 용익물권에 준하여 최선순위 저당권설정등기나 (가)압류등기보다 선순위인 경우에는 매수인에게 인수되나 후순위인 경우에는 소멸되므로, 집행법원으로서는 매각대금이 지급되면 매수인 앞으로 소유권을 이전하는 등기를 촉탁하면서 매수인이 인수하지 아니하는 저당권 등의 말소등기를 함께 촉탁하여야 한다. 다만, 강제경매개시 당시 근저당권이 이미 소멸하였음에도 형식상 등기만이 남아 있을 뿐이었던 경우에 그 근저당권보다 후순위라는 이유로 집행법원의 촉탁에 의하여 이루어진 가처분기입등기의 말소등기는 원인무효이므로 그 말소등기에도 불구하고 여전히 가처분권자로서의 권리를 가지고 있다. 또한 위 가처분기입등기가 말소될 당시에 부동산에 관한 소유권이전등기를 마친 명의인은 집행법원이 위 가처분기입등기의 회복등기를 촉탁함에 있어서 등기상 이해관계가 있는 제3자에 해당하므로 가처분권자에 대하여 위 가처분기입등기 회복절차에 승낙할 의무가 있다(대법원 1998. 10. 27. 선고 97다26104, 26111 판결). 한편, 법원의 촉탁에 의하여 행해지는 부동산가처분의 기입등기가 법원의 촉탁에 의하여 말소된 경우, 그 회복등기도 법원의 촉탁에 의하여 행하여져야 하고, 가처분기입등기가 말소될 것인지 여부는 집행법원의 조사, 판단할 사항이므로 집행법원의 위법한 가처분기입등기의 말소촉탁에 대하여는 집행에 관한 이의로 다투어야 한다(대법원 2000. 3.

24. 선고 99다27149 판결). 가처분등기에 기한 권리의 이전 등의 등기를 신청하는 경우에는 부동산등기법 제94조에 의하여 그 가처분 등기 이후에 된 등기로서 가처분채권자의 권리를 침해하는 등기의 말소를 단독으로 신청할 수 있다.

3. 사안의 해결

사안에서 乙 은행의 근저당권은 X토지에 관한 강제경매개시결정 당시에 이미 피담보채무가 소멸하여 무효의 등기만이 남아있었으므로 위 근저당권보다 후순위라는 이유로 촉탁에 의하여 마쳐진 가처분기입등기의 말소등기는 원인무효이다. 위 가처분의 본안에서 승소한 丙으로서는 위 가처분에 기하여 소유권이전등기를 마쳐야 하므로 집행법원에 집행에 관한 이의를 하여 부적법하게 말소된 위 가처분기입등기에 관하여 촉탁에 의하여 회복등기를 마쳐야 한다. 위 가처분기입등기가 말소될 당시 X토지에 관하여 소유권이전등기를 경료하고 있었던 戊는 이해관계 있는 제3자로서 위 가처분기입등기의 회복절차에 승낙할 의무가 있으므로, 丙으로서는 戊를 상대로 말소된 위 가처분기입등기의 회복절차에 승낙의 의사표시를 구하는 소를 제기할 수 있다.[1] 丙은 가처분등기가 회복된 이후에 부동산등기법 제94조에 따라 소유권이전등기 및 戊의 소유권이전등기의 말소를 단독으로 신청할 수 있다.

나. 戊가 권리구제를 받을 수 있는 방법은?

1. 쟁점

강제경매절차에서 가처분의 목적이 된 부동산을 매수하여 그 소유권을

---

1) 청구취지는 다음과 같다. 피고는 원고에게 X토지에 관하여 ○○법원 접수 제○○○호로 말소등기 된 같은 법원 ○○○○. ○○. ○○. 접수 제○○○호로 마친 가처분기입등기의 회복등기에 대하여 승낙의 의사표시를 하라.

취득한 매수인이 그 뒤에 가처분에 기한 소유권이전등기가 경료됨으로써 소유권을 상실하게 된 경우에 그 구제방법이 문제로 된다.

2. 경매절차의 매수인이 소유권을 상실하게 된 경우에 구제방법

민법 제578조 제1항, 제576조에 의하면 경매부동산에 설정된 저당권 또는 전세권의 행사로 인하여 매수인이 그 소유권을 취득할 수 없거나 취득한 소유권을 잃은 때에는 매수인은 계약을 해제할 수 있고, 이때 채무자가 자력이 없는 때에는 매수인은 대금의 배당을 받은 채권자에 대하여 그 대금전부나 일부의 반환을 청구할 수 있으며, 채무자가 물건 또는 권리의 흠결을 알고 고지하지 아니하거나 채권자가 이를 알고 경매를 청구한 때에는 매수인은 그 흠결을 안 채무자나 채권자에 대하여 손해배상을 청구할 수 있다. 또한 판례에 의하면 가등기의 목적이 된 부동산을 경매절차에서 매수하고 그 매수대금을 납입한 매수인이 그 뒤 가등기에 기한 본등기가 경료됨으로써 일단 취득한 소유권을 상실하게 된 때에는 민법 제578조, 제576조를 유추 적용하여 담보책임을 추급할 수 있다(대법원 1997. 11. 11.자 96그64 결정).

3. 사안의 해결

사안에서 말소되었던 丙의 가처분기입등기가 회복되고 그에 기하여 丙의 소유권이전등기가 마쳐진다면, 戊의 소유권이전등기는 직권으로 말소되어야 한다. 戊는 강제경매절차에서 X토지를 매수하여 그 대금을 납부하고 소유권을 취득하였으나 X토지에 마쳐졌던 가처분에 기하여 丙 명의의 소유권이전등기가 마쳐짐으로써 소유권을 상실하게 되었다. 戊는 민법 제578조, 제576조에 따라 계약을 해제하고 채무자인 甲을 상대로 또는 甲이 자력이 없는 경우에는 강제경매절차에서 배당받은 채권자들을 상대로 그 매수대금의 반환을 청구할 수 있다. 또한 甲 또는 丁이 X토지에 관한 강제경매개시결정 당시 이미 乙 명의의 근저당권설정등기가 무효의 등

기이어서 丙의 가처분기입등기가 말소되지 않을 것임을 알았음에도 강제
경매절차에서 이를 고지하지 않았다면 甲 또는 丁에 대하여 손해배상을
청구할 수 있다.

신축 중인 건물을 위한 법정지상권의 성립 시기 / 법정지상권자로부터 건물을 양수한 자의 지위

건축업자 甲은 자기 소유의 X토지 위에 Y건물(단독주택)을 신축하던 중, Y 건물의 기초 및 골조공사가 완성된 직후인 2018. 2. 4. A로부터 1억 원을 차용하면서 X토지에 채권최고액 1억 5,000만 원인 근저당권을 설정해 주었다. 한편 甲은 Y건물의 내장공사만 남겨둔 2018. 2. 15. 교통사고로 다리를 다쳐 입원하게 되었다. D는 X토지에 관한 근저당권 실행으로 인한 경매절차에서 X토지의 소유권을 취득하였다. 그 후, 甲은 Y건물을 B에게 매도하였고 B는 마무리공사를 한 후 입주하여 사용하고 있지만, 아직 Y건물에 대한 소유권보존등기는 되어 있지 않다. D가 B에 대하여 Y건물의 철거 및 X토지의 인도 및 차임 상당의 부당이득의 반환을 청구하였다면, D의 청구는 인용될 수 있는가?

1. 쟁점

사안에서 X토지가 경매로 매각됨으로써 Y건물(미완성)의 소유자였던 甲이 법정지상권을 취득하는지, 甲으로부터 Y건물을 양수한 B가 법정지 상권을 취득할 수 있는지, X토지의 소유자인 D가 법정지상권의 부담을 갖는 경우에 소유권에 기하여 건물철거청구를 할 수 있는지 등이 문제로 된다.

2. 신축 중인 건물을 위한 법정지상권의 성립 시기

민법 제366조의 법정지상권은 저당권이 설정될 당시 토지 소유자에 의하여 그 지상에 건물을 건축 중이었던 경우 그것이 사회관념상 독립된 건물로 볼 수 있는 정도에 이르지 않았다 하더라도 건물의 규모·종류가 외형상 예상할 수 있는 정도까지 건축이 진전되어 있었고, 그 후 경매절차에서 매수인이 매각대금을 다 낸 때까지 최소한의 기둥과 지붕 그리고 주벽이 이루어지는 등 독립된 부동산으로서 건물의 요건을 갖추면 법정지상권이 성립하고, 그 건물이 미등기라 하더라도 법정지상권의 성립에는 아무런 지장이 없다(대법원 2004. 6. 11. 선고 2004다13533 판결).

3. 법정지상권자로부터 건물을 양수한 자의 지위

법정지상권자가 건물을 제3자에게 양도하는 경우에는 특별한 사정이 없는 한 건물과 함께 법정지상권도 양도하기로 하는 채권적 계약이 있었다고 할 것이고, 건물양수인은 건물양도인을 순차 대위하여 토지소유자 및 건물의 선소유자에 대하여 법정지상권의 설정등기 및 이전등기절차이행을 구할 수 있으며, 토지소유자는 건물소유자에 대하여 법정지상권의 부담을 용인하고 그 설정등기절차를 이행할 의무가 있다. 토지에 대한 법정지상권을 취득할 지위에 있는 건물의 소유자에 대하여 토지소유권에 기하여 건물철거 및 대지인도를 구함은 지상권의 부담을 용인하고 또한 그 설정등기절차를 이행할 의무 있는 자가 그 권리자를 상대로 한 청구라 할 것이어서 신의성실의 원칙상 허용될 수 없다(대법원 1989. 5. 9. 선고 88다카15338 판결).

4. 사안의 해결

사안에서 D가 X토지의 소유권을 취득함으로써 X토지와 그 지상 Y건물의 소유자가 달라졌으므로 甲은 X토지에 관하여 법정지상권을 취득하였고, 甲으로부터 Y건물을 양수한 B는 Y건물을 양수하면서 법정지상권도 함께 양수하였다. 따라서 D는 甲에 대하여 지상권설정등기절차를 이행할 의무가 있고, B는 甲을 대위하여 D에 대하여 법정지상권설정등기의 이행을 구하고, 甲으로부터 법정지상권의 이전등기를 받아서 법정지상권을 취득할 지위에 있는바, 법정지상권의 부담을 용인하여야 할 D가 B를 상대로 Y건물의 철거 및 X토지의 인도를 청구하는 것은 신의칙상 허용될 수 없다. 한편, B는 D소유의 X토지를 점유 사용함으로써 이득을 얻고 있는바, 甲으로부터 Y건물을 인도받아 X토지를 점유한 때로부터 차임 상당의 부당이득을 반환할 의무가 있다(대법원 1997. 12. 26. 선고 96다34665 판결 등).

유사문제 甲과 乙은 2017. 3. 1. 甲이 乙에게 나대지인 X 토지를 매매대금 3억 원에 매도하되, 계약금 3,000만 원은 계약 당일 지급받고, 중도금 1억 원은 2017. 3. 31.까지 지급받되 미지급 시 그 다음날부터 월 1%의 비율에 의한 지연손해금을 가산하여 지급받으며, 잔대금 1억 7,000만 원은 2017. 9. 30. 소유권이전등기에 필요한 서류의 교부와 동시에 지급받기로 하는 내용의 매매계약(이하 '이 사건 매매계약'이라 한다.)을 체결하고, 그에 따라 같은 날 乙로부터 계약금 3,000만 원을 지급받았다. 乙은 X 토지의 소유권을 취득한 다음 2018. 3. 20. A와 사이에, A의 비용으로 X 토지 지상에 2층 건물을 신축하되, 그 소유관계는 각 1/2 지분씩 공유하기로 서로 합의하고, 그에 따라 乙과 A가 공동건축주로서 신축을 시작하였다. 그 후 乙은 위 신축건물의 규모와 종류를 외관상 짐작할 수 있을 정도로 공사가 진행된 무렵인 2018. 4. 8. 자신의 동생 B가 C에 대하여 부담하고 있는 매매대금 3억 원(변제기는 2018. 7. 20.임)의 지급채무를 담보하기 위하여 C 명의로 X 토지에 관한 소유권이전등기를 경료해 주기로 상호 합의하였다. 乙은 B가 C에 대한 채무를 변제하지 못하자, 2018. 7. 25. 위 합의에 따라 X 토지에 관하여 C 명의의 소유권이전등기를 경료해 주었고, 그 당시 위 신축건물은 완공되지는 않았으나 2층 건물 공사 대부분이 마무리되고 내장공사만 남아 있었다. A는 2018. 7. 30. 乙과 아무런 상의 없이 일방적으로 D에게 위 신축건물 전체를 월 임료 500만 원으로 약정하여 임대하여 주었다. C는 2018. 9. 20. 乙과 A를 상대로 위 신축건물의 철거 및 X 토지의 인도를 구하는 소를 제기하였다. 이 경우 乙과 A가 제기할 수 있는 실체법상 타당한 항변은 무엇인지를 그 논거와 함께 서술하시오(다만, X 토지에 관한 C의 소유권 취득은 정당한 것으로 전제함). (제1회 변호사시험 변형)

사해행위취소에 따른 원상회복과 법정지상권

甲은 2014. 1. 1. A은행으로부터 2억 원을 차용하면서 그 소유인 X토지와 Y건물에 관하여 A은행 명의로 채권최고액을 2억 5,000만 원으로 한 근저당권설정등기를 마쳐주었다. 그 후 甲은 2014. 7. 1. X토지와 Y건물에 관하여 증여를 원인으로 乙에게 소유권이전등기를 마쳐주었다. 甲의 채권자인 B가 2015. 1. 1. 채권자취소소송을 제기하여 승소함으로써 2017. 1. 1. Y건물에 관한 乙의 소유권이전등기가 말소되었다. A은행이 2016. 1. 1. 경매를 신청함으로써 X토지에 관하여 경매절차가 개시되었는데, 丁이 2016. 12. 31. 그 매각대금을 납부함으로써 소유권을 취득하였다. 한편, 甲의 채권자인 B가 2017. 7. 1. 강제경매신청을 함으로써 Y건물에 관하여 경매절차가 진행되었는데, 2018. 1. 1. 丙이 그 매각대금을 납부함으로써 소유권을 취득하였다. 丁이 소유권에 기하여 丙을 상대로 건물철거소송을 제기하였다. 승소할 수 있는가?

1. 쟁점

토지와 그 지상건물이 함께 양도되었다가 채권자취소권의 행사에 의하여 건물에 관한 수익자 명의의 소유권이전등기가 말소된 경우에 관습법상 법정지상권이 성립이 되는지가 문제로 된다.

2. 사해행위취소소송에 따른 원상회복과 법정지상권

동일인의 소유에 속하고 있던 토지와 지상 건물이 매매 등으로 인하여 소유자가 다르게 된 경우에 건물을 철거한다는 특약이 없는 한 건물 소유자는 건물의 소유를 위한 관습상 법정지상권을 취득한다. 그런데 민법 제406조의 채권자취소권의 행사로 인한 사해행위의 취소와 일탈재산의 원상회복은 채권자와 수익자 또는 전득자에 대한 관계에 있어서만 효력이 발생할 뿐이고 채무자가 직접 권리를 취득하는 것이 아니므로, 토지와 지상 건물이 함께 양도되었다가 채권자취소권의 행사에 따라 그중 건물에 관하여만 양도가 취소되고 수익자와 전득자 명의의 소유권이전등기가 말소되었다고 하더라도, 이는 관습상 법정지상권의 성립요건인 '동일인의 소유에 속하고 있던 토지와 지상 건물이 매매 등으로 인하여 소유자가 다르게 된 경우'에 해당한다고 할 수 없다(대법원 2014. 12 .24. 선고 2012다 73158 판결).

3. 사안의 해결

사안에서 2014. 7. 1. X토지와 Y건물을 증여를 원인으로 하여 乙에게 소유권이전등기가 마쳐졌고 2016. 1. 1. X토지에 관한 근저당권이 실행되어 2016. 12. 31. 丁이 매각대금을 완납함으로써 소유권을 취득하였는바, 乙은 민법 제366조에 따른 법정지상권을 취득하였다. 한편, 乙이 건물의 소유자로서 법정지상권을 취득한 이후 甲과 乙사이에 행하여진 Y건물의 증여에 대한 채권자취소권의 행사에 따라 乙 명의의 소유권이전등기가 말소된 다음, 丙이 2018. 1. 1. Y건물에 대한 경매절차에서 그 소유권을 취득하였는바, 판례의 법리에 따르면 매수인인 丙은 법정지상권을 취득하게 된다. 따라서 丁은 丙을 상대로 한 건물철거 소송에서 패소할 것이다.

건물철거의 의무자 / 신축 중인 건물을 위한 법정지상권의 성립 시기 / 건물공유자 중 1인이 토지를 단독 소유 하는 경우 법정지상권 / 건물 부지의 점유자

乙은 2016. 3. 초순경 丙과 공동으로 1/2씩 비용을 부담하여 자신의 소유인 X토지 위에 Y건물을 신축한 후 1/2 지분씩 공유하기로 약정하고 그 무렵위 약정에 기하여 건물 신축공사에 착공하여, 2016. 8. 중순경 Y건물을 완공한 다음, 2018. 9. 15. 丙으로부터 Y건물 중 나머지 1/2 지분을 매수하였다. 한편, 乙은 丁으로부터 위 건물신축공사를 위한 자금을 차용하면서 丁에게 2016. 4. 13. X토지에 관하여 저당권설정등기를 마쳐주었다. 당시 위 건물신축공사는 터파기공사를 마친 상태였다. 甲은 위 저당권에 기한 부동산임의 경매절차에서 X토지에 대하여 매각허가결정을 받아 2018. 10. 20. 그 매각대금을 완납하였다.

甲은 乙을 상대로 Y건물의 철거 및 X토지의 인도를 구하는 소를 제기하였고, 乙은 위 소송에서 ① 공유인 건물의 철거 청구는 공유자 전원을 상대로하여야 함에도, Y건물의 공유자 중 1인인 乙만을 상대로 철거를 구하는 甲의이 사건 소는 부적법하고, ② 자신은 민법 제366조에 의하여 X토지 전부에관하여 Y건물의 존속을 위한 법정지상권을 취득하므로 X토지를 점유할 정당한 권원이 있으며, ③ Y건물은 현재 戊에게 임대하여 戊가 점유하고 있어乙이 Y건물이나 그 대지인 X토지를 현실적으로 점유하고 있지 아니하므로건물철거 및 토지인도의무가 없다고 주장하였다. 이 경우 甲의 건물철거 및토지인도청구의 인용가능성은?

1. 건물철거소송의 상대방

건물철거는 그 소유권의 종국적 처분에 해당되는 사실행위이므로 원칙으로는 그 소유자(원시취득자 또는 등기명의자)에게만 그 철거처분권이 있고, 예외적으로 건물을 전소유자로부터 매수하여 점유하고 있는 등 그 권리의 범위 내에서 그 점유 중인 건물에 대하여 법률상 또는 사실상 처분을 할 수 있는 지위에 있는 자에게도 그 철거처분권이 인정된다(대법원 2003. 1. 24. 선고 2002다61521 판결 등). 한편, 건물의 공유자는 각자 그 지분의 한도 내에서 건물 전체에 관한 철거의무를 지므로(대법원 1980. 6. 24. 선고 80다756 판결 등), 공유인 건물의 철거청구는 필수적 공동소송이 아니다.

2. 신축중인 건물을 위한 법정지상권의 성립 시기

민법 제366조의 법정지상권은 저당권설정 당시 동일인의 소유에 속하던 토지와 건물이 경매로 인하여 양자의 소유자가 다르게 된 때에 건물의 소유자를 위하여 발생하는 것으로서, 토지에 관하여 저당권이 설정될 당시 토지 소유자에 의하여 그 지상에 건물이 건축 중이었던 경우 그것이 사회관념상 독립된 건물로 볼 수 있는 정도에 이르지 않았다 하더라도 건물의 규모, 종류가 외형상 예상할 수 있는 정도까지 건축이 진전되어 있었고, 그 후 경매절차에서 매수인이 매각대금을 다 낸 때까지 최소한의 기둥과 지붕 그리고 주벽이 이루어지는 등 독립된 부동산으로서 건물의 요건을 갖춘 경우에는 법정지상권이 성립한다(대법원 2004. 2. 13. 선고 2003다29043 판결 등).

3. 건물공유자 중 1인이 토지를 단독 소유 하는 경우 법정지상권 성립 여부

건물공유자의 1인이 그 건물의 부지인 토지를 단독으로 소유하면서 그 토지에 관하여만 저당권을 설정하였다가 위 저당권에 의한 경매로 인하여 토지의 소유자가 달라진 경우에도, 위 토지의 소유자는 자기뿐만 아니라 다른 건물공유자들을 위하여도 위 토지의 이용을 인정하고 있었다고 할 것인 점, 저당권자로서도 저당권 설정 당시 법정지상권의 부담을 예상할 수 있었으므로 불측의 손해를 입는 것이 아닌 점, 건물의 철거로 인한 사회경제적 손실을 방지할 공익상의 필요성도 인정되는 점 등에 비추어 위 건물공유자들은 민법 제366조에 의하여 토지 전부에 관하여 건물의 존속을 위한 법정지상권을 취득한다(대법원 2011. 1. 13. 선고 2010다67159 판결).

4. 건물소유자의 건물 부지의 점유

건물은 사회통념상 그 부지를 떠나서는 존재할 수 없는 것이므로 건물의 부지가 된 토지는 그 건물의 소유자가 점유하는 것으로 볼 수 있고, 건물의 소유자가 현실적으로 건물이나 그 부지를 점거하고 있지 않더라도 그 건물의 소유를 위하여 그 부지를 점유한다고 보아야 한다. 한편, 미등기건물을 양수하여 건물에 관한 사실상의 처분권을 보유하게 됨으로써 그 양수인이 건물부지 역시 아울러 점유하고 있다고 볼 수 있는 등의 다른 특별한 사정이 없는 한, 건물의 소유명의자가 아닌 자로서는 실제로 그 건물을 점유하고 있다고 하더라도 그 건물의 부지를 점유하는 자로는 볼 수 없다(대법원 2003. 11. 13. 선고 2002다57935 판결).

5. 사안의 해결

사안에서 공유인 건물의 철거청구가 필수적 공동소송이어야 함을 전제로 Y건물의 공유자 중 1인인 乙만을 상대로 한 철거청구가 부적법하다는 乙의 주장은 타당하지 않다. 乙과 丙은 Y건물을 원시취득하였는바, 乙은 Y건물 중 ½지분에 관하여는 원시취득자로서, 나머지 ½지분에 관하여는 원시취득자인 丙으로부터 소유권을 양수한 법률상 또는 사실상 처분권자로서 철거청구의 상대방이 될 수 있다.

乙의 소유인 X토지에만 저당권이 설정되었다가 담보권실행을 위한 경매절차에서 토지와 건물의 소유자가 달라진 경우로서 건물의 공유자들인 乙과 丙은 법정지상권을 취득할 수 있는 지위에 있다고 볼 수 있으나, X

토지에 관하여 저당권설정 당시 지상에 건축 중인 건물이 사회관념상 독립된 건물로 볼 수 있는 정도에 이르지 않았다 하더라도 건물의 규모, 종류가 외형상 예상할 수 있는 정도까지 건축이 진전되어 있어야 할 것인데, 단지 터파기 공사를 마친 상태에 불과하여 건물의 규모, 종류가 외형상 예상할 수 있을 정도로 건축이 진척되었다고 보기 어렵다면 법정지상권을 취득한다고 할 수 없다. 이에 관한 乙의 주장은 타당하지 않다.

戊가 임차인으로서 건물을 점유하고 있다고 하더라도 소유자나 미등기 건물의 양수인으로서 건물에 관한 사실상 처분권을 보유하지 않으므로 X토지의 점유자라고 할 수 없다. 이에 관한 乙의 주장도 타당하지 않다.

乙의 각 주장은 타당하지 않으므로 甲의 乙에 대한 X토지의 소유권에 기한 건물철거 및 토지인도청구는 인용될 것이다.

유사문제 甲은 2016. 1. 1. 자신의 소유인 Z토지에 T건물을 신축하기 위한 건축허가를 받았다가, 2016. 7. 1. 지하 1층과 지상 3층 중 지상 2층의 골조공사를 마무리한 상태에서 乙에게 잔여공사를 도급하면서 그 공사대금 10억 원의 채무를 담보하기 위하여 같은 날 Z토지에 관하여 채권최고액 1억 5,000만 원의 근저당권설정등기를 마쳐주고 건축허가상의 건축주를 甲과 乙로 변경하였다. 한편 甲의 채권자인 A가 2017. 1. 1. 대여금채권 1억 원의 확정판결에 기하여 Z토지에 대하여 강제경매신청을 함으로써 Z토지에 관한 경매절차가 진행되었는데, B가 2017. 12. 1. 매각대금을 완납하였다. T건물은 2017. 5. 31.경 지하 1층 지상 3층의 건물이 완성되었고, 2017. 7. 1. 甲과 乙 공동명의로 소유권보전등기가 마쳐졌다가, 같은 날 甲의 지분에 관하여는 丙 명의로 소유권이전등기가 마쳐졌다. B가 2018. 9. 1. Z토지의 소유권에 기하여 乙과 丙을 상대로 T건물철거청구소송을 제기하였다. 승소할 수 있는가?

건물점유자에 대한 토지소유자의 퇴거청구 / 관습상 법정지상권의 성립

甲은 X토지의 소유자로서 2018. 1. 5. 乙로부터 2억 원을 차용하면서 乙에게 저당권을 설정해주었다. 그 후 甲은 乙의 동의를 얻어 X토지 위에 자신의 노력과 비용으로 주거용인 Y건물을 신축하였다. 2018. 3. 2. 丙은 甲과 미등기 상태의 Y건물에 대하여 임차보증금 5,000만 원, 기간 2년으로 정하여 임대차계약을 체결한 다음, 위 계약 직후 甲으로부터 Y건물을 인도받고 주민등록을 마쳤다. 한편, 丁은 2018. 5. 3. 甲으로부터 X토지와 Y건물을 매수하여 대금을 모두 지급한 다음 X토지에 대하여만 소유권이전등기를 넘겨받고 Y건물에 대하여는 미등기인 관계로 그 등기를 이전받지 못하였다. 2018. 6. 4. 戊는 丁에게 1억 원 대여하였으나 丁이 이를 변제하지 아니하자, 丁을 상대로 대여금청구소송을 제기, 승소하고 X토지에 대하여 강제경매를 신청하였다. 위 경매절차에서 X토지를 매수하여 대금을 지급한 己가 X토지의 소유자임을 주장하면서 丁을 상대로 Y건물의 철거와 X토지의 인도를 구하고, 丙에 대하여는 Y건물로부터의 퇴거를 구한다. (2016년 6월 변호사시험 모의시험 변형)

가. 己의 丙에 대한 청구의 당부를 논거를 들어 서술하라.

1. 건물점유자에 대한 토지소유자의 퇴거청구

건물이 그 존립을 위한 토지사용권을 갖추지 못하여 토지의 소유자가 건물의 소유자에 대하여 당해 건물의 철거 및 그 대지의 인도를 청구할 수 있는 경우에라도 건물소유자가 아닌 사람이 건물을 점유하고 있다면 토지소유자는 그 건물의 점유를 제거하지 아니하는 한 건물의 철거 등을 실행할 수 없으므로 토지소유자는 자신의 소유권에 기한 방해배제로서 건물점유자에 대하여 건물로부터의 퇴거를 청구할 수 있다(대법원 2010. 8. 19. 선고 2010다43801 판결).

2. 사안의 해결

사안에서 (아래 나.에서 보는 바와 같이) 甲이 Y건물의 소유를 위하여 법정지상권을 취득하지 못하였으므로 乙는 건물의 임차인인 丙에 대하여 그 건물의 철거 및 대지인도의 집행을 위하여 건물에서 퇴거를 청구할 수 있다.

나. 乙의 丁에 대한 청구의 당부를 논거를 들어 서술하라.

1. 관습상 법정지상권의 성립

강제경매의 목적이 된 토지 또는 그 지상 건물에 관하여 강제경매를 위한 압류나 그 압류에 선행한 가압류가 있기 이전에 저당권이 설정되어 있다가 그 후 강제경매로 인해 그 저당권이 소멸하는 경우에는, 그 저당권 설정 이후의 특정 시점을 기준으로 토지와 그 지상 건물이 동일인의 소유에 속하였는지 여부에 따라 관습상 법정지상권의 성립 여부를 판단하게 되면, 저당권자로서는 저당권 설정 당시를 기준으로 그 토지나 지상 건물의 담보가치를 평가하였음에도 저당권 설정 이후에 토지나 그 지상 건물의 소유자가 변경되었다는 외부의 우연한 사정으로 인하여 자신이 당초에 파악하고 있던 것보다 부당하게 높아지거나 떨어진 가치를 가진 담보를 취득하게 되는 예상하지 못한 이익을 얻거나 손해를 입게 되므로, 그 저당권 설정 당시를 기준으로 토지와 그 지상 건물이 동일인에게 속하였는지 여부에 따라 관습상 법정지상권의 성립 여부를 판단하여야 한다(대법원

2013. 4. 11. 선고 2009다62059 판결).

2. 사안의 해결

사안에서 X토지에 저당권이 설정될 당시에는 Y건물이 존재하지 않았으므로 甲은 Y건물의 소유를 위하여 법정지상권을 취득하였다고 할 수 없고, 미등기인 Y건물의 대금을 완납하고 이를 이전받은 丁으로서는 Y건물에 대한 법률상 사실상 처분권을 갖지만 X토지를 점유할 권원(관습법상 법정지상권)을 갖지 않으므로 X토지의 소유자인 己에게 Y건물을 철거하고 X토지를 인도할 의무가 있으므로 己의 청구는 인용된다.

구분소유적 공유관계에서 법정지상권의 성립 / 재판상 자백과 취소

甲은 乙에게서 P시에 소재하는 1필의 X토지 중 일부를 위치와 면적을 특정하여 매수했으나 필요가 생기면 추후 분할하기로 하고 분할등기를 하지 않은 채 X토지 전체 면적에 대한 甲의 매수 부분의 면적 비율에 상응하는 지분소유권이전등기를 甲 명의로 경료하고 甲과 乙은 각자 소유하게 될 토지의 경계선을 확정하였다. 甲과 乙은 각자 소유하는 토지 부분 위에 독자적으로 건축허가를 받아 각자의 건물을 각자의 비용으로 신축하기로 하였다. 각 건물의 1층 바닥의 기초공사를 마치고 건물의 벽과 지붕을 건축하던 중 자금이 부족하게 되자 甲과 乙은 공동으로 丁에게서 건축 자금 1억 원을 빌리면서 X토지 전체에 저당권을 설정해 주었다. 이후 건물은 완성되었으나 준공검사를 받지 못하여 소유권보존등기를 하지 못하고 있던 차에 자금 사정이 더욱 나빠진 甲과 乙은 원리금을 연체하게 되어 결국 저당권이 실행되었고 경매를 통하여 戊에게 X토지 전체에 대한 소유권이전등기가 경료되었다. 戊는 甲과 乙에게 법률상 근거 없이 X토지를 점유하고 있다는 이유로 각 건물의 철거 및 X토지 전체의 인도를 청구하고 있다. 甲과 乙은 위 소송 과정에서 자신들이 승소하기 위하여 법률상 필요하고 유효적절한 항변을 모두 하였다. 戊는 甲, 乙을 상대로 한 각 건물의 철거 및 X토지 전체 인도소송(이하에서는 '위 소송'이라고만 한다)의 소장에서 "甲과 乙이 각 건물을 신축할 당시 甲과 乙이 X토지를 각 구분하여 특정부분을 소유한 바는 없다."라고 주장(이하에서

는 '戊의 소송상 주장'이라고만 한다)하였고, 甲은 위 소송의 제1회 변론기일에서
戊의 소송상 주장을 인정하는 취지의 진술(위 진술은 甲에게 불리한 진술로 간주
한다)을 하였고, 반면 乙은 戊의 소송상 주장에 대하여 '甲과 乙은 각 건물이
위치한 부분을 중심으로 하여 토지 중 각자의 지분에 해당하는 토지를 특
정하여 구분소유하고 있었다.'는 취지로 위 제1회 변론기일에 진술한 이래,
甲과 乙은 각 본인의 위 각 진술을 변론종결시까지 그대로 유지하였다. 그러
나 법원은 관련 증거를 종합하여 볼 때 乙의 위 주장이 객관적 진실에 부합
한다고 판단하고 있다. 甲은 변론종결시까지 그 주장을 그대로 유지하지 않
고, 위 소송의 제4회 변론기일에서 제1회 변론기일에서 한 자신의 종전 진
술과 달리 "甲과 乙은 각 건물이 위치한 부분을 중심으로 하여 토지 중 각
자의 지분에 해당하는 토지를 특정하여 구분소유하고 있었다."라고 진술을
번복하면서 이를 증명하기 위하여 증인을 신청하였으며, 증인은 "甲과 乙이
각자 건물을 짓기 위해 분필하려 했으나 분필 절차가 번거롭고 까다로워 각
건물이 위치한 부분을 중심으로 하여 토지 중 각자의 지분에 해당하는 토지
를 특정하여 소유하고 있었다."라고 증언하였고 법원은 위 증언이 객관적 진
실에 부합하는 것으로 판단하였다. 그런데 제1회 변론기일에서 한 甲의 진
술이 착오에 기한 것인지에 대하여 甲은 변론종결시까지 아무런 주장, 증명
을 하지 않았다. 한편, 戊는 甲이 "甲과 乙은 각 건물이 위치한 부분을 중심
으로 하여 토지 중 각자의 지분에 해당하는 토지를 특정하여 구분소유하고
있었다."라고 진술을 번복한 부분과 관련하여 그 진술의 빈복에 대하여 이
의를 제기하지는 않았다. 戊의 甲, 乙에 대한 청구가 인용될 수 있는지와 그
근거를 서술하시오. (제3회 변호사시험)

1. 쟁점

　　戊가 경매절차를 통하여 취득한 X토지에 甲과 乙의 미등기 건물이 건
립되어 있고 戊가 甲과 乙을 상대로 미등기건물의 철거 및 X토지의 인도
를 구하고 있는바, 甲과 乙이 X토지에 관하여 법정지상권을 취득하였는지

가 문제로 된다. 한편, 甲이 제1차 변론기일에 자신에게 불리한 진술, 즉 자백을 하였다가 제4차 변론기일에 그 진술을 번복하고 그에 관한 증거신청을 하여 증거조사를 마쳤으나, 제1차 변론기일에서의 자백이 착오에 기한 것인지에 관하여 아무런 주장 및 증명을 하지 않았고, 戊도 甲의 진술 번복에 이의를 하지 않은 부분이 소송법적으로 문제가 된다.

2. 구분소유적 공유관계에서 법정지상권 성립

공유로 등기된 토지의 소유관계가 구분소유적 공유관계에 있는 경우에는 공유자 중 1인이 소유하고 있는 건물과 그 대지는 다른 공유자와의 내부관계에 있어서는 그 공유자의 단독소유로 되므로 건물을 소유하고 있는 공유자가 그 건물 또는 토지지분에 대하여 저당권을 설정하였다가 그 후 저당권의 실행으로 소유자가 달라지면 건물 소유자는 그 건물의 소유를 위한 법정지상권을 취득하게 되며, 이는 구분소유적 공유관계에 있는 토지의 공유자들이 그 토지 위에 각자 독자적으로 별개의 건물을 소유하면서 그 토지 전체에 대하여 저당권을 설정하였다가 그 저당권의 실행으로 토지와 건물의 소유자가 달라진 경우에도 마찬가지이다(대법원 2004. 6. 11. 선고 2004다13533 판결). 한편, 민법 제366조의 법정지상권은 저당권 설정 당시 동일인의 소유에 속하던 토지와 건물이 경매로 인하여 양자의 소유자가 다르게 된 때에 건물의 소유자를 위하여 발생하는 것으로서, 토지에 관하여 저당권이 설정될 당시 토지 소유자에 의하여 그 지상에 건물을 건축 중이었던 경우 그것이 사회관념상 독립된 건물로 볼 수 있는 정도에 이르지 않았다 하더라도 건물의 규모·종류가 외형상 예상할 수 있는 정도까지 건축이 진전되어 있었고, 그 후 경매절차에서 매수인이 매각대금을 다 낸 때까지 최소한의 기둥과 지붕 그리고 주벽이 이루어지는 등 독립된 부동산으로서 건물의 요건을 갖추면 법정지상권이 성립하며(대법원 1992. 6. 12. 선고 92다7221 판결, 2004. 2. 13. 선고 2003다29043 판결 등), 그 건물이 미등기라 하더라도 법정지상권의 성립에는 아무런 지장이 없다(대법원 1988. 4. 12.

선고 87다카2404 판결 등 참조).

3. 재판상 자백과 취소

재판상의 자백은 상대방의 동의가 없는 경우에는 자백을 한 당사자가 그 자백이 진실에 어긋난다는 것과 자백이 착오로 말미암은 것이라는 사실을 증명한 경우에 한하여 취소할 수 있으나(민소법 제288조), 이때 진실에 어긋난다는 사실에 대한 증명은 그 반대되는 사실에 관한 직접증거 또는 자백사실이 진실에 어긋남을 추인할 수 있는 간접사실의 증명에 의하여도 가능하고, 또한 자백이 진실에 반한다는 증명이 있다고 하여 그 자백이 착오로 인한 것이라고 추정되는 것은 아니지만, 그 자백이 진실에 어긋난다는 사실이 증명된 경우라면 변론의 전취지에 의하여 그 자백이 착오로 인한 것이라는 점을 인정할 수 있다(대법원 2000. 9. 8. 선고 2000다23013 판결 참조).

4. 사안의 해결

사안에서 甲과 乙은 X토지를 구분소유적 공유관계로 소유해오면서 각자 소유하는 토지 위에 독자적으로 건축허가를 받아 각자의 비용으로 건물을 신축하면서 각 건물의 1층 바닥의 기초공사를 마치고 건물의 벽과 지붕을 건축하였을 무렵에 자금이 부족하여 丁으로부터 자금을 빌리면서 X토지 전체에 저당권을 설정해주었는데, 그 원리금을 연체함으로써 그 저당권의 실행으로 경매절차가 진행되었고, 戊가 X토지의 소유권을 취득할 무렵에는 그 지상에 건물이 완성되었으나 준공검사를 받지 못하여 소유권보존등기를 하지 못하고 있는 상황이었다. 丁이 X토지에 관하여 저당권을 설정 당시에 甲과 乙이 이미 특정토지의 구분소유자로서 각기 별개로 건물의 규모, 종류가 외형상 예상할 수 있는 정도까지 진전된 건물을 소유하다가 그 저당권의 실행으로 토지와 건물의 소유자가 달라졌으므로 甲과 乙은 민법 제366조의 법정지상권을 취득할 수 있다. 따라서 戊는 법정지상권자인 甲과 乙에 대하여 건물철거 및 대지인도를 청구할 수 없다.

사안에서 증거조사결과 甲과 乙이 X토지를 구분소유적 공유관계로 소유하고 있었음을 인정할 수 있으므로 甲의 위 자백은 진실에 어긋난다는 사실이 증명되었고, 공유자 중의 1인인 乙은 甲과 乙이 X토지를 구분소유하고 있는 사실을 일관되게 주장해온 점, 甲이 법률전문가가 아니어서 戊의 주장을 인정하는 것에 대한 의미를 제대로 이해하기 어려웠을 것이라는 점, 戊 역시 甲이 진술을 번복함에 대하여 이의를 제기하고 있지 않은 사정 등 변론전체의 취지에 의하여 甲의 위 자백이 착오로 인한 것이라는 사정을 인정할 수 있으므로, 甲의 위 자백은 진실에 어긋나고 또한 착오에 의한 것으로서 적법하게 취소되었다. 따라서 법원은 甲의 위 자백과 상관없이 법정지상권의 성립에 관한 사실을 인정할 수 있다.

관습상 법정지상권의 성립 /
신축 중인 건물을 위한 법정지상권의 성립 시기 /
경매절차와 법정지상권의 이전

甲은 2014. 1. 1. 자신의 소유인 Y토지상에 G건물의 신축공사를 시작하였는데 자금이 부족하자, 2014. 7. 1. A은행으로부터 대출을 받으면서 Y토지에 채권최고액 1억 원의 근저당권을 설정하였다. 그 당시 Y토지에는 이미 지하1층 지상4층 건물 중 3층 골조공사까지 건축이 진행되어 있었다. 한편, 甲은 2015. 1. 1. 丙으로부터 3억 원을 차용하면서 2015. 12. 31.까지 위 대여금을 변제하지 못할 경우 G건물을 대물변제하기로 약정하였다. 그 후 甲의 채권자인 B가 2016. 7. 1. 부동산강제경매를 신청함으로써 Y토지에 관한 강제경매절차가 진행되었는데, 乙이 2017. 10. 1. Y토지를 매수하여 그 매각대금을 완납함으로써 Y토지에 관하여 乙 명의의 소유권이전등기가 마쳐졌다. 그런데 甲의 또 다른 채권자인 C가 2016. 10. 1. G건물에 관하여 청구금액을 5,000만 원으로 한 가압류결정을 받았고, 이에 기히여 G건물에 관하여 법원의 촉탁으로 甲 명의로 소유권보존등기가 마쳐졌다. 丙이 甲을 상대로 소송을 제기하여 2017. 1. 1. "피고는 원고에게 G건물에 관하여 2015. 1. 1. 대물변제예약을 원인으로 한 소유권이전등기절차를 이행하라."는 판결을 선고받았고 위 판결은 그 무렵 확정되었다. 丙은 이에 기하여 G건물에 관하여 소유권이전등기를 경료한 다음 甲으로부터 G건물을 인도받아 거주해오고 있다.

가. 乙이 丙을 상대로 G건물철거 및 대지인도소송을 제기하면 승소할 수 있는가?

1. 쟁점

건물철거청구의 상대방은 건물의 소유자 또는 미등기건물의 경우는 사실상 법률상 처분권이 있는 매수인이 된다. 사안에서 丙이 등기를 마치지 않은 경우에는 G건물의 소유자가 아니므로 건물철거 및 건물소유에 의한 대지점유를 사유로 한 대지인도청구는 이유 없고 丙을 상대로 한 乙의 청구는 기각되어야 한다. 반면 사안에서 丙이 등기를 마쳤다고 할 경우에는 丙이 관습법상 법정지상권을 취득하였는지가 문제된다.

2. 관습상 법정지상권의 성립

강제경매에 의한 관습법상 법정지상권의 성립하기 위해서는 ① 동일인 소유에 속하고 있던 토지와 그 지상건물이 있어야 하고, ② 강제경매 또는 국세징수법에 의한 공매 등으로 인하여 소유자가 다르게 된 경우, ③ 건물철거 특약이 없을 것을 요한다. 토지와 그 지상 건물이 동일인에게 속하였는지 여부를 판단하는 기준시점에 관하여 판례는 토지 또는 그 지상 건물의 소유권이 강제경매로 인하여 그 절차상의 매수인에게 이전되는 경우에는 그 매수인이 소유권을 취득하는 매각대금의 완납 시가 아니라 강제경매개시결정으로 압류의 효력이 발생하는 때를 기준으로 토지와 지상 건물이 동일인에게 속하였는지에 따라 관습상 법정지상권의 성립 여부를 가려야 하고, 강제경매의 목적이 된 토지 또는 그 지상 건물에 대하여 강제경매개시결정 이전에 가압류가 되어 있다가 그 가압류가 강제경매개시결정으로 인하여 본압류로 이행되어 경매절차가 진행된 경우에는 애초 가압류의 효력이 발생한 때를 기준으로 토지와 그 지상 건물이 동일인에 속하였는지에 따라 관습상 법정지상권의 성립 여부를 판단하여야 한다. 나아가 강제경매의 목적이 된 토지 또는 그 지상 건물에 관하여 강제경매를 위한

압류나 그 압류에 선행한 가압류가 있기 이전에 저당권이 설정되어 있다
가 그 후 강제경매로 인해 그 저당권이 소멸하는 경우에는, 그 저당권 설
정 이후의 특정 시점을 기준으로 토지와 그 지상 건물이 동일인의 소유에
속하였는지에 따라 관습상 법정지상권의 성립 여부를 판단하게 되면, 저
당권자로서는 저당권 설정 당시를 기준으로 그 토지나 지상 건물의 담보
가치를 평가하였음에도 저당권 설정 이후에 토지나 그 지상 건물의 소유
자가 변경되었다는 외부의 우연한 사정으로 인하여 자신이 당초에 파악하
고 있던 것보다 부당하게 높아지거나 떨어진 가치를 가진 담보를 취득하
게 되는 예상하지 못한 이익을 얻거나 손해를 입게 되므로, 그 저당권 설
정 당시를 기준으로 토지와 그 지상 건물이 동일인에게 속하였는지에 따
라 관습상 법정지상권의 성립 여부를 판단하여야 한다고 한다(대법원 2013.
4. 11. 선고 2009다62059 판결).

3. 신축 중인 건물을 위한 법정지상권 성립 시기

토지에 관하여 저당권이 설정될 당시 사회관념상 독립된 건물로 볼 수 있
는 정도에 이르지 않았다 하더라도 건물의 규모·종류가 외형상 예상할 수
있는 정도까지 건축이 진전되어 있었고, 그 후 경매절차에서 매수인이 매각
대금을 다 낸 때까지 최소한의 기둥과 지붕 그리고 주벽이 이루어지는 등
독립된 부동산으로서 건물의 요건을 갖추면 법정지상권이 성립한다.

4. 사안의 해결

사안에서 Y토지에 관한 근저당권이 설정될 당시 그 지상에 건물이 그
규모·종류를 외형상 예상할 수 있는 정도까지 건축이 진전되었고, 그 후
경매절차에서 매수인인 乙이 매각대금을 완납하기 이전인 2016. 10. 1.경
이미 독립된 부동산으로서 건물의 요건을 갖추었다. Y토지와 그 지상 G
건물은 근저당권 설정 당시부터 모두 甲의 소유였고, Y토지에 대하여 저
당권 설정 당시에 시행 중이던 신축공사의 완료로 인하여 건축된 G건물을

위한 관습상 법정지상권이 성립하므로, 매각대금 완납 당시의 G건물의 소유자인 丙이 관습상 법정지상권을 취득한다. Y토지의 소유자인 乙이 관습상 법정지상권을 취득한 丙을 상대로 그 지상의 G주택의 철거 및 대지 인도를 구하는 것은 신의성실의 원칙상 허용될 수 없다.

〈추가사실〉

C가 甲을 상대로 대여금청구소송을 제기하여 2017. 7. 1. "피고는 원고에게 5,000만 원 및 이에 대하여 2015. 1. 1.부터 완제일까지 월 1%의 비율에 의한 금원을 지급하라." 판결을 선고받고 그 판결이 확정되자 이에 기하여 G건물에 관하여 부동산강제경매를 신청함으로써 강제경매절차가 진행되었다. 丁이 2018. 5. 1. 위 강제경매절차에서 G건물을 매수하여 그 매각대금을 완납함으로써 G건물에 관하여 丁 명의의 소유권이전등기가 마쳐졌다.

나. 乙이 丁을 상대로 G건물철거 및 대지인도소송을 제기하면 승소할 수 있는가?

1. 경매절차와 법정지상권의 이전

건물 소유를 위하여 법정지상권을 취득한 자로부터 경매에 의하여 그 건물의 소유권을 이전받은 매수인은 건물철거의 매각조건하에서 경매되는 경우 등 특별한 사정이 없는 한 건물의 매수와 함께 법정지상권도 당연히 취득한다(대법원 1985. 2. 26. 선고 84다카1578,1579 판결 등). 이는 압류, 가압류나 체납처분압류 등 처분제한의 등기가 된 건물에 관하여 그에 저촉되는 소유권이전등기를 마친 사람이 건물의 소유자로서 관습상 법정지상권을 취득한 후 경매 또는 공매절차에서 건물이 매각되는 경우에도 마찬가지로 적용된다(대법원 2014. 9. 4. 선고 2011다13463 판결).

2. 사안의 해결

사안에서 丙이 G건물에 관하여 소유권을 취득함으로써 관습상 법정지상권을 취득하였고, 그 후 G건물에 관하여 진행된 경매절차에서 丁이 G건물을 매수함으로써 그 소유권과 함께 관습법상 법정지상권도 취득한다. 따라서 乙은 丁에 대하여도 G건물철거소송 및 대지인도소송을 제기하여 승소할 수 없다.

부동산경매와 유치권의 성립 시기 /
관습상 법정지상권의 성립

甲은 2017. 3.경 그 소유인 X토지(200㎡) 중 우측 부분 100㎡ 지상에 단층 주택 1동(A주택)을 신축하는 건축공사를 乙에게 도급하였다. 그 도급계약의 내용은 ① 건축허가 명의와 준공 후 보존등기 모두 甲의 명의로 하고, ② 공사대금은 3억 원으로 하되, 공정이 50%에 이르렀을 때 공사대금의 절반을 지급하고 나머지 50%의 공사대금은 공사가 완료되어 소유권보존등기를 마친 날부터 3개월이 지난 시점에 지급하기로 하고, ③ 대금을 모두 지급받음과 동시에 주택을 인도하기로 약정하였다. 甲은 2017. 6.경 다시 X토지의 좌측 부분 100㎡ 지상에 단층 주택 1동(B주택)을 신축하는 공사를 乙에게 도급하였는데 공사대금은 2억 원이고 나머지 공사조건은 A주택의 경우와 동일하였다. A주택은 공사가 완료되어 2017. 10. 31. 甲 명의로 소유권보존등기가 이루어졌고, B주택 역시 공사가 완료되어 2017. 12. 31. 甲 명의로 소유권보존등기가 이루어졌다. 2018. 1. 5. 현재 乙은 甲으로부터 A주택의 공사대금 중 50%를 지급받았으나 B주택의 공사대금의 경우 전혀 지급받지 못한 상태로 A주택과 B주택을 점유하고 있었다. 한편, 그 다음날인 2018. 1. 6. 甲의 채권자가 X토지와 A주택에 대하여 강제경매를 신청하여 2018. 1. 25. 강제경매개시결정 기입등기가 이루어졌고, 丙이 그 절차에서 위 두 부동산을 모두 매수하여 2018. 6. 5. 매각대금을 완납하였다. 丙은 乙을 상대로 A주택의 인도와 B주택에서의 퇴거를 청구하는 소를 제기하였다. (2016년 10월 변호사시험

모의시험 변형)

가. A주택에 관하여 乙은 공사대금채권을 기초로 한 유치권과 동시이행항변권을 주장하면서, 공사대금을 모두 지급받을 때까지 丙의 청구에 응할 수 없다고 주장한다. 乙의 주장은 받아들여질 수 있는가?

1. 쟁점

사안에서는 乙이 공사대금채권을 기초로 한 유치권을 가지고 있는지, 계약당사자가 아닌 제3자에게도 동시이행항변권을 주장할 수 있는지 문제된다.

2. 압류와 유치권의 성립 시기

유치권은 목적물에 관하여 생긴 채권이 변제기에 있는 경우에 비로소 성립하는바(민법 제320조), 채무자 소유의 부동산에 경매개시결정의 기입등기가 마쳐져 압류의 효력이 발생한 후에 유치권을 취득한 경우에는 그로써 부동산에 관한 경매절차의 매수인에게 대항할 수 없다. 채무자 소유의 건물에 관하여 증·개축 등 공사를 도급받은 수급인이 경매개시결정의 기입등기가 마쳐지기 전에 채무자에게서 건물의 점유를 이전받았다 하더라도 경매개시결정의 기입등기가 마쳐져 압류의 효력이 발생한 후에 공사를 완공하여 공사대금채권을 취득함으로써 그때 비로소 유치권이 성립한 경우에는, 수급인은 유치권을 내세워 경매절차의 매수인에게 대항할 수 없다고 한다(대법원 2011. 10. 13. 선고 2011다55214 판결).

3. 사안의 해결

사안에서 乙은 A주택의 공사대금 중 50%는 2018. 1. 25.의 경매개시결정의 기입등기가 있기 전에 이미 수령하였으나, 나머지 50%의 변제기는 계약조건에 따라 소유권보존등기가 있은 날로부터 3개월 후인 2018.

1. 31.이므로 경매개시결정의 기입등기 시에는 공사대금 중 일부의 변제기가 도래하지 않았다. 乙의 유치권은 경매개시결정의 기입등기가 마쳐진 후에 성립되었으므로 乙은 이로써 경매절차의 매수인인 丙에게 대항할 수 없다. 공사내금채권은 甲에 대한 채권이므로 乙은 甲의 인도청구에 대해서는 동시이행항변권을 행사할 수 있지만, 丙과는 채권관계가 없으므로 丙의 소유권에 기한 청구에 대해서는 동시이행항변권을 행사할 수 없다. 따라서 丙의 乙에 대한 A주택의 인도청구는 인용될 것이다.

나. B주택에 관하여 乙은 공사대금채권을 기초로 한 유치권을 주장하고, 또한 甲이 B주택과 관련하여 관습상 법정지상권을 취득하였으므로 丙의 청구에 응할 수 없다고 주장한다. 유치권과 관습상 법정지상권이 성립하는지 검토하여, 乙의 주장의 당부를 판단하시오.

1. 유치권 성립 여부

유치권이 성립하기 위해서는 ① 타인의 물선 또는 유기증권을 적법하게 점유할 것, ② 그 물건이나 유가증권에 관하여 생긴 채권 즉, 물건과 채권간의 견련관계가 있을 것, ③ 채권이 변제기에 있을 것을 요한다.

사안에서는 공사대금채권 전액이 발생하였고 변제기가 도래하였으며 乙은 甲소유의 건물을 점유하고 있고 공사대금채권과 건물 사이에 견련관계가 존재하므로 유치권이 발생하였다. 그러나 건물에 대한 유치권은 건물을 점유할 권리이지 토지를 점유하는 권리가 아니므로, 건물에 관하여 유치권이 존재한다는 항변은 丙이 B주택을 철거할 권원이 있고 乙의 B주택 점유가 철거에 방해가 됨을 이유로 한 丙의 퇴거청구에 대한 적절한 항변이 될 수 없다.

2. 관습상 법정지상권의 성립 여부

관습상 법정지상권은 ① 동일인의 소유에 속하고 있던 토지와 그 지상 건물이 ② 강제경매 또는 국세징수법에 의한 공매 등으로 인하여 소유자가 다르게 된 경우 ③ 건물철거 특약이 없는 경우에 성립한다. 사안에서는 甲은 X토지와 B주택의 소유자이었는데, 강제경매에 의하여 토지와 건물의 소유자가 달라졌으므로 甲은 관습상 법정지상권을 취득하였다. 甲에게 관습상 법정지상권이 있으므로 丙은 B주택을 철거할 권원이 없다. 丙의 乙에 대한 퇴거청구의 원인은 乙의 B주택 점유가 丙의 B주택 철거에 방해가 된다는 것이므로 丙에게 B주택에 대한 철거청구권이 존재하지 않는 이상 건물점유자에 불과한 乙은 丙의 토지소유권을 방해하는 것이 아니다. 따라서 乙에 대한 퇴거청구도 허용되지 아니한다.

건물이 제3자에게 양도된 뒤 토지의 저당권이 실행된 경우에 법정지상권 성립 / 경매에 의한 건물 소유권의 취득과 법정지상권의 승계 / 사해행위취소에 따른 원상회복과 법정지상권

甲은 2003. 1. 1.부터 X, Y토지와 이를 부지로 하는 Z건물을 소유하고 있었다(이하 Z건물 중 X토지 지상부분을 'X부분 건물', Y토지 지상부분을 'Y부분 건물'이라고 한다). 이 중 X토지에 관하여는 2008. 1. 1. 근저당권이 설정되었다. 甲은 2011. 1. 1. 乙에게 Y토지와 Z건물을 매도하고 같은 날 소유권이전등기를 마쳐주었다. 丙은 위 근저당권에 기하여 개시된 X토지에 관한 임의경매절차에서 2015. 1. 1. 매수대금을 납부하고 그 무렵 자신의 명의로 소유권이전등기를 마쳤다. 한편, 甲의 채권자가 乙을 상대로 사해행위취소의 소를 제기하여, Z건물에 관하여는 2016. 1. 1. 사해행위취소 확정판결을 원인으로 하여 같은 날 乙명의의 소유권이전등기가 말소되었다. 그 후 Z건물에 관한 강제경매절차에서 丁이 2017. 1. 1. 매수대금을 납부함으로써 그 소유권을 취득하였다. 丙과 乙은 2018. 1. 1. 丁을 상대로 각 X토지 및 Y토지의 소유권에 기하여 Z건물 중 X부분 건물과 Y부분 건물의 철거를 구하는 소송을 제기하였다.
(2016년 10월 변호사시험 모의시험 변형)

가. 丙의 철거청구에 대하여 丁은 "乙이 X토지에 관하여 관습상 법정지상권을 취득하였고, 그렇지 않더라도 민법 제366조의 법정지상권을 취득하였으며, 乙의 권리를 양수한 자신을 상대로 한 철거청구는 부당하다"고 주장한다. 丁의 주장의 당부를 논거를 들어 서술하시오.

1. 관습상 법정지상권의 성립

관습상 법정지상권은 ① 동일인의 소유에 속하고 있던 토지와 그 지상 건물이 ② 강제경매 또는 국세징수법에 의한 공매 등으로 인하여 소유자가 다르게 된 경우 ③ 건물철거 특약이 없는 경우에 성립한다. 한편, 민집법 제268조, 제91조 제3항에 따르면 지상권·지역권·전세권 및 등기된 임차권은 저당권·압류채권·가압류채권에 대항할 수 없는 경우에는 매각으로 소멸된다고 규정하여 소멸주의를 채택하고 있다.

2. 법정지상권 성립

민법 제366조의 법정지상권이 성립하기 위해서는 ① 저당권 설정 당시 토지상에 건물의 존재 및 토지와 건물의 소유자가 동일할 것, ② 토지나 건물에 설정된 저당권의 실행으로 토지 및 건물의 소유권이 분리될 것을 요한다. 토지와 건물이 동일인의 소유였다가 건물이 제3자에게 양도된 뒤에 저당권이 실행된 경우에도 법정지상권이 성립하는지에 관하여 판례는 토지에 저당권을 설정할 당시 토지의 지상에 건물이 존재하고 있었고 그 양자가 동일 소유자에게 속하였다가 그 후 저당권의 실행으로 토지가 낙찰되기 전에 건물이 제3자에게 양도된 경우, 민법 제366조 소정의 법정지상권을 인정하는 법의 취지가 저당물의 경매로 인하여 토지와 그 지상 건물이 각 다른 사람의 소유에 속하게 된 경우에 건물이 철거되는 것과 같은 사회경제적 손실을 방지하려는 공익상 이유에 근거하는 점, 저당권자로서는 저당권설정 당시에 법정지상권의 부담을 예상하였을 것이고 또 저당권설정자는 저당권설정 당시의 담보가치가 저당권이 실행될 때에도 최소한 그대로 유지되어 있으면 될 것이므로 위와 같은 경우 법정지상권을 인정하더라도 저당권자 또는 저당권설정자에게는 불측의 손해가 생기지 않는 반면, 법정지상권을 인정하지 않는다면 건물을 양수한 제3자는 건물을 철거하여야 하는 손해를 입게 되는 점 등에 비추어 위와 같은 경우 건물을 양수한 제3자는 민법 제366조 소정의 법정지상권을 취득한다고 한다(대법원 1999. 11. 23. 선고 99다52602 판결).

3. 경매에 의한 건물 소유권의 취득과 법정지상권의 승계

저당권설정 당시 동일인의 소유에 속하고 있던 토지와 지상 건물이 경매로 인하여 소유자가 다르게 된 경우에 건물소유자는 건물의 소유를 위한 민법 제366조의 법정지상권을 취득하고, 건물 소유를 위하여 법정지상권을 취득한 사람으로부터 경매에 의하여 건물의 소유권을 이전받은 매수인은 매수 후 건물을 철거한다는 등의 매각조건하에서 경매되는 경우 등 특별한 사정이 없는 한 건물의 매수취득과 함께 위 지상권도 당연히 취득하는데, 이러한 법리는 사해행위의 수익자 또는 전득자가 건물의 소유자로서 법정지상권을 취득한 후 채무자와 수익자 사이에 행하여진 건물의 양도에 대한 채권자취소권의 행사에 따라 수익자와 전득자 명의의 소유권이전등기가 말소된 다음 경매절차에서 건물이 매각되는 경우에도 마찬가지로 적용된다고 한다(대법원 2014. 12. 24. 선고 2012다73158 판결).

4. 사안의 해결

사안에서 X토지와 Z건물은 모두 甲 소유였다가 2011. 1. 1. 乙에게 매매를 원인으로 Z건물에 관한 소유권이전등기가 마쳐짐으로서 소유자가 달라져서 乙이 X토지상에 X부분 건물의 소유를 위한 관습상 법정지상권을 취득한다. 한편, X토지에 관한 근저당권이 설정된 2008. 1. 1. 당시 X토지와 Z건물은 모두 甲의 소유였고 위 근저당권에 기한 경매절차에서 丙이 2015. 1. 1. X토지의 소유권을 취득함으로써 토지와 건물의 소유자가 달라졌다고 볼 수 있으므로 당시 Z건물의 소유자인 乙이 X부분의 건물 소유를 위하여 X토지에 관한 법정지상권을 취득한다. 乙은 X부분 건물 소유를 위하여 X토지에 관한 법정지상권을 취득하였고 丁은 2017. 1. 1. 강제경매절차에서 Z건물의 소유권을 취득함으로써 종된 권리인 법정지상권을 함께 취득하였다. 따라서 丙의 철거청구에 대한 丁의 항변은 이유 있다.

나. 乙의 철거청구에 대하여 丁은 Y토지에 관하여 관습상 법정지상권을 취득하였다고 주장한다. 丁의 주장의 당부를 논거를 들어 서술하시오.

1. 사해행위취소소송에 따른 원상회복과 법정지상권

채권자취소권의 효력은 채권자와 수익자 또는 전득자에 대한 관계에 있어서만 그 효력이 있고 그 외의 관계에서는 수익자가 소유자가 된다. 채권자취소권과 관습상 법정지상권의 관한 판례에 따르면 동일인의 소유에 속하고 있던 토지와 지상 건물이 매매 등으로 인하여 소유자가 다르게 된 경우에 건물을 철거한다는 특약이 없는 한 건물소유자는 건물의 소유를 위한 관습상 법정지상권을 취득한다. 그런데 민법 제406조의 채권자취소권의 행사로 인한 사해행위의 취소와 일탈재산의 원상회복은 채권자와 수익자 또는 전득자에 대한 관계에 있어서만 효력이 발생할 뿐이고 채무자가 직접 권리를 취득하는 것이 아니므로, 토지와 지상 건물이 함께 양도되었다가 채권자취소권의 행사에 따라 그중 건물에 관하여만 양도가 취소되고 수익자와 전득자 명의의 소유권이전등기가 말소되었다고 하더라도, 이는 관습상 법정지상권의 성립요건인 '동일인의 소유에 속하고 있던 토지와 지상 건물이 매매 등으로 인하여 소유자가 다르게 된 경우'에 해당한다고 할 수 없다(대법원 2014. 12. 24. 선고 2012다73158 판결).

2. 사안의 해결

사안에서 Z건물과 Y토지는 모두 乙의 소유였다가 丁이 2017. 1. 1. 경매절차에서 Z건물의 매각대금을 납부함으로써 토지와 건물의 소유자가 달라졌고 건물철거에 관한 특약이 있었다는 사정은 보이지 않으므로 丁은 Y부분 건물 소유를 위하여 Y토지에 관습상 법정지상권을 취득한다. 따라서 乙의 철거청구에 대한 丁의 항변은 이유 있다.

미등기건물을 위한 법정지상권 및 관습상 법정지상권의 성립 여부

甲은 자신의 소유인 X토지 지상에 Y건물을 신축하였으나 아직 자신의 명의로 등기를 마치지 않은 채 사용하고 있었다. 甲은 2014. 9. 21. X토지와 신축한 Y건물을 乙에게 매도하고 인도까지 하였으나, Y건물은 아직 소유권보존등기를 하지 못하여 X토지에 대해서만 소유권이전등기를 마쳐주었다. 乙은 2016. 9. 21. 丙 은행으로부터 1억 원을 차용하면서 X토지에 대하여 근저당권자 丙 은행, 채권최고액 1억 2,000만 원의 근저당권을 설정하였고, 이후 乙은 2016. 9. 24. 자신의 명의로 Y 건물에 대한 소유권보존등기를 마쳤다. 그 후 乙이 피담보채무를 변제하지 않자 丙 은행의 적법한 경매신청에 의하여 X토지에 대하여 개시된 경매절차에서 丁이 2018. 7. 26. 매각대금을 완납하고 그 소유권을 취득하였다. 丁은 乙을 상대로 Y건물의 철거 및 X토지의 인도를 구하는 소를 제기하였다. 이 청구는 인용될 수 있는가? (제6회 변호사시험 변형)

1. 쟁점

丁은 X토지를 2018. 7. 26. 매각대금을 완납하여 소유권을 취득한 다음(민집법 제268조, 제135조), 乙을 상대로 소유권에 기한 방해배제로서 Y건물의 철거 및 X토지의 인도를 구하고 있는데, 乙이 민법 제366조의 법정지상권 또는 관습상 법정지상권의 항변을 할 수 있는지가 문제된다.

2. 미등기건물을 위한 법정지상권 및 관습상 법정지상권의 성립 여부

미등기건물을 대지와 함께 매수하였으나 대지만을 등기한 경우 법정지상권의 성립에 관하여, 판례는 민법 제366조의 법정지상권은 저당권 설정 당시에 동일인의 소유에 속하는 토지와 건물이 저당권의 실행에 의한 경매로 인하여 각기 다른 사람의 소유에 속하게 된 경우에 건물의 소유를 위하여 인정되는 것이므로, 미등기건물을 그 대지와 함께 매수한 사람이 그 대지에 관하여만 소유권이전등기를 넘겨받고 건물에 대하여는 그 등기를 이전받지 못하고 있다가, 대지에 대하여 저당권을 설정하고 그 저당권의 실행으로 대지가 경매되어 다른 사람의 소유로 된 경우에는, 그 저당권의 설정 당시에 이미 대지와 건물이 각각 다른 사람의 소유에 속하고 있었으므로 법정지상권이 성립될 여지가 없다고 한다. 또한 관습상 법정지상권은 동일인의 소유이던 토지와 그 지상건물이 매매 기타 원인으로 인하여 각각 소유자를 달리하게 되었으나 그 건물을 철거한다는 등의 특약이 없으면 건물 소유자로 하여금 토지를 계속 사용하게 하려는 것이 당사자의 의사라고 보아 인정되는 것이므로 토지의 점유·사용에 관하여 당사자 사이에 약정이 있는 것으로 볼 수 있거나 토지 소유자가 건물의 처분권까지 함께 취득한 경우에는 관습상 법정지상권을 인정할 까닭이 없다 할 것이어서, 미등기건물을 그 대지와 함께 매도하였다면 비록 매수인에게 그 대지에 관하여만 소유권이전등기가 경료되고 건물에 관하여는 등기가 경료되지 아니하여 형식적으로 대지와 건물이 그 소유 명의자를 달리하게 되었다 하더라도 매도인에게 관습상 법정지상권을 인정할 이유가 없다고 한다(대법원 2002. 6. 20. 선고 2002다9660 전원합의체 판결).

3. 사안의 해결

사안에서 乙은 X토지와 Y건물을 함께 매수하였으나 Y건물의 소유권보존등기가 되어 있지 아니하여 X토지에 대하여만 소유권이전등기를 마쳤다. 丁이 X토지에 관한 근저당권 실행을 위한 경매절차에서 그 소유권을 취득하였는바, 저당권 설정 당시 이미 X토지와 Y건물이 각각 다른 사람의 소유에 속하고 있었으므로 Y건물의 소유를 위한 법정지상권이 성립할 수 없다. 한편 乙은 X토지와 Y토지를 모두 매수하였으므로 형식적으로 X토지와 Y건물의 소유 명의자가 달라졌다고 하더라도 관습상 법정지상권도 성립할 수 없다. 따라서 丁의 乙에 대한 건물철거 및 토지인도 청구는 인용될 것이다.

부동산의 제3취득자가 보증인 또는 물상보증인에 대하여 변제자대위를 할 수 있는지 여부

A은행은 1997. 10. 20. B주식회사(이하 'B 회사'라고 한다)에 다가구주택 건축자금으로 6억 원을 대출하면서, 이행기를 '주택이 완공되어 분양이 완료된 때'로 정하였다. B회사는 위 대출금 채무를 담보하기 위하여 C에게 연대보증채무를 부담해줄 것을 부탁하였고, 이에 C는 같은 날 A은행에 대하여 연대보증채무를 부담하기로 약정하였다. 그러나 A은행이 담보가 부족하다고 하여 B회사는 D에게 부탁하여 D 소유의 Y토지(시가 3억 원 상당)와 B회사 소유의 위 X토지(시가 6억 원 상당)에 대하여 A은행 명의의 근저당권을 설정해 주었다. B회사는 계획대로 다가구주택을 건축하여 1998. 10. 20. 9세대 전부 분양을 완료하였고, A은행은 이 사실을 1999. 2. 15. 알게 되었다. B회사는 2000. 6. 15. X토지를 E에게 매도하고 같은 해 2000. 8. 15. 소유권이전등기를 마쳐주었다. B회사로부터 대출원리금 채무를 변제받지 못한 A은행이 X토지에 대하여 경매를 신청하려 하자, 2000. 10. 15. E가 B회사의 대출원리금 채무를 모두 변제하였다. 2001. 2. 15. E는 C에 대하여 보증채무 이 행청구의 소를 제기하고, D를 상대로 근저당권에 기한 경매신청을 하였다. E의 C와 D에 대한 청구 및 신청은 각 인용될 수 있는가? (2018년 6월 변호사시험 모의시험)

I. 쟁점

B의 채무를 대위변제한 제3취득자인 E가 보증인인 C와 물상보증인인 D에 대하여 변제자대위에 기한 구상권을 행사할 수 있느냐가 문제된다.

2. 제3취득자가 보증인에 대하여 변제자대위를 할 수 있는지 여부

제3취득자는 보증인에 대하여 채권자를 대위하지 못한다(민법 제482조 제2항 제2호). 이는 제3취득자는 등기부상 담보권의 부담이 있음을 알고 권리를 취득한 자로서 그 담보권의 실행으로 인하여 예기치 못한 손해를 입을 염려가 없고, 또한 저당부동산에 대하여 소유권, 지상권 또는 전세권을 취득한 제3자는 저당권자에게 그 부동산으로 담보된 채권을 변제하고 저당권의 소멸을 청구할 수 있으며(민법 제364조), 저당물의 제3취득자가 그 부동산의 보존, 개량을 위하여 필요비 또는 유익비를 지출한 때에는 저당물의 경매대가에서 우선상환을 받을 수 있도록(민법 제367조) 하는 등 그 이익을 보호하는 규정도 마련되어 있으므로, 변제자대위와 관련해서는 제3취득자보다는 보증인을 보호할 필요가 있기 때문이나(대법원 2013. 2. 15. 선고 2012다48855 판결 참조).

3. 제3취득자가 물상보증인에 대하여 변제자대위를 할 수 있는지 여부

우리 민법에는 물상보증인과 제3취득자 사이의 관계에 대한 명시적인 규정이 없다. 그러나 민법 제370조, 제341조에서 물상보증인이 채무를 변제하거나 담보권의 실행으로 소유권을 잃은 때에는 '보증채무'에 관한 규정에 의하여 채무자에 대한 구상권을 가진다고 명시한 점, 민법 제482조 제2항 제5호에 따르면 물상보증인과 보증인 상호 간에는 그 인원수에 비례하여 채권자를 대위하게 되어 있을 뿐 이들 사이의 우열은 인정하고 있지 아니한 점 등을 고려하면, 채무자로부터 담보부동산을 취득한 제3자는 채무를 변제하거나 담보권의 실행으로 소유권을 잃더라도 물상보증인에 대하여 채권자를 대위할 수 없다고 봄이 타당하다(대법원 2014. 12. 18. 선고

2011다50233 전원합의체 판결 참조).

4. 사안의 해결

제3취득자 E가 채무자 B회사의 채무를 대위변제함으로써 변제자대위의 요건을 갖추었다고 하더라도 위 법리에 따라 보증인 C에 대해서는 구상할 수 없다. 따라서 E의 C에 대한 보증채무 이행청구의 소는 인용될 수 없다. 제3취득자 E가 채무자 B회사의 채무를 대위변제함으로써 변제자대위의 요건을 갖추었다고 하더라도 위 법리에 따라 물상보증인 D에 대해서도 구상할 수 없다. 따라서 E의 D에 대한 적법한 담보권이 있음을 전제로 하는 E의 근저당권에 기한 경매신청은 인용될 수 없다. 결국 E의 C에 대한 보증채무 이행의 소와 D에 대한 근저당권에 기한 경매신청 모두 인용될 수 없다.

기존 건물을 철거한 후 새로운 건물을 지은 경우 법정지상권의 성립 / 지상권소멸청구

甲은 A로부터 X토지 및 그 위의 Y1 건물을 매수하여 각각에 대하여 자기 명의로 소유권이전등기를 마쳤다. 甲은 2014. 6. 1. B로부터 2억 원을 차용하면서 이를 담보하기 위하여 같은 날 B에게 X토지에 근저당권설정등기를 마쳐주었다. 이후 甲은 Y1 건물을 철거하고 Y2 건물을 신축하였으며 2015. 4. 1. 소유권보존등기를 마쳤다. (Y1 건물과 Y2 건물의 규모는 차이가 없으며 甲은 Y1 건물을 소유하였을 때와 마찬가지로 X토지 전부를 건물부지로 사용하고 있었다). 그런데 B가 2015. 8. 1. X토지에 대한 담보권 실행을 위한 경매를 신청하였고, 이 경매절차에서 X토지를 매수한 乙은 2016. 2. 1. 매각대금 전액을 납부하였다. 그리고 X토지에 관하여 2016. 2. 5. 乙 명의의 소유권이전등기가 마쳐졌다. 乙은 이후 甲에게 Y2 건물의 철거 및 X토지의 인도를 요구하였으나 甲이 법정지상권을 주장하면서 거절하였다. 이후 지료에 관한 협의가 결렬되자, 乙은 甲을 상대로 2016. 4. 1. 지료의 지급을 구하는 소를 제기하였다. 법원은 甲은 乙에게 2016. 2. 1.부터 매월 2백만 원의 지료를 지급하라는 판결을 선고하였고, 이 판결은 그대로 확정되었다. 그러나 甲은 乙에게 지료를 전혀 지급하지 아니하였나. 이후 乙은 2017. 4. 3 X토지를 丙에게 매도하고 다음 날 소유권이전등기를 마쳐주었다. 丙은 2018. 6. 1. 甲에 대하여 2016. 2. 1.부터 2년분이 넘는 지료의 미지급을 이유로 지상권이 소멸되었음을 주장하면서 Y2 건물의 철거 및 X토지의 인도를 구하는 소를 제기하였다. 丙 의 청구

는 인용될 수 있는가? (2018년 10월 변호사시험 모의시험)

1. 쟁점

사안에서 Y2 건물의 소유를 위한 법정지상권이 인정되는지 여부와 법정지상권 성립 후 지료에 관한 협의 또는 지료결정판결이 없음에도 지료미지급을 이유로 토지 소유자가 지상권소멸청구를 할 수 있는지 여부가 문제된다.

2. 기존 건물을 철거한 후 새로운 건물을 지은 경우 법정지상권이 인정되는지 여부

민법 제366조에 따른 법정지상권이 인정되기 위해서는 저당권 설정 당시 건물이 존재하고, 저당권 설정 당시 토지와 건물이 동일인 소유여야 하며, 저당권의 실행에 따른 경매 절차로 인해 토지와 건물의 소유자가 달라져야 한다. 저당권 설정 당시 존재한 건물을 철거한 후 새로운 건물을 신축한 경우 법정지상권이 인정되는지 여부에 관하여 판례는 저당권 설정 당시 건물이 존재한 이상 그 이후 건물을 개축, 증축하는 경우는 물론이고 건물이 멸실되거나 철거된 후 재축, 신축하는 경우에도 법정지상권이 성립하며, 이 경우의 법정지상권의 내용인 존속기간, 범위 등은 구 건물을 기준으로 하여 그 이용에 일반적으로 필요한 범위 내로 제한된다고 한다(대법원 1991. 4. 26. 선고 90다19985 판결).

3. 지상권소멸청구권의 의미

민법 제287조가 토지소유자에게 지상권소멸청구권을 부여하고 있는 이유는 지상권은 성질상 그 존속기간 동안은 당연히 존속하는 것을 원칙으로 하는 것이나, 지상권자가 2년 이상의 지료를 연체하는 때에는 토지소유자로 하여금 지상권의 소멸을 청구할 수 있도록 함으로써 토지소유자의 이익을 보호하려는 취지에서 나온 것이므로, 지상권자가 그 권리의 목적이 된 토지의 특정한 소유자에 대하여 2년분 이상의 지료를 지불하지 아니한 경우에 그 특정의 소유자로 하여금 선택에 따라 지상권의 소멸을 청구할 수 있도록 한 것이라고 해석함이 상당하다(대법원 2001. 3. 13. 선고 99다17142 판결).

4. 지상권자가 2년 이상의 지료를 연체하는 때의 의미

법정지상권의 경우 당사자 사이에 지료에 관한 협의가 있었다거나 법원에 의하여 지료가 결정되었다는 아무런 증명이 없다면 법정지상권자가 지료를 지급하지 않았다고 하더라도 지료 지급을 지체한 것으로는 볼 수 없으므로 토지소유자는 법정지상권자가 2년 이상의 지료를 지급하지 않았음을 이유로 지상권소멸청구를 할 수 없다(대법원 1994. 12. 2. 선고 93다52297 판결, 대법원 1996. 4. 26. 선고 95다52864 판결 등). 지료액 또는 그 지급시기 등 지료에 관한 약정은 이를 등기하여야만 제3자에게 대항할 수 있고, 법원에 의한 지료의 결정은 당사자의 지료결정청구에 의하여 형식적 형성소송인 지료결정 판결로 이루어져야 제3자에게도 그 효력이 미친다(대법원 2001. 3. 13. 선고 99다17142 판결).

4. 사안의 해결

사안에서 B가 X토지에 관하여 근저당권을 설정할 당시 X토지 위에는 Y1 건물이 존재했고, 모두 동일인인 甲 소유였다. 이후 甲이 Y1 건물을 철거한 후 Y2 건물을 신축했지만, Y1 건물과 Y2 건물의 규모는 차이가 없으며, 甲은 Y1 건물을 소유하였을 때와 마찬가지로 X토지 전부를 건물부지로 사용하고 있었으므로, 이후 X토지에 대한 저당권 실행을 위한 경매절차에서 X토지가 乙에게 매각됨으로써, Y2 건물의 소유를 위한 법정지상권이 성립한다. 한편, 丙이 X토지의 소유권을 취득한 시점은 2017. 4. 3.이고 지상권소멸청구권의 행사시점은 2018. 6. 1.이므로 丙과 甲 사이에 지료에 관한 합의가 있었다거나 법원에 의한 지료의 결정이 있었다는 사실만으로는 丙이 지상권소멸청구권을 행사할 수 없다. 丙이 지상권소멸청구권을 행사하려면 X토지의 전 소유자인 乙과 지상권자인 甲 사이에 지료에 관한 합의가 있었다거나 법원의 지료결정이 있었고, 그것이 丙에게도 효력이 미친다는 사실과 甲이 2년 이상의 지료를 연체한 사실에 관한 주장, 증명을 하여야 하는데, 이러한 사실에 관한 주장, 증명이 없으므로 지료 미지급에 의한 지상권 소멸을 사유로 한 丙의 건물철거 및 토지 인도 청구는 인용될 수 없다.

공동저당의 목적인 물상보증인 소유의 부동산이 먼저 경매된 경우 물상보증인의 변제자대위 / 공동근저당권을 설정한 채권자가 채무자 소유 부동산에 대한 담보권을 포기한 경우 물상보증인의 면책

甲은 2019. 7. 18. 乙로부터 X부동산을 매수하고 2019. 7. 28. 소유권이전등기를 마침으로써 그 소유권을 취득한 이래 X부동산을 점유하고 있다. 甲과 乙의 위 매매계약 당시 X부동산에는 아래와 같이 戊의 공동저당권이 설정되어 있었다.

- 피담보채권: 戊의 乙에 대한 5억 원의 채권.
- 乙 소유 X부동산(시가 4억 원, 변동 없음)에 대하여 2019. 3. 3. 戊 명의의 1순위 공동저당권 설정
- C 소유 Y부동산(시가 6억 원, 변동 없음)에 대하여 2019. 3. 3. 戊 명의의 1순위 공동저당권 설정.
- 공동저당의 취지가 모두 등기됨.

또한 2019. 4. 1. 乙의 채권자 D가 X부동산에 2순위 저당권을 취득하였고(피담보채권액 1억 원), 2019. 6. 3. C의 채권자 E가 Y부동산에 2순위 저당권을 취득하였다(피남보채권엑 4억 원).

2019. 8. 2. 戊는 X부동산에 대한 1순위 공동저당권을 포기하였고 같은 날 위 공동저당권의 말소등기가 마쳐졌다. 乙이 甲에게 X부동산을 이전하기 전에 Y부동산이 경매절차에서 6억 원에 매각되었다면, Y부동산의 매각대금은

누구에게 어떻게 배분되는가? (이자 및 지연손해금 등 기타 일체의 부수채무와 경매비용 등은 고려하지 말 것) (2018년 10월 변호사시험 모의시험 변형)

1. 쟁점

공동저당권의 목적물 중 일부는 채무자 소유이고 일부는 물상보증인 소유일 경우 매각대금의 배당방법 및 공동저당권자가 채무자 소유의 부동산에 대한 공동저당권을 포기한 경우 물상보증인의 면책 범위가 문제된다.

2. 공동저당의 목적인 물상보증인 소유의 부동산이 먼저 경매된 경우의 물상보증인의 변제자대위

공동저당의 목적인 물상보증인 소유의 부동산에 후순위저당권이 설정되어 있는 경우에 물상보증인 소유의 부동산이 먼저 경매되어 그 매각대금에서 선순위공동저당권자가 변제를 받은 때에는, 특별한 사정이 없는 한 물상보증인은 채무자에 대하여 구상권을 취득함과 동시에 변제자대위에 관한 민법 제481조, 제482조의 규정에 의하여 채무자 소유의 부동산에 대한 선순위공동저당권자의 저당권을 대위취득하고, 물상보증인 소유의 부동산에 대한 후순위저당권자는 물상보증인이 대위취득한 채무자 소유의 부동산에 대한 선순위공동저당권자의 저당권에 대하여 물상대위를 할 수 있다(대법원 1994. 5. 10. 선고 93다25417 판결, 대법원 2009. 5. 28. 자 2008마109 결정 등).

3. 공동근저당권을 설정한 채권자가 채무자 소유 부동산에 대해 담보를 포기한 경우 물상보증인의 면책

물상보증인의 변제자대위에 대한 기대권은 민법 제485조에 의하여 보호되어, 채권자가 고의나 과실로 담보를 상실하게 하거나 감소하게 한 때에는, 특별한 사정이 없는 한 물상보증인은 그 상실 또는 감소로 인하여 상환을 받을 수 없는 한도에서 면책주장을 할 수 있다. 채권자가 담보를 포기하거나 순위를 불리하게 변경하는 것은 담보의 상실 또는 감소행위에 해당한다. 따라서 채무자 소유 부동산과 물상보증인 소유 부동산에 공동 근저당권을 설정한 채권자가 공동담보 중 채무자 소유 부동산에 대한 담보 일부를 포기하거나 순위를 불리하게 변경하여 담보를 상실하게 하거나 감소하게 한 경우, 물상보증인은 그로 인하여 상환받을 수 없는 한도에서 책임을 면한다. 그리고 이 경우 공동근저당권자는 나머지 공동담보 목적 물인 물상보증인 소유 부동산에 관한 경매절차에서 물상보증인이 위와 같이 담보 상실 내지 감소로 인한 면책을 주장할 수 있는 한도에서는 물상보증인 소유 부동산의 후순위 근저당권자에 우선하여 배당받을 수 없다(대법원 2018. 7. 11 선고 2017다292756 판결).

4. 사안의 해결

사안에서 甲과 乙의 위 2019. 7. 18. 매매계약 당시 X부동산에는 戊의 채무자인 乙 소유 X부동산과 물상보증인 C 소유 부동산에 공동저당권이 설정되어 있었다. 戊가 2019. 8. 2. X부동산에 대한 1순위 공동저당권을 포기하였고 같은 날 위 공동저당권의 말소등기가 마쳐졌는바, 이는 공동근저당권을 설정한 채권자 戊가 공동담보 중 채무자 乙 소유 부동산에 대한 담보 일부를 포기하거나 순위를 불리하게 변경하여 담보를 상실하게 하거나 감소하게 한 경우에 해당하므로 물상보증인 C는 그로 인하여 상환받을 수 없는 한도(4억 원)에서 책임을 면한다. 그리고 이 경우 공동저당권자 戊는 물상보증인 C 소유 Y 부동산에 관한 경매절차에서 C가 위와 같이 담보 상실 내지 감소로 인한 면책을 주장할 수 있는 한도에서는, Y 부동산의 후순위 저당권자 E에 우선하여 배당받을 수 없다. 따라서 Y 부동산의 매각대금 6억 원은, 1순위 저당권자 戊에게 피담보채권액 5억 원에서 C가 책임을 면한 4억 원을 공제한 나머지 1억 원을 배당하고, 2순위 저당권자인 E에게 피담보채권액 4억 원을 배당하며, 나머지 1억 원은 C에게 배당하여야 한다.

부합물의 소유권 귀속 /
담보지상권설정과 토지소유자의 사용수익권 /
담보지상권과 토지에 대한 사용수익

甲 은행은 2017. 2. 9. 乙과 乙 소유의 X토지에 채무자 乙, 채권최고액 1억 3,000만 원, 근저당권자 甲 은행으로 한 근저당권설정계약을 체결하여 甲 은행 앞으로 근저당권설정등기를 마쳤고, 이어서 乙과 乙 소유의 X토지에 지료 없이 존속기간 2017. 2. 9.부터 만 10년으로 한 지상권설정계약을 체결하여 甲 은행 명의의 지상권설정등기를 마쳤다. 甲 은행은 2017. 2. 10. 乙에게 이율 연 5%, 변제기 2020. 2. 10.로 정하여 1억 원을 대출하였다. (2019년 6월 변호사시험 모의시험)

가. 丙은 2018. 2. 15. 乙과 X토지에 대한 사용대차계약을 체결한 후 X토지에 사과나무를 식재하였다. 甲 은행은 乙이 대출금에 대한 이자를 연체하자, 담보권 실행을 위한 경매를 신청하였고, 丁은 2019. 6. 5. 경매절차에서 최고가매수인으로 X토지에 대한 매각대금을 완납하였다. 사과나무의 소유권 귀속에 관하여 설명하시오.

1. 부동산에 부합한 물건의 소유권의 귀속

민법 제256조는 "부동산의 소유자는 그 부동산에 부합한 물건의 소유권을 취득한다. 그러나 타인의 권원에 의하여 부속된 것은 그러하지 아니하다."라고 규정하고 있다. 위 조항 단서에서 말하는 '권원'이라 함은 지상권, 전세권, 임차권 등과 같이 타인의 부동산에 자기의 동산을 부속시켜서 부동산을 이용할 수 있는 권리를 뜻하므로, 그와 같은 권원이 없는 자가 타인의 토지 위에 나무를 심었다면 특별한 사정이 없는 한 토지소유자에 대하여 나무의 소유권을 주장할 수 없다(대법원 1989. 7. 11. 선고 88다카9067 판결 등). 지상권자는 타인의 토지에 건물 기타 공작물이나 수목을 소유하기 위하여 그 토지를 사용하는 권리가 있으므로(민법 제279조), 한편, 지상권설정등기가 마쳐지면 토지의 사용·수익권은 지상권자에게 있고, 지상권을 설정한 토지소유자는 지상권이 존속하는 한 그 토지를 사용·수익할 수 없다. 따라서 지상권을 설정한 토지소유자로부터 그 토지를 이용할 수 있는 권리를 취득하였다고 하더라도 지상권이 존속하는 한 이와 같은 권리는 원칙적으로 민법 제256조 단서가 정한 '권원'에 해당하지 아니한다.

2. 담보지상권의 설정과 토지소유자의 사용수익권

금융기관이 대출금 채권의 담보를 위하여 토지에 저당권과 함께 지료 없는 지상권을 설정하면서 채무자 등의 사용·수익권을 배제하지 않은 경우, 그 지상권은 저당권이 실행될 때까지 제3자가 용익권을 취득하거나 목적 토지의 담보가치를 하락시키는 침해행위를 하는 것을 배제함으로써 저당 부동산의 담보가치를 확보하는 데에 그 목적이 있으므로(대법원 2008. 1. 17. 선고 2006다586 판결), 토지소유자는 저당 부동산의 담보가치를 하락시킬 우려가 있는 등의 특별한 사정이 없는 한 그 토지를 사용·수익할 수 있다고 보아야 한다. 따라서 그러한 토지소유자로부터 그 토지를 사용·수익할 수 있는 권리를 취득하였다면 이러한 권리는 민법 제256조 단서가 정한 '권원'에 해당한다고 볼 수 있다.

3. 저당권의 효력 범위

민법 제358조는 "저당권의 효력은 저당부동산에 부합된 물건과 종물에 미친다. 그러나 법률에 특별한 규정 또는 설정행위에 다른 약정이 있으면 그러하지 아니한다."고 규정하고 있다. 저당부동산에 부합된 물건에는 저당권의 효력이 미치지만, 타인의 권원에 의하여 부속된 것에는 저당목적물의 소유권이 미치지 않기 때문에 저당권의 효력도 미치지 않는다.

4. 사안의 해결

사안에서 甲 은행이 X부동산에 저당권과 함께 지상권을 설정한 것은 甲 은행이 토지를 사용수익하기 위함이 아니라, 저당권의 목적인 토지의 교환가치 보전을 위한 것으로서 토지소유자 乙의 사용수익권이 전면 배제되었다고 볼 수 없다. 丙이 乙과의 사용대차계약을 통해 X토지의 사용수익권을 얻어 사과나무를 식재한 것은 민법 제256조 단서에 규정하고 있는 '권원'에 의하여 X토지에 부속한 것에 해당되므로 사과나무는 X토지에 부합되었다고 할 수 없고, 사과나무는 여전히 丙의 소유이다. 따라서 甲 은행의 저당권의 효력이 사과나무에는 미치지 않으므로 그 저당권에 기초한 임의경매가 개시되어 丁이 X토지를 매수하였다 하더라도 사과나무의 소유권이 丁에게 귀속한다고 볼 수 없다.

나. 乙은 甲 은행에 대한 대출금 이자를 연체하지 않고 있다. 한편 戊가 무단으로 X토지에 창고를 설치하여 자신의 물건을 보관하고 있다. 甲 은행은 戊를 상대로 지료 상당의 부당이득을 청구하였다. 甲 은행의 청구에 관한 법원의 판단(각하, 기각, 전부 인용, 일부 인용)을 근거와 함께 서술하시오.

1. 쟁점

X토지에 무단으로 창고를 설치하고 이를 이용하고 있는 戊의 행위로 말미암아 담보지상권자인 甲 은행에게 손해가 발생하였는지가 문제된다.

2. 담보지상권과 목적토지의 사용수익

금융기관이 대출금 채무의 담보를 위하여 채무자 또는 물상보증인 소유의 토지에 저당권을 취득함과 아울러 그 토지에 지료를 지급하지 아니하는 지상권을 취득하면서 채무자 등으로 하여금 그 토지를 계속하여 점유, 사용토록 하는 경우, 특별한 사정이 없는 한 당해 지상권은 저당권이 실행될 때까지 제3자가 용익권을 취득하거나 목적 토지의 담보가치를 하락시키는 침해행위를 하는 것을 배제함으로써 저당 부동산의 담보가치를 확보하는 데에 그 목적이 있다고 할 것이고, 그 경우 지상권의 목적 토지를 점유, 사용함으로써 임료 상당의 이익이나 기타 소득을 얻을 수 있었다고 보기 어려우므로, 그 목적 토지의 소유자 또는 제3자가 저당권 및 지상권의 목적 토지를 점유, 사용한다는 사정만으로는 금융기관에게 어떠한 손해가 발생하였다고 볼 수 없다(대법원 2008. 1. 17. 선고 2006다586 판결).

3. 사안의 해결

사안에서 甲 은행이 乙의 토지에 지상권을 설정한 목적은 그 사용수익을 위해서라기보다 담보가치보전을 위한 것이므로, 戊의 X토지에 대한 무단점유 행위에 의해서 甲 은행이 손해를 입었나거니, 본래 거둘 수 있던 지료 상당의 수익을 얻지 못하였다고 볼 수 없다. 법원은 甲의 戊에 대한 부당이득반환청구에 대하여 기각 판결을 하게 될 것이다.

공동저당권이 설정된 토지·건물 중 건물을 철거하고 새로운 건물을 신축한 경우 법정지상권의 성립 여부 / 공동저당목적물 중 물상보증인 소유 부동산이 먼저 경매된 경우 후순위저당권자의 지위 / 공동저당권자가 제3자가 신청한 경매에 소극적으로 참가하여 우선배당을 받은 경우 피담보채무의 확정 여부

甲은 자신의 X토지 위에 Y주택을 소유하고 있다가 乙로부터 2억 원을 차용하면서 2016. 3. 10. X토지와 Y주택에 乙명의의 공동저당권을 설정해주었다. 그 후 甲은 2017. 2.경 Y주택을 헐고 그 위치에 Z건물을 신축하기 시작하여 같은 해 10.경 완공하였다. 그런데 甲이 乙에 대한 채무를 변제하지 않아 乙이 2018. 1. 20. X토지에 대해서만 경매를 신청하였고 그 경매절차에서 丙이 매수하고 매각대금을 완납하였다. 丙은 甲을 상대로 Z건물의 철거소송을 제기하였고, 甲은 법정지상권의 취득을 근거로 항변하였다. (2019년 6월 변호사시험 모의시험)

가. 丙의 청구에 관한 법원의 판단(각하, 기각, 전부 인용, 일부 인용)을 근거와 함께 서술하시오.

1. 쟁점

공동저당권이 설정된 토지와 건물 중 건물을 철거하고 새 건물을 지은 경우 법정지상권이 성립되는지가 문제된다.

2. 공동저당권과 법정지상권

동일인의 소유에 속하는 토지 및 그 지상 건물에 관하여 공동저당권이 설정된 후 그 지상 건물이 철거되고 새로 건물이 신축된 경우에는 그 신축 건물의 소유자가 토지의 소유자와 동일하고 토지의 저당권자에게 신축건물에 관하여 토지의 저당권과 동일한 순위의 공동저당권을 설정해 주는 등 특별한 사정이 없는 한 저당물의 경매로 인하여 토지와 그 신축건물이 다른 소유자에 속하게 되더라도 그 신축건물을 위한 법정지상권은 성립하지 않는다고 해석하여야 하는바, 그 이유는 동일인의 소유에 속하는 토지 및 그 지상 건물에 관하여 공동저당권이 설정된 경우에는, 처음부터 지상 건물로 인하여 토지의 이용이 제한 받는 것을 용인하고 토지에 대하여만 저당권을 설정하여 법정지상권의 가치만큼 감소된 토지의 교환가치를 담보로 취득한 경우와는 달리, 공동저당권자는 토지 및 건물 각각의 교환가치 전부를 담보로 취득한 것으로서, 저당권의 목적이 된 건물이 그대로 존속하는 이상은 건물을 위한 법정지상권이 성립해도 그로 인하여 토지의 교환가치에서 제외된 법정지상권의 가액 상당 가치는 법정지상권이 성립하는 건물의 교환가치에서 되찾을 수 있어 궁극적으로 토지에 관하여 아무런 제한이 없는 나대지로서의 교환가치 전체를 실현시킬 수 있다고 기대하지만, 건물이 철거된 후 신축된 건물에 토지와 동순위의 공동저당권이 설정되지 아니 하였는데도 그 신축건물을 위한 법정지상권이 성립한다고 해석하게 되면, 공동저당권자가 법정지상권이 성립하는 신축건물의 교환가치를 취득할 수 없게 되는 결과 법정지상권의 가액 상당 가치를 되찾을 길이 막혀 위와 같이 당초 나대지로서의 토지의 교환가치 전체를 기대하여 담보를 취득한 공동저당권자에게 불측의 손해를 입게 하기 때문이다(대법원 2003.

12. 18. 선고 98다43601 전원합의체 판결).

3. 사안의 해결

사안에서 乙은 X토지와 Y건물에 관하여 공동저당권을 설정받으면서 X토지와 Y건물 전부의 교환가치를 담보로 취득하였다고 봄이 상당하고, 이와 달리 Z건물을 위한 법정지상권이 성립된다고 보면 乙로서는 그 법정지상권 가액 상당 가치를 되찾을 수 없어 불측의 손해를 입을 우려가 있다. 따라서 甲이 신축한 Z건물을 위한 법정지상권이 성립하지 않으므로 甲의 법정지상권 항변은 이유 없다.

나. 甲과 丙의 화해로 甲이 Z건물을 X토지 위에 유지할 수 있게 되었다. 丙은 丁은행으로부터 3억 원을 차용하면서, 2018. 2. 1. 丙 소유의 X토지와 甲에게 부탁하여 甲 소유 Z건물에 관하여 丁은행 명의의 공동저당권이 설정되었다. 그 후 甲은 A로부터 1억 5,000만 원을 차용하면서 Z건물에 관하여 2018. 3. 10. A 명의의 제2순위 근저당권을 설정해 주었다. 丁은행은 丙이 채무를 변제하지 않음을 이유로 Z건물에 대한 경매를 신청하였고 경매절차가 진행되어 매각대금으로부터 2018. 5. 2. 丙의 위 채무가 전액 변제되었다. 이에 A가 甲 소유의 부동산에 대한 후순위저당권자로서 甲에게 이전된 근저당권으로부터 우선하여 변제받을 수 있다고 주장하며 丁 은행을 상대로 근저당권설정등기의 이전을 구하였다. 이 경우 丙이 甲에 대한 대여금채권(변제기 2018. 4. 19.)을 자동채권으로 하여 甲의 구상금채권과 상계할 수 있는지를 근거와 함께 서술하시오.

1. 쟁점

공동저당의 목적물인 물상보증인 소유의 부동산에 후순위저당권이 설정되어 있는데 그 부동산이 먼저 경매가 되어 선순위저당권자인 丁은행이 먼저 변제를 받은 경우, 물상보증인 소유 부동산의 후순위저당권자가 물상보증인이 대위취득한 채무자 소유 부동산에 대한 선순위공동저당권자 丁의 저당권에 대하여 물상대위를 할 수 있는지 여부, 이 경우 채무자가 물상보증인에 대한 반대채권으로 물상보증인의 구상금 채권과 상계함으로써 물상보증인 소유의 부동산에 대한 후순위저당권자에게 대항할 수 있는지 여부가 문제된다.

2. 후순위저당권자의 물상대위와 상계

공동저당에 제공된 채무자 소유의 부동산과 물상보증인 소유의 부동산 가운데 물상보증인 소유의 부동산이 먼저 경매되어 매각대금에서 선순위공동저당권자가 변제를 받은 때에는 물상보증인은 채무자에 대하여 구상권을 취득함과 동시에 변제자대위에 의하여 채무자 소유의 부동산에 대한 선순위공동저당권을 대위취득한다. 물상보증인 소유의 부동산에 대한 후순위저당권자는 물상보증인이 대위취득한 채무자 소유의 부동산에 대한 선순위공동저당권에 대하여 물상대위를 할 수 있다. 이 경우에 채무자는 물상보증인에 대한 반대채권이 있더라도 특별한 사정이 없는 한 물상보증인의 구상금 채권과 상계함으로써 물상보증인 소유의 부동산에 대한 후순위저당권자에게 대항할 수 없다. 채무자는 선순위공동저당권자가 물상보증인 소유의 부동산에 대해 먼저 경매를 신청한 경우에 비로소 상계할 것을 기대할 수 있는데, 이처럼 우연한 사정에 의하여 좌우되는 상계에 대한 기대가 물상보증인 소유의 부동산에 대한 후순위저당권자가 가지는 법적 지위에 우선할 수 없다(대법원 2017. 4. 26. 선고 2014다221777, 221784 판결).

3. 사안의 해결

사안은 물상보증인 甲 소유의 Z건물이 주채무자 丙이 제공한 담보인 X토지보다 먼저 경매가 된 경우에 해당한다. 甲은 丙에 대하여 구상권을 취득함과 동시에 변제자대위에 관한 민법 제481조, 제482조에 따라 丙 소유의 X토지에 대한 丁은행의 저당권을 대위취득하고, 甲 소유의 Z건물에 대한 후순위저당권자인 A 역시는 甲이 대위취득한 丙 소유의 X토지에 대한 선순위공동저당권자 丁은행의 저당권에 대하여 물상대위를 할 수 있다. 이 경우 주채무자 丙의 甲에 대한 상계권 행사는, 丁은행이 물상보증인 甲 소유의 Z건물에 대해 먼저 경매를 신청하였다는 우연한 사정에 기초한 것이므로 Z건물의 후순위저당권자인 A가 가지는 법적 지위에 우선할 수 없다. 따라서 丙은 甲에 대한 반대채권이 있더라도, 특별한 사정이 없는 한 甲의 구상금 채권과 상계함으로써 甲 소유의 Z건물에 대한 후순위저당권자 A에게 대항할 수 없다.

다. 甲이 A의 피담보채무에 대한 이자를 연체하자, A는 2018. 7. 10. Z건물에 대하여 경매를 신청하였고, 丁은행이 2018. 9. 2. 배당에 참가하여 Z건물로부터 피담보채권액 3억 원을 우선 배당받았다. 그 후 B가 2018. 10. 6. X토지에 대하여 경매를 신청하여 2018. 12. 15. 매각대금이 완납되었다. 배당기일에 丁은행은 채권최고액의 범위 내에서 2018. 10. 26. 甲에게 1억 원을 추가로 대출하였으므로 X토지로부터의 우선변제권을 주장하였고, B는 丁은행이 Z건물의 배당에 참가하였으므로 X토지에 대해서도 그 당시 이미 피담보채권이 확정되었다고 주장하였다. B의 주장에 대한 법원의 판단을 근거와 함께 기술하시오.

1. 제3자가 신청한 경매에 소극적으로 참가하여 우선배당을 받은 경우 피담보채무 확정 여부

공동근저당권자가 목적 부동산 중 일부 부동산에 대하여 제3자가 신청한 경매절차에 소극적으로 참가하여 우선배당을 받은 경우, 해당 부동산에 관한 근저당권의 피담보채권은 그 근저당권이 소멸하는 시기, 즉 매수인이 매각대금을 지급한 때에 확정되지만, 나머지 목적 부동산에 관한 근저당권의 피담보채권은 기본거래가 종료하거나 채무자나 물상보증인에 대하여 파산이 선고되는 등의 다른 확정사유가 발생하지 아니하는 한 확

정되지 아니한다. 공동근저당권자가 제3자가 신청한 경매절차에 소극적으로 참가하여 우선배당을 받았다는 사정만으로는 당연히 채권자와 채무자 사이의 기본거래가 종료된다고 볼 수 없고, 기본거래가 계속되는 동안에는 공동근저당권자가 나머지 목적 부동산에 관한 근저당권의 담보가치를 최대한 활용할 수 있도록 피담보채권의 증감·교체를 허용할 필요가 있으며, 위와 같이 우선배당을 받은 금액은 나머지 목적 부동산에 대한 경매절차에서 다시 공동근저당권자로서 우선변제권을 행사할 수 없어 이후에 피담보채권액이 증가하더라도 나머지 목적 부동산에 관한 공동근저당권자의 우선변제권 범위는 우선배당액을 공제한 채권최고액으로 제한되므로 후순위 근저당권자나 기타 채권자들이 예측하지 못한 손해를 입게 된다고 볼 수 없기 때문이다(대법원 2017. 9. 21. 선고 2015다50637 판결).

2. 사안의 해결

丁은행은 제3자인 A가 신청한 Z건물에 관한 경매절차에 참가하여 우선변제를 받았을 뿐이므로 Z건물에 대한 피담보채권액은 내낙대금이 지급된 때 확정되는 반면, X토지에 대한 근저당권은 공동저당권의 채권최고액에서 Z건물 강제경매에서 배당받은 3억을 제한 금액을 채권최고액으로 하는 범위에서 여전히 남아있고 그 이후 추가 대출금 등에 대해서도 유효하므로 丁은행은 나머지 부분에 대하여 우선변제권을 가진다. 따라서 B의 주장은 이유 없다.

제3자가 신청한 경매에 소극적으로 참가하여 우선배당을 받은 공동근저당권자의 지위 / 근저당권자와 근저당권 일부를 대위하는 물상보증인 사이의 우열

A농협은 2015. 12. 23. 甲에게 3억 5,000만 원을 대출하면서, 甲, 乙과 사이에 甲소유의 X토지와 乙소유의 Y토지에 관하여, 근저당권자를 A농협으로, 채무자를 甲으로, 채권최고액을 4억 9,000만 원으로 각 정하고 甲이 A농협에 대하여 현재 및 장래에 부담하게 될 여신거래, 신용카드거래 등 모든 채무를 포괄하여 담보하는 내용의 근저당권 설정계약을 체결하였고, 같은 날 X토지 및 Y토지에 관하여 위 토지들을 공동담보로 하여 A농협 명의의 근저당권설정등기가 경료되었다. 한편 甲은 2017. 1. 23. 丙에 대한 자신의 채무의 변제를 담보하기 위하여 丙에게 X토지를 소유권이전등기청구권가등기 형식으로 담보로 제공하고 丙 명의로 가등기를 마쳐주었다. Y토지에 관하여 A농협보다 후순위 근저당권자인 丁이 2016. 8. 18. 담보권실행을 위한 경매를 신청함에 따라 진행된 경매절차에서, A농협은 2017. 3. 26. 위 근저당권에 기하여 甲에 대한 2015. 12. 23.자 대출원리금 합계 3억 7,000만 원을 전액 우선 배당받았다. A농협이 근저당권의 피담보채무를 전액 변제받음에 따라 Y토지에 관하여는 근저당권설정등기가 말소되었으나, 경매목적물이 아니었던 X토지에 관하여는 근저당권설정등기가 말소되지 않았다. A농협은 위 근저당권을 담보로 2017. 10. 31. 甲에게 추가로 8,000만 원을 대출하였고 그 후 甲과의 여신거래 관계는 종료되었다. X토지에 대하여 경매가 이루어진 경우 A농협, 乙, 丙이 어떠한 순서로 배당받을 수 있는지 설명하시오.

3. 부동산에 대한 집행 207

(2020년 8월 변호사시험 모의시험 변형)

1. 쟁점

사안에서 공동담보에 대한 물상보증인 乙이 A농협을 일부 대위하게 되었는바, 근저당권자 A농협과 근저당권을 일부 대위하는 물상보증인 乙 및 담보가등기권자 丙 사이의 배당의 우열이 문제된다.

2. 제3자가 신청한 경매에 소극적으로 참가하여 우선배당을 받은 공동근저당권자의 지위

공동근저당권자가 목적 부동산 중 일부 부동산에 대하여 제3자가 신청한 경매절차에 소극적으로 참가하여 우선배당을 받은 경우, 해당 부동산에 관한 근저당권의 피담보채권은 그 근저당권이 소멸하는 시기, 즉 매수인이 매각대금을 지급한 때에 확정되지만, 나머지 목적 부동산에 관한 근저당권의 피담보채권은 기본거래가 종료하거나 채무자나 물상보증인에 대하여 파산이 선고되는 등의 다른 확정사유가 발생하시 아니하는 한 확정되지 아니한다. 위와 같이 우선배당을 받은 금액은 나머지 목적 부동산에 대한 경매절차에서 다시 공동근저당권자로서 우선변제권을 행사할 수 없어 이후에 피담보채권액이 증가하더라도 나머지 목적 부동산에 관한 공동근저당권자의 우선변제권 범위는 우선배당액을 공제한 채권최고액으로 제한된다(대법원 2017. 9. 21. 선고 2015다50637 판결).

3. 근저당권자와 근저당권 일부를 대위하는 물상보증인 사이의 우열

변제할 정당한 이익이 있는 자가 채무자를 위하여 채권의 일부를 대위변제일 경우에 대위변제자는 변제한 가액의 범위 내에서 종래 채권자가 가지고 있던 채권 및 담보에 관한 권리를 취득하게 되고 따라서 채권자가 부동산에 대하여 저당권을 가지고 있는 경우에는 채권자는 대위변제자에게 일부대위변제에 따른 저당권의 일부이전의 부기등기를 경료해 주어야 할 의무가 있으나, 이 경우에도 채권자는 일부 대위변제자에 대하여 우선 변제권을 가지고 있다(대법원 1988. 9. 27. 선고 88다카1797 판결).

4. 사안의 해결

사안에서 A농협이 Y토지에 관한 경매절차에서 공동근저당권자로서 3억 7,000만 원을 우선 배당받았지만, A농협의 X토지에 대한 근저당권은 소멸하지 않고 채권최고액이 1억 2,000만 원으로 감축되어 존속하므로(4억 9,000만 원-3억 7,000만 원), A농협이 2017. 10. 31. 甲에게 추가로 대출한 8,000만 원은 그 피담보채권액에 포함된다. Y토지의 매각대금으로 3억 7,000만 원을 변제한 물상보증인 乙은 대위변제자로서 그 범위에서 A농협의 근저당권을 취득하지만, A농협이 변제받지 못한 8,000만 원[2]에 대해서는 A농협이 乙에 우선한다. 한편 丙은 X토지의 후순위 담보권자인바, 경매절차에서 담보가등기권자로 채권신고를 한 경우에[3] A농협과 A농협의 근저당권을 대위하는 乙보다 후순위로 배당을 받을 수 있다. 따라서 X토지에 대한 경매절차에서는 A농협이 8,000만 원의 범위에서 우선 배당받은 다음, 乙이 3억 7,000만 원의 범위에서 배당받은 후에 丙이 배당받는다.

---

2) A농협이 추가로 대출한 8,000만 원의 이자 및 지연손해금 관련 부분이 제시되어 있지 않아서 甲의 잔존 채무액은 원금 8,000만 원이라고 전제한다.

3) 담보가등기권자의 경우 경매절차에서 채권신고를 하여야 한다(가담법 제16조 제1항, 제2항).

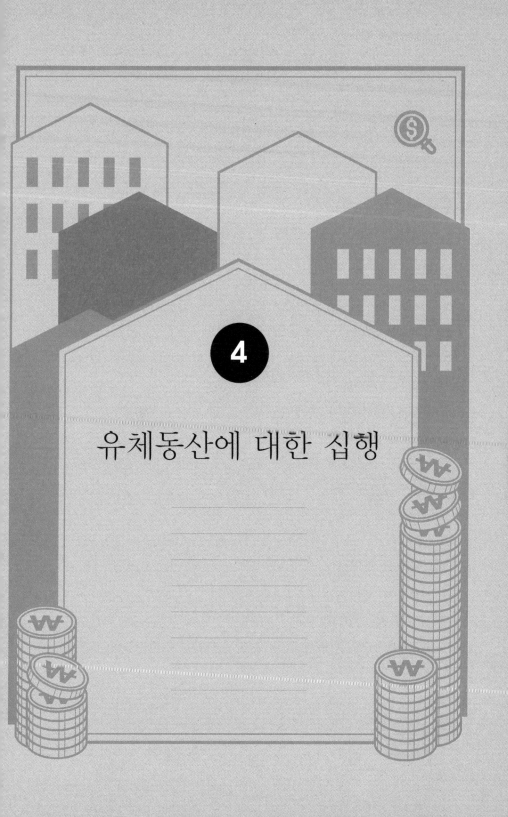

4

유체동산에 대한 집행

제3자 소유 동산을 경매한 경우 법률관계

甲은 2018. 5. 1. 자신의 X 기계를 乙에게 소유권유보부매매로 하여 乙이 경영하는 공장에 위 X 기계를 설치해 주었다. 그런데 乙이 위 X 기계에 대한 대금을 지급하기로 한 약속을 지키지 못하자, 甲은 乙에 대하여 2018. 9. 10. 위 매매계약을 해제하였다. 그런데 위 X 기계가 설치된 乙 소유의 공장대지 및 건물에 대하여 丙이 저당권을 취득하고, 丙의 저당권 실행을 위한 경매절차에서 위 공장대지 및 건물과 더불어 「공장 및 광업재단 저당법」에 따라 저당목적물로 경매목록에 기재되어 있던 위 X 기계를 丁이 매수하였다. 이에 대하여 甲이 丁을 상대로 위 X 기계에 대한 소유권 확인의 소를 제기하였고, 丙을 상대로 자신의 기계가 경매되었다고 주장하며 별소로 X 기계의 매각대금 상당액인 1억 원의 부당이득반환 청구의 소를 제기하였다. (2017년 8월 변호사시험 모의시험 변형)

※ 「공장 및 광업재단 저당법」에 의하면, 공장의 소유자가 공장에 속하는 토지에 설정한 저당권의 효력은 건물을 제외한 그 토지에 부가되어 이와 일체를 이루는 물건과 그 토지에 설치된 기계, 기구 기타의 공장의 공용물에 미친다.

甲의 丙, 丁에 대한 청구에 관하여 그 이유를 들어 당부(當否)를 판단하시오(부합은 고려하지 말 것).

1. 쟁점

　사안에서 甲 소유의 X 기계가 乙 소유의 공장대지 및 건물과 함께 저당
권실행을 위한 경매절차에서 丁에게 매각되어 인도되었는바, 甲 소유인 X
기계가 공장 및 광업재단 저당법에 따라 저당권의 목적이 되는 물건목록
에 기재된 경우 저당권의 효력이 미치는지 여부, 丁이 X 기계를 선의취득
할 수 있는지, 이 경우 경매절차에서 배당금을 받은 채권자 丙에 대하여
부당이득반환을 구할 수 있는지 등이 쟁점이 된다.

2. 제3자 소유의 동산이 공장 및 광업재단 저당법에 따른 물건목록에 기
재된 경우

　공장 및 광업재단 저당법 제3조, 제4조에 의하여 저당권의 목적이 되는
것으로 물건목록에 기재되어 있는 동산이라고 하더라도 그것이 저당권설정
자가 아닌 제3자의 소유인 경우에는 위 저당권의 효력이 미칠 수 없고, 그 목
록에 기재되어 있는 동산이 점유개정의 방법에 의하여 이미 양도담보에 제
공되어 있는 것인 경우에도 그 동산은 제3자인 저당권자와의 관계에 있어서
는 양도담보권자의 소유에 속하므로 마찬가지로 공장 및 광업재단저당법에
의한 저당권의 효력이 미칠 수 없다(대법원 2003. 9. 26. 선고 2003다29036 판결).

3. 채무자 이외의 자의 소유에 속하는 동산을 경매한 경우의 법률관계

　채무자 이외의 자의 소유에 속하는 동산을 경매한 경우, 경매절차에서
그 동산을 매수하여 매각대금을 납부하고 이를 인도받은 매수인은 특별한
사정이 없는 한 그 소유권을 선의취득한다(대법원 1997. 6. 27. 선고 96다51332
판결). 이 경우, 그 동산의 매득금은 채무자의 것이 아니어서 채권자가 이
를 배당받았다고 하더라도 그 채권은 소멸하지 않고 계속 존속하므로 배
당을 받은 채권자는 이로 인하여 법률상 원인 없는 이득을 얻고, 소유자
는 경매에 의하여 그 소유권을 상실하는 손해를 입게 되었으므로, 그 동산
의 소유자는 배당을 받은 채권자에 대하여 부당이득으로서 배당받은 금원

의 반환을 청구할 수 있다. 이는 제3자 소유의 기계·기구가 그의 동의 없이 공장 및 광업재단 저당법 제3조, 제4조의 규정에 따라 저당권의 목적이 되어 물건목록에 기재되는 바람에 공장에 속하는 토지 또는 건물과 함께 일괄매각 되고 채권자가 그 기계·기구의 매각대금을 배당받은 경우에도 매수인이 그 기계·기구의 소유권을 선의취득 하였다면 마찬가지이다(대법원 1998. 3. 27. 선고 97다32680 판결, 대법원 1998. 6. 12. 선고 98다6800 판결).

4. 사안의 해결

가. 甲의 丁에 대한 소유권확인청구

사안에서 X 기계는 甲의 소유로서 저당권의 효력이 미치지는 않지만, 丁이 저당권 실행을 위한 경매절차에서 매각대금을 납부하고 이를 인도받음으로써 선의취득 하였고, 이로써 甲은 X 기계의 소유권을 상실하게 되었으므로 甲의 丁에 대한 X 기계 소유권확인청구는 기각될 것이다.

나. 甲의 丙에 대한 부당이득반환청구

사안에서 甲은 X 기계의 소유권을 상실하는 손해를 입게 되었고, 丙은 乙에 대하여 X 기계의 대금 상당의 채권을 그대로 가지고 있음에도 배당을 받음으로써 그 배당금 상당을 부당이득 하였으므로 甲에게 이를 반환할 의무가 있다. 따라서 甲의 丙에 대한 부당이득반환청구는 인용될 것이다.

압류에 의한 소멸시효중단시기 /
유체동산에 대한 압류집행을 하지 않은 경우
소멸시효중단 여부

중고차매매업을 하는 甲과 乙은 영업장 확보를 위하여 2015. 1. 6. 丙의 보증 아래 A은행으로부터 3억 원을 연이율 7%, 변제기 1년으로 하여 차용하였고, 甲은 A은행에 집행력 있는 공정증서의 형식으로 차용증을 따로 작성해 주었다. 한편, 甲과 乙은 변제기인 2016. 1. 5.까지의 이자는 모두 지급하였으나 그 이후로 아무런 변제를 못하고 있다. A은행이 2021. 7. 1. 甲을 상대로 위 대출금의 지급을 구하는 소를 제기하자, 甲은 이 소송에서 위 대출금 채무의 소멸시효가 완성되었다고 주장한다. 이에 A은행은 2021. 1. 4. 위 공정증서에 기하여 甲 소유의 유체동산에 대한 압류를 신청하여 2021. 1. 8. 그 결정을 받았으므로 시효가 중단되었다고 주장한다. 이에 甲은 다시 ① 위 압류결정이 이미 시효가 완성된 후에 이루어졌고, 또한 ② 압류결정에 기한 집행이 이루어지지 않았으므로, 시효가 중단되지 않았다고 주장한다. A은행은 위 압류결정을 받은 후 甲에게 가치 있는 유체동산이 없다는 판단 하에 집행절차를 밟지는 않았다. 甲의 위 ①, ② 주장은 타당한가?

1. 압류에 의한 소멸시효중단시기

가압류의 경우 민소법 제265조의 규정을 유추적용하여 가압류를 신청한 때 시효중단의 효력이 발생한다(대법원 2017. 4. 7. 선고 2016다35451 판결). 압류의 경우에도 마찬가지로 보아야 한다.

2. 유체동산에 대한 압류와 시효중단

유체동산에 대한 가압류결정을 집행한 경우 가압류에 의한 시효중단 효력은 가압류 집행보전의 효력이 존속하는 동안 계속되지만, 유체동산에 대한 가압류 집행절차에 착수하지 않은 경우에는 시효중단 효력이 없다. 다만, 그 집행절차를 개시하였으나 가압류할 동산이 없기 때문에 집행불능이 된 경우에는 집행절차가 종료된 때로부터 시효가 새로이 진행된다(대법원 2011. 5. 13. 선고 2011다10044 판결).

3. 사안의 해결

사안에서 A은행의 대출금채권의 소멸시효기간은 상법 제64조에 따라 5년인바, A은행은 시효완성 전인 2021. 1. 4. 압류를 신청하였으므로, 압류 결정이 시효완성 후에 이루어졌다고 하더라도 압류 신청일을 기준으로 시효중단의 효과가 발생한다. 따라서 甲의 ① 주장은 이유 없다. 그런데 A은행이 압류 결정을 받은 후 甲에게 가치 있는 유체동산이 없다는 판단 하에 집행절차에 나아가지 않았으므로 시효중단의 효력이 없게 된다. 甲의 ② 주장은 이유 있다.

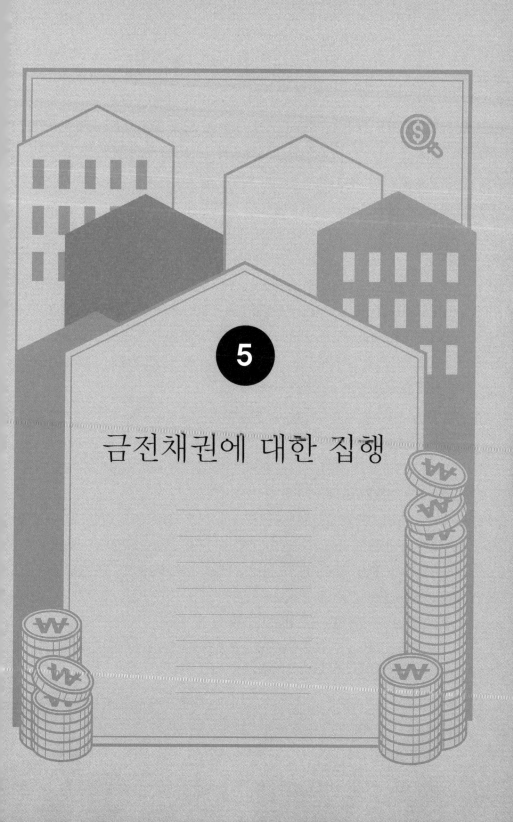

5

금전채권에 대한 집행

압류명령에 대한 즉시항고 사유 / 집행증서의 기초가 된 법률행위에 무효사유가 있는 경우 채권압류 및 전부명령의 효력 / 채권양수인과 압류채권자의 우열 / 압류명령과 상계

甲은 2021. 1. 1. 乙로부터 X부동산을 대금 2억 원에 매수하면서 계약금 2,000만 원은 계약당일 지급하였고 잔대금은 2021. 3. 31. 지급하기로 약정하였다. 乙의 채권자인 丙이 2021. 1. 15. 집행증서에 기초하여 乙의 甲에 대한 위 매매잔대금채권 중 5,000만 원 부분을 압류채권으로 하여 채권압류 및 전부명령을 신청함으로써 같은 날 채권압류 및 전부명령이 발령되었고, 그 채권압류 및 전부명령이 2021. 1. 20. 甲과 乙에게 송달되었다. 乙은 2021. 1. 20. 丁에게 위 매매잔대금채권 중 1억 5,000만 원을 양도하고, 甲에게 내용증명우편으로 위 채권양도의 통지를 하였는데, 내용증명우편이 2021. 1. 25. 甲에게 송달되었다. 한편, 乙의 채권자인 戊가 2021. 1. 20. 확정판결에 기초하여 乙의 甲에 대한 위 매매잔대금채권 전액에 대하여 채권압류 및 추심명령을 신청함으로써 같은 날 채권압류 및 추심명령이 발령되었고, 그 채권압류 및 추심명령은 2021. 1. 25. 甲에게 송달되었다. (각 문항은 관련이 없음)

가. 甲은 2021. 1. 26. 丙의 채권압류 및 전부명령에 대하여 즉시항고를 제기하면서, 즉시항고사유로서 ① 丙의 집행증서는 무권대리인인 A에 의하여 촉탁되어 작성된 것으로서 乙에 대하여 효력이 없다, ② 甲과 乙 사이의 매매계약이 2021. 1. 25. 甲과 乙의 합의에 의하여 해제되었으므로 乙의 甲에 대한 매매잔대금채권은 소멸되었다, ③ 전부명령이 확정되기 전에 戊가 매매

잔대금채권 전액을 압류함으로써 압류의 경합이 발생하였으므로 丙의 전부명령은 효력이 없다고 주장하였다. 甲의 위 각 주장은 타당한가?

1. 압류명령에 대한 즉시항고사유

채권압류명령은 집행채무자가 제3채무자에 대하여 가지는 채권을 압류하여 이에 대한 처분 및 영수금지, 지급금지를 명하는 집행법원의 재판이고(민집법 제227조 제1항), 전부명령은 압류된 금전채권을 집행채권의 변제에 갈음하여 압류채권자에게 이전시키는 집행법원의 재판으로서(민집법 제229조 제3항), 집행채무자, 제3채무자 등은 채권압류 및 전부명령에 대하여 즉시항고로써 다툴 수 있다(민집법 제227조 제4항, 제229조 제6항). 채권압류 및 전부명령에 대한 즉시항고사유는 집행법원이 스스로 판단할 수 있는 형식적 절차상 하자에 관한 사항이어야 하는바, 압류명령에 대한 불복사유는 집행요건 및 집행개시요건의 불비, 집행장애사유의 존재, 압류채권의 불특정 등이고, 전부명령에 대한 불복사유는 압류명령 자체의 위법사유 이외에 압류의 경합, 권면액의 흠결 등이 되며, 집행채권의 존부, 이전, 소멸과 피압류(피전부)채권의 부존재, 소멸 등은 압류명령 및 전부명령에 대한 즉시항고사유가 될 수 없다.

2. 사안의 해결

사안에서 제3채무자인 甲이 주장하는 각 사유가 즉시항고사유가 될 수 있는지, 또 즉시항고사유로서 타당한지가 쟁점인바, 아래와 같이 甲의 주장은 모두 타당하지 않다.

① 집행권원인 집행증서가 무권대리인의 촉탁에 의하여 작성된 것으로 무효라는 수상

집행증서는 민집법 제56조 제4호에 규정되는 집행권원의 하나인데, 공증인이 일정한 금액 등의 지급을 목적으로 청구에 관하여 작성한 것으로서, 채무자의 집행수락의 의사표시가 기재되어 있어야 한다. 채무자의 집행수락의 의사표시는 소송행위이므로 민법상의 표현대리에 관한 규정이 적용될 여지가 없으므로 무권대리인의 촉탁에 의하여 작성된 집행증서는 효력이 없다. 판례에 따르면 채무명의인 집행증서가 무권대리인의 촉탁에 의하여 작성되어 당연무효라고 할지라도 그러한 사유는 형식적 하자이기는 하지만, 집행증서의 기재 자체에 의하여 용이하게 조사, 판단할 수 없는 것이므로 청구이의의 소에 의하여 그 집행을 배제할 수 있을 뿐 적법한 항고사유는 될 수 없다(대법원 1998. 8. 31. 자 98마1535,1536 결정).

② 압류(피전부)채권이 소멸되었다는 주장

채권압류 및 전부명령의 송달 후 채무자와 제3채무자는 기존의 법률관계를 해제할 수 있다. 그러나 채무자의 제3채무자에 대한 채권, 즉 압류(피전부)채권의 존재는 채권압류 및 전부명령의 요건이 아니고, 압류(피전부)채권이 존재하지 않는 경우에는 전부명령이 확정되더라도 집행채권에 대한 변제의 효력이 없으므로 채권압류 및 전부명령에 대한 불복사유로 되지 않는다.

③ 압류채권의 경합에 관한 주장

민집법 제229조 제5항은 전부명령이 제3채무자에게 송달될 때까지 압류채권에 대하여 압류의 경합이 있는 경우에 전부명령은 효력을 갖지 않는다고 규정하고 있는바, 피전부채권의 압류경합은 전부명령에 대한 즉시항고사유가 된다. 그 압류경합 여부는 전부명령의 효력발생시를 기준으로 하여야 한다.

사안에서 甲의 주장은 전부명령 확정시를 기준으로 압류의 경합을 주장하고 있으므로 타당하지 않고, 丙의 채권압류 및 전부명령의 도달 시에 압류채권에 대한 압류의 경합이 없으므로, 甲의 전부명령의 효력에 대한 주장은 이유 없다.

〈추가된 사실〉

丙의 전부명령은 2021. 3. 31.경 확정되었다. 그 뒤 丁은 2021. 4. 5. 甲을 상대로 양수금청구의 소를 제기하였고, 戊는 2021. 5. 1. 甲을 상대로 추심금청구의 소를 제기하였다.

나. 丁은 甲에 대하여 양수금 1억 5,000만 원의 지급을 청구하면서, 丙의 채권압류 및 전부명령이 丁의 확정일자 있는 채권양도보다 앞서 甲에게 도달되기는 하였으나, 丙의 집행증서는 乙이 丙에 대하여 부담하는 채무가 없음에도 불구하고 작성된 것으로서 무효이고 그에 기한 채권압류 및 전부명령역시 효력이 없으므로 甲은 丙의 채권압류 및 전부명령과 상관없이 丁에게 양수금 전액을 지급하여야 한다고 주장한다. 丁의 주장은 타당한가? 법원이丁의 양수금청구에 관하여 인용할 금액은 얼마인가?

1. 집행증서의 기초가 된 법률행위에 무효사유가 있는 경우 전부명령의 효력

공정증서를 집행권원으로 하는 금전채권에 대한 강제집행절차에서, 비록 그 공정증서에 표시된 청구권의 기초가 되는 법률행위에 무효사유가 있다고 하더라도 그 강제집행절차가 청구이의의 소 등을 통하여 적법하게 취소·정지되지 아니한 채 계속 진행되어 채권압류 및 전부명령이 적법하게 확정되었다면, 그 강제집행절차가 반사회적 법률행위의 수단으로 이용되었다는 등의 특별한 사정이 없는 한, 단지 이러한 법률행위의 무효사유를 내세워 확정된 전부명령에 따라 전부채권자에게 피전부채권이 이전되는 효력 자체를 부정할 수는 없다. 다만, 위와 같이 전부명령이 확정된 후그 집행권원인 집행증서의 기초가 된 법률행위 중 전부 또는 일부에 무효사유가 있는 것으로 판명된 경우에는 그 무효 부분에 관하여는 집행채권자가 부당이득을 한 셈이 된다.

2. 채권양수인과 압류채권자의 우열

채권이 이중으로 양도된 경우의 양수인 상호간의 우열은 통지 또는 승낙에 붙여진 확정일자의 선후에 의하여 결정할 것이 아니라, 채권양도에 대한 채무자의 인식, 즉 확정일자 있는 양도통지가 채무자에게 도달한 일시 또는 확정일자 있는 승낙의 일시의 선후에 의하여 결정된다. 이것은 채권양수인과 동일 채권에 대하여 가압류명령 또는 압류명령을 집행한 자 사이의 우열을 결정하는 경우에 있어서도 마찬가지인바, 확정일자 있는 채권양도 통지와 압류결정의 제3채무자에 대한 도달의 선후에 의하여 그 우열이 결정된다.

3. 사안의 해결

사안에서 丁의 주장과 같이 丙의 집행증서의 기초가 된 법률행위에 무효사유가 있다고 하더라도 전부명령이 무효로 되는 것은 아니므로 丁의 위 주장은 이유 없다. 또, 丙의 채권압류 및 전부명령이 丁의 확정일자 있는 채권양도보다 먼저 제3채무자인 甲에게 도달되었으므로 丙의 전부명령이 우선한다. 乙의 甲에 대한 매매잔매금 채권액 1억 8,000만 원 중 丙에게 전부된 부분 5,000만 원을 빼면, 丁의 양수금청구 중 인용될 수 있는 부분은 1억 3,000만 원이다.

다. 甲은 戊의 추심금 청구소송에서 乙에 대하여 5,000만 원의 물품대금채권이 있고 그 변제기가 2021. 2. 28.이므로 이를 자동채권으로 하여 乙의 甲에 대한 매매잔대금채권과 대등액에서 상계한다고 항변하고, 戊는 甲의 위 상계권행사는 지급을 금지하는 명령을 받은 이후에 취득한 채권에 의한 것으로서 丙과 戊에게 대항할 수 없을 뿐만 아니라, 甲이 상계권을 행사한다고 하더라도 압류명령이 먼저 도달한 丙의 압류채권액 부분에 대하여 행사되어야 하므로 甲의 상계항변은 이유 없다고 반박하였다. 戊의 주장은 타당한가? 甲이 주장하는 물품대금채권의 존재가 인정된다면, 법원이 戊의 추심금청구에 관하여 인용할 금액은 얼마인가?

1. 戊의 주장의 타당 여부

민법 제498조는 지급을 금지하는 명령을 받은 제3채무자는 그 후에 취득한 채권에 의한 상계로 그 명령을 신청한 채권자에게 대항하지 못한다고 규정하고 있는바, 대법원판례에 따르면, 채권압류명령을 받은 제3채무자가 집행채무자에 대한 반대채권을 가지고 있는 경우에 상계로써 집행채권자에게 대항하기 위하여는, 압류의 효력 발생 당시에 양 채권이 상계적상에 있거나, 그 당시 반대채권(자동채권)의 변제기가 도래하지 아니한 경우에는 그것이 압류채권(수동채권)의 변제기와 동시에 또는 그보다 먼저 도래하여야 한다.

한편, 가분적인 금전채권의 일부에 대한 전부명령이 확정되면 전부명령이 제3채무자에 송달된 때에 소급하여 전부된 채권 부분과 전부되지 않은 채권 부분에 대하여 각기 독립한 분할채권이 성립된다. 제3채무자로서는 전부채권자 혹은 압류채무자 중 어느 누구도 상계의 상대방으로 지정하여 상계하거나 상계로 대항할 수 있다.

사안에서 甲의 자동채권의 변제기는 2021. 2. 28., 수동채권인 압류채권의 변제기는 2021. 3. 31.로서, 채권압류 및 추심명령의 송달 시 상계적상에 있지 않았으나 자동채권의 변제기가 수동채권의 변제기보다 먼저 도래하는바, 甲의 물품대금채권이 추심명령 송달 후 취득한 것이 아닌 한, 상계를 할 수 있다. 또한 丙의 채권압류 및 전부명령이 확정되었으므로 압류채권 중 전부된 부분과 전부되지 않는 부분은 각기 분할채권으로 성립되는바, 제3채무자인 甲은 전부채권자 또는 압류채무자 중 어느 누구를 상대방으로 하여도 상계를 할 수 있으므로 戊의 주장은 타당하지 않다.

2. 戊의 추심금청구에서 인용될 부분

사안에서 戊의 추심금청구 중 인용될 부분은 압류채권 1억 8,000만 원 중 丙에 의하여 전부된 부분 5,000만 원과 상계되어 소멸된 부분 5,000만 원을 빼면 8,000만 원이다.

압류채권에 양도금지특약이 있는 경우 채권압류 및 전부명령의 효력 / 압류의 경합과 전부명령의 효력 / 집행권원에 실체법적 하자가 있는 경우 전부명령의 효력

乙은 2019. 1. 1. 甲으로부터 7,000만 원을 차용하면서 이자는 월 3%, 변제 기는 2019. 12. 31.로 정하였는데, 乙이 위 차용금을 변제하지 못하자, 甲은 乙을 상대로 지급명령을 신청하여 2020. 5. 1. "乙은 甲에게 금 7,000만 원 및 이에 대한 2019. 1. 1.부터 다 갚는 날까지 월 3%의 비율에 의한 금원 및 독촉절차비용을 지급하라."는 지급명령을 받았고 그 무렵 위 지급명령이 확 정되었다. 乙이 2020. 6. 1. 사망하자, 甲은 2020. 6. 15. 위 확정된 지급명령 에 관하여 乙의 상속인들인 乙-1(처), 乙-2(자), 乙-3(녀)을 승계인으로 하는 승계집행문을 부여받고, 2020. 6. 20. 집행권원을 甲의 乙에 대한 위 확정된 지급명령으로, 청구채권액을 1억 원으로 하여 乙-1의 丙에 대한 임차보증금 반환채권 1억 5,000만 원 중 1억 원에 대하여 채권압류 및 전부명령을 받았 으며, 위 채권압류 및 전부명령은 2020. 6. 30. 丙에게 송달되었고 그 무렵 확정되었다. 乙-1은 위 임대차의 기간이 만료되는 2020. 12. 31. 임차목적물 을 丙에게 인도하였다. 甲이 2021. 1. 1. 丙을 상대로 "피고는 원고에게 1억 원 및 이에 대한 소장송달 다음날부터 다 갚는 날까지 연 12%의 비율로 계 산한 돈을 지급하라."는 전부금청구의 소를 제기하였고, 그 소장이 2021. 1. 31. 丙에게 송달되었다. 丙은, ① 위 임차보증금반환채권에 대하여는 양도금 지의 특약을 하였는데, 甲이 이를 알면서 채권압류 및 전부명령을 받았으므 로 그 효력이 없고, ② 丁의 신청에 의하여 2020. 3. 5. 위 임차보증금반환채권 1억 5,000만 원 중 7,000만 원에 대하여 채권가압류명령이 내려져 2020. 3. 12. 乙-1과 丙에게 각 송달되었고, 乙-1이 2020. 7. 15. 위 임차보증금반환채권 중 8,000만 원을 戊에게 양도하고 丙에게 내용증명우편에 의하여 채권양도통지를 함으로서 위 전부명령은 압류채권에 대한 압류가 경합하여 무효이며, ③ 甲과 乙 사이의 위 금전대여계약은 이자제한법을 위반하여 효력이 없으므로(위 금전대여계약 당시 이자제한법상의 최고이율은 연 24%였다) 甲의 위 지급명령에 기한 채권압류 및 전부명령 역시 효력이 없으며, ④ 그렇지 않다고 하더라도 乙이 그동안 연체한 차임 1,600만 원은 공제되어야 한다고 다투는 내용의 답변서를 제출하였다. 丙이 주장하는 각 사실이 모두 인정된다고 할 때 위 각 주장(항변)은 타당한가? (각 주장의 순서대로 판단하시오) 甲이 위 전부금 청구소송에서 승소할 수 있는 금액은 얼마인가? (원금 부분만)

1. 쟁점

전부명령은 압류된 금전채권을 집행채권의 변제에 갈음하여 권면액으로 압류채권자에게 이전시키는 집행법원의 실성인바(민집법 제229조 제1항), 전부채권자의 전부금청구에 대하여 제3채무자로서는 전부명령의 무효사유(집행요건, 집행개시요건, 집행장애사유, 압류금지채권에 대한 압류, 압류경합, 권면액의 흠결 등)를 주장할 수 있고, 피전부채권과 관련하여 집행채무자에게 가지고 있던 항변사유로서 대항할 수 있다. 아래 각 사유들이 그러한 사유에 해당되는지 본다.

2. 양도금지특약이 있는 경우 채권압류 및 전부명령의 효력

판례에 의하면, 당사자 사이에 양도금지의 특약이 있는 채권이라도 압류 및 전부명령에 따라 이전될 수 있고, 양도금지의 특약이 있는 사실에 관하여 압류채권자가 선의인가 악의인가는 전부명령의 효력에 영향이 없다(대법원 2002. 8. 27. 선고 2001다71699 판결).

사안에서 피전부채권에 관하여 양도금지특약이 있음을 전제로 한 丙의 주장은 타당하지 않다.

3. 압류경합

민집법 제229조 제5항은 전부명령이 제3채무자에게 송달될 때까지 압류채권에 대하여 압류의 경합이 있는 경우에 전부명령은 효력을 갖지 않는다고 규정하고 있다.

사안에서 우선 乙-1의 丙에 대한 임차보증금반환채권 중 甲의 전부명령의 효력이 미치는 범위에 대하여 보면, 승계집행문은 상속분에 관한 기재가 누락되어도 상속분에 따라 분할된 채무액에 한하여 그 효력이 있다. 乙-1에 대한 승계집행문의 효력범위는 집행채권 중 그의 상속분에 상응하는 3,000만 원(7,000만 원 x 3/7) 및 이에 대한 2019. 1. 1.부터 다 갚는 날까지 월 3% 비율에 의한 금원이다. 따라서 甲의 전부명령은 3,000만 원 및 이에 대한 2019. 1. 1.부터 전부명령의 송달시인 2020. 6. 30.까지 월 3% 비율로 계산한 4,620만 원(3000만 원 + 3000만 원 x 0.03 x 18월)에 한하여 효력이 있다. 甲의 전부명령의 도달 시 乙-1의 丙에 대한 임차보증금반환채권액 1억 5,000만 원 중 전부명령에 선행하는 가압류 7,000만 원이 있을 뿐인데, 甲의 압류 및 전부명령은 4,620만 원에 대하여만 효력이 있으므로 압류경합의 상태는 아니다(戊에 대한 채권양도는 전부명령 도달 이후에 있었으므로 압류경합을 판단할 때 고려할 필요가 없다). 따라서 이에 관한 丙의 주장도 타당하지 않다.

4. 집행권원에 실체법적 하자가 있는 경우 전부명령의 효력

지급명령은 기판력이 없으므로 확정된 지급명령이라도 그 기초가 된 채권의 발생장애사유를 청구이의사유로서 주장할 수 있다. 그러한 집행권원상의 집행채권의 부존재, 소멸사유 등은 전부명령의 효력에 영향을 미치지 않는다(대법원 2007. 8. 23. 선고 2005다43081,43098 판결 등).

사안에서 제3채무자 丙은 甲의 乙-1에 대한 집행채권에 이자제한법을 위반한 일부 무효사유가 있다고 하더라도 전부명령의 효력에는 영향이 없다. 따라서 이에 관한 丙의 항변도 타당하지 않다.

5. 피전부채권인 임대차보증금반환채권의 범위

임차보증금반환채권을 피전부채권으로 한 전부명령이 확정된 경우, 제3채무자에게 송달한 때에 소급하여 그 효력이 발생하지만, 임차보증금반환채권은 임대인의 채권이 발생하는 것을 해제조건으로 하여 발생하는 것이므로, 임대차관계 종료 후 그 목적물이 인도되기까지 사이에 발생한 임대인의 채권을 공제한 잔액에 관하여서만 전부명령이 유효하다(대법원 1998. 10. 20. 선고 98다31905 판결).

사안에서 丙은 임대차보증금 1억 5,000만 원에서 연체차임액 1,600만 원을 공제한 나머지 1억 3,400만 원에 대하여 반환의무가 있는바, 甲의 전부명령은 그 범위 내인 4,620만 원에 한하여 효력이 있으므로 결국 丙의 주장은 이유 없다.

6. 甲의 전부금 청구소송에서 인용 범위

사안에서 甲의 채권압류 및 전부명령은 4,620만 원의 범위에서만 효력이 있고, 압류경합 등 전부명령을 무효로 할 사유도 없으며(이에 관한 丙의 각 주장은 타당하지 않으며), 피전부채권도 존재하므로 甲의 청구는 4,620만 원의 범위에서 인용된다.

전세금반환채권의 양도 / 전세권저당권자의 물상대위 / 전세권설정자가 전세권자에 대한 채권을 자동채권으로 한 상계로써 전세권저당권자에게 대항할 수 있는 범위

甲은 자기 소유 X건물을 乙에게 기간 2019. 2. 1.부터 2021. 1. 31.까지, 보증금 1억 원, 차임 월 200만 원으로 정하여 임대하였다. 乙은 甲으로부터 X건물을 인도받고 甲에게 보증금 1억 원을 지급한 후, 임대보증금반환채권을 담보하기 위해 X건물에 관하여 전세금 1억 원, 전세기간 2019. 2. 1.부터 2021. 1. 31.까지로 정한 전세권설정등기를 마쳤다. 甲과 乙 사이의 전세권설정계약은 갱신되지 않고 2021. 1. 31. 종료되었다. (추가된 사실관계는 서로 관련이 없음) (2016년 8월 변호사시험 모의시험 변형)

〈추가된 사실관계〉

乙의 채권자 丙은 2020. 10. 8. 위와 같은 사실을 모르는 상태에서 위 전세권에 대하여 전세권근저당권(채권최고액 2억 원, 실제 피담보채권액 1억 2,000만 원)을 취득하였다. 乙은 2021. 1. 20. 전세기간 만료 후 발생할 甲에 대한 전세금반환채권 1억 원을 丁에게 양도하는 내용의 계약을 체결하고, 2021. 2. 10. 그와 같은 취지를 확정일자 부 서면을 통해 甲에게 통지하여 같은 날 도달하였다. 전세기간 종료 후 丙은 위 전세금반환채권에 대하여 물상대위권에 기초해 압류 및 추심명령을 받았다(압류 및 추심명령은 2021. 5. 1. 甲에게 송달되었다). 이에 丙이 甲에게 전세금반환청구를 하고 있다. 다음 질문에 답하시오(각 문항은 관련이 없음).

가. 甲은 "이 사건 전세권설정계약은 통정허위표시로서 무효이므로, 그에 기초한 근저당권도 효력이 없고 따라서 丙의 청구에 응할 수 없다."고 항변한다. 甲의 항변은 받아들여질 수 있는가?

1. 쟁점

사안에서 丙은 전세권의 저당권자로서 물상대위에 의하여 乙의 甲에 대한 전세금반환채권에 대하여 채권압류 및 추심명령을 받고 甲을 상대로 추심금청구의 소를 제기하였는바, 甲이 전세권저당권자인 丙에 대하여 전세권설정계약이 통정허위표시에 의하여 무효임을 주장할 수 있는지가 문제이다.

2. 통정허위표시로 체결된 전세권계약을 이유로 전세권저당권자에 대항할 수 있는지 여부

추심금 청구소송에서 제3채무자는 채무자에 대한 실체법상 모든 항변으로 추심채권자에게 대항할 수 있다. 그러나 실제 전세권설정계약이 없으면서도 임대차계약에 기한 임차보증금 반환채권을 담보할 목적으로 임차인과 임대인 사이의 합의에 따라 임차인 명의로 전세권설정등기를 경료한 후 그 전세권에 대하여 근저당권이 설정된 경우, 위 무효인 전세권설정계약에 의하여 형성된 법률관계를 토대로 별개의 법률원인에 의하여 새로운 법률상 이해관계를 갖게 된 근저당권자에 대하여는 그와 같은 사정을 알고 있었던 경우에만 그 무효를 주장할 수 있다(대법원 2008. 3. 13. 선고 2006다29372,29389 판결 등).

3. 사안의 해결

사안에서 甲이 전세권저당권자인 丙에 대하여 乙과의 전세권설정계약이 통정허위표시로서 무효라고 하거나, 임대차계약에 따른 연체차임의 공제를 주장하기 위해서는 전세권저당권자인 丙이 그러한 사실을 안 경우이어야 할 것인바, 丙이 그러한 사실을 알지 못하였으므로 甲의 위 항변은 받아들여질 수 없다.

나. 甲은 "丙이 추심명령을 받기 전에 전세금반환채권이 丁에게 양도되고, 甲에게 확정일자부로 양도통지가 이루어졌으므로, 甲은 丁에게 전세금을 반환해야 하고 丙의 청구에 응할 수 없다. 또한 2021. 4. 1. 丁 에게 1억 원을 지급하였으므로, 丙의 청구에 응할 수 없다."고 항변한다. 甲의 항변은 받아들여질 수 있는가?

1. 쟁점

사안에서 丙이 추심명령을 받기 전에 전세금반환채권이 확정일자 있는 양도통지의 요건을 갖추어 丁에게 양도되었는바, 甲이 이로써 丙에게 대항할 수 있는지와 관련하여 전세금반환채권 양도의 효력과 전세권저당권자와의 우열이 문제로 된다.

2. 전세금반환채권 양도에 따른 항변의 당부

전세권은 전세금을 지급하고 타인의 부동산을 그 용도에 따라 사용·수익하는 권리로서 전세금의 지급이 없으면 전세권은 성립하지 아니하는 등으로 전세금은 전세권과 분리될 수 없는 요소일 뿐 아니라, 전세권에 있어서는 그 설정행위에서 금지하지 아니하는 한 전세권자는 전세권 자체를 처분하여 전세금으로 지출한 자본을 회수할 수 있도록 되어 있으므로 전세권이 존속하는 동안은 전세권을 존속시키기로 하면서 전세금반환채권만을 전세권과 분리하여 확정적으로 양도하는 것은 허용되지 않으며, 다만 전세권 존속 중에는 장래에 그 전세권이 소멸하는 경우에 전세금반환채권이 발생하는 것을 조건으로 장래의 조건부 채권을 양도할 수는 있다(대법원 2002. 8. 23.선고 2001다69122판결 등). 저당권이 설정된 전세권의 존속기간이 만료된 경우에 저당권자는 민법 제370조, 제342조 및 민집법 제273조에 의하여 저당권의 목적물인 전세권에 갈음하여 존속하는 것으로 볼 수 있는 전세금반환채권에 대하여 압류 및 추심명령 또는 전부명령을 받는 등의 방법으로 권리를 행사하여 전세권설정자에 대해 전세금의 지급을 구할 수 있고, 저당목적물의 변형물인 금전 기타 물건에 대하여 일반 채권자가 물상대위권을 행사하려는 저당채권자보다 단순히 먼저 압류나 가압류의 집행을 함에 지나지 않은 경우에는 저당권자는 그 전은 물론 그 후에도 목적채권에 대하여 물상대위권을 행사하여 일반 채권자보다 우선변제를 받을 수가 있으며, 위와 같이 전세권부 근저당권자가 우선권 있는 채권에 기하여 전부명령을 받은 경우에는 형식상 압류가 경합되었다 하더라도 그 전부명령은 유효하다(대법원 2008. 12. 24. 선고 2008다65396 판결).

사안에서 丁이 전세금반환채권을 제3자에 대한 대항요건을 갖추어 양수받았다고 하더라도, 丙이 전세금반환채권에 대하여 압류 및 추심명령 또는 전부명령을 받으면 그 효력이 전세권저당권의 설정 시로 소급하므로 丙에게는 대항할 수 없고, 丁이 丙의 채권압류 및 추심명령의 송달 이전에 확정일자 있는 양도통지의 요건을 갖추어 전세금반환채권을 양수하였다는 사실로써 丙의 추심금청구에 응할 수 없다는 甲의 항변은 이유 없다.

3. 일부 변제 항변의 당부

민법 제370조, 제342조 단서가 저당권자는 물상대위권을 행사하기 위하여 저당권설정자가 받을 금전 기타 물건의 지급 또는 인도전에 압류하여야 한다고 규정한 것은 물상대위의 목적인 채권의 특정성을 유지하여 그 효력을 보전함과 동시에 제3자에게 불측의 손해를 입히지 않으려는 데에 그 취지가 있다. 따라서 저당목적물의 변형물인 금전 기타 물건에 대하여 이미 제3자가 압류하여 그 금전 또는 물건이 특정된 이상 저당권자가 스스로 이를 압류하지 않고서도 물상대위권을 행사하여 일반 채권자보다 우선변제를 받을 수 있으나, 그 행사방법은 민집법 제273조에 의하여 담보권의 존재를 증명하는 서류를 집행법원에 제출하여 채권압류 및 전부명령을 신청하는 것이거나 민집법 제247조 제1항에 의하여 배당요구를 하는 것이므로, 이러한 물상대위권의 행사에 나아가지 아니한 채 단지 수용대상토지에 대하여 담보물권의 등기가 된 것만으로는 그 보상금으로부터 우선변제를 받을 수 없다(대법원 2010. 10. 28. 선고 2010다46756 판결).

사안에서 전세권저당권자인 丙이 전세금반환채권에 대하여 물상대위를 하기 위해서는 채권압류 및 추심명령 또는 전부명령을 받아야 하는바, 그가 물상대위권을 행사를 하기 전에 이미 전세금반환채권의 양수인인 丁에게 보증금 1억 원을 지급하였다면 그 변제는 유효하므로 그에 관한 甲의 항변은 받아들여질 수 있다.

다. 乙에 대하여 1억 원의 대여금 채권을 가진 戊는 일반채권자로서 乙의 전세금반환채권 전액에 대하여 압류 및 추심명령을 받아 이 명령이 2021. 2. 5. 甲에게 도달하였다. 甲은 2021. 7. 1. 1억 원을 적법하게 공탁하였다. 이 경우 1억 원은 丙과 戊사이에 어떻게 배분되어야 하는가?

1. 쟁점

전세권부 저당권자가 물상대위권을 행사하여 전세금반환채권에 대하여 압류 및 추심명령을 받은 경우, 그보다 앞서 전세금반환채권에 대하여 압류 및 추심명령을 받은 채권자와의 우열이 문제이다.

2. 전세권저당권자의 물상대위에 따른 법률관계

저당권이 설정된 전세권의 존속기간이 만료된 경우에 저당권자는 민법 제370조, 제342조 및 민집법 제273조에 의하여 저당권의 목적물인 전세권에 갈음하여 존속하는 것으로 볼 수 있는 전세금반환채권에 대하여 압류 및 추심명령 또는 전부명령을 받는 등의 방법으로 권리를 행사하여 전세권설정자에 대해 전세금의 지급을 구할 수 있고, 목적물의 변형물인 금전 기타 물건에 대하여 일반 채권자가 물상대위권을 행사하려는 저당채권자보다 단순히 먼저 압류나 가압류의 집행을 함에 지나지 않은 경우에는 저당권자는 그 전은 물론 그 후에도 목적채권에 대하여 물상대위권을 행사하여 일반채권자보다 우선변제를 받을 수가 있다(대법원 1994. 11. 22. 선고 94다25728 판결 등).

3. 사안의 해결

사안에서 戊는 丙보다 앞서 乙의 전세금반환채권 전액에 대하여 압류 및 추심명령을 받았으나 丙은 전세권저당권자로서 물상대위권을 행사하여 전세금반환채권에 대하여 우선변제를 받을 수 있으므로 공탁금 1억 원은 전액 丙에게 배당되어야 한다.

라. 甲은 "乙에 대한 대여금 채권 4,000만 원(대여일 2019. 3. 1. 변제기 2021. 2. 8.)을 자동채권으로 하여 이미 2021. 4. 1. 丁에게 상계의 의사표시를 하였다. 또한 乙에 대한 대여금 채권 1,000만 원(대여일 2019. 3. 1. 변제기 2021. 2. 28.)을 자동채권으로 하여 지금 상계한다. 따라서 그에 상응하는 전세금반환채권은 소멸하였다."고 항변한다. 甲의 항변은 받아들여질 수 있는가? (이자나 지연손해금 등은 고려하지 말 것)

1. 쟁점

전세권저당권자가 물상대위권을 행사하여 전세금반환채권에 대하여 압류 및 추심명령을 받은 경우에 전세권설정자가 전세권자에 대한 채권으로서 상계할 수 있는지가 쟁점으로 된다.

2. 전세권저당권자가 물상대위권을 행사하는 경우 전세권설정자가 상계로 대항할 수 있는지 여부

전세권저당권자가 전세금반환채권에 대하여 물상대위권을 행사한 경우, 종전 저당권의 효력은 물상대위의 목적이 된 전세금반환채권에 존속하여 저당권자가 전세금반환채권으로부터 다른 일반채권자보다 우선변제를 받을 권리가 있으므로, 설령 전세금반환채권이 압류된 때에 전세권설정자가 전세권자에 대하여 반대채권을 가지고 있고 반대채권과 전세금반환채권이 상계적상에 있다고 하더라도 그러한 사정만으로 전세권설정자가 전세권저당권자에게 상계로써 대항할 수는 없으나, 전세금반환채권은 전세권이 성립하였을 때부터 이미 발생이 예정되어 있다고 볼 수 있으므로 전세권저당권이 설정된 때에 이미 전세권설정자가 전세권자에 대하여 반대채권을 가지고 있고 반대채권의 변제기가 장래 발생할 전세금반환채권의 변제기와 동시에 또는 그보다 먼저 도래하는 경우와 같이 전세권설정자에게 합리적 기대 이익을 인정할 수 있는 경우에는 특별한 사정이 없는 한 전세권설정자는 반대채권을 자동채권으로 하여 전세금반환채권과 상계함으로써 전세권저당권자에게 대항할 수 있다(대법원 2014. 10. 27. 선고 2013다91672 판결).

3. 사안의 해결

사안에서 전세권설정자인 甲이 전세권자인 乙에 대하여 가지는 4,000만 원의 대여금채권과 1,000만 원의 대여금채권은 전세권저당권 설정 시에 이미 성립하였으나 그 변제기가 전세금반환채권의 변제기보다 늦게 도래하므로 상계로써 전세권저당권자인 丙에게 대항할 수 없다. 다만, 4,000만 원의 대여금채권에 대한 상계의 의사표시가 丙의 채권압류 및 추심명령 도달 이전에 이루어졌는바, 전세권저당권자의 물상대위권 행사 전에 전세권자에 대한 변제가 허용되는 점에 비추어 상계의 효력을 인정할 여지도 있다.

〈추가된 사실관계〉

채권자 A는 일반채권자로서 乙의 전세금반환채권에 대하여 압류 및 추심명령을 받았다(압류 및 추심명령은 2021. 8. 1. 甲에게 송달되었다). A가 추심권자로서 甲에게 전세금반환청구를 하고 있다.

마. 甲은 "乙에 대한 ① 대여금 채권 4,000만 원(대여일 2019. 3. 1., 변제기 2021. 5. 1)과 ② 대여금 채권 5,000만 원(대여일 2019. 3. 1., 변제기 2021. 9. 3)을 각 자동채권으로 하여 상계한다."고 항변한다. 甲의 항변은 받아들여질 수 있는가? (이자나 지연손해금 등은 고려하지 말 것)

1. 지급금지 명령과 상계항변

채권압류명령을 받은 제3채무자가 압류채무자에 대한 반대채권을 가지고 있는 경우에 상계로써 압류채권자에게 대항하기 위하여는 압류의 효력발생 당시에 대립하는 양 채권이 상계적상에 있거나, 그 당시 반대채권(자동채권)의 변제기가 도래하지 아니한 경우에는 그것이 압류채권(수동채권)의 변제기와 동시에 또는 그보다 먼저 도래하여야 한다(대법원 2012. 2. 16. 선고 2011다45521 전원합의체 판결).

2. 사안의 해결

사안에서 압류채권의 변제기는 2021. 1. 31.이고, A의 채권압류 및 추심명령의 도달일자는 2021. 8. 1.인바, 甲의 乙에 대한 4,000만 원의 대여금채권은 압류명령의 효력발생 시에 상계적상에 있어서 상계로써(상계적상일 2021. 5. 1.) 압류채권자인 A에게 대항할 수 있고, 5,000만 원의 대여금채권은 압류명령의 효력발생 시에 상계적상에 있지 않고 그 변제기(2021. 9. 3.)도 압류채권의 그것보다 늦게 도달하므로 이를 자동채권으로 한 상계로써 압류채권자인 A에게 대항할 수 없다.

〈추가된 사실〉

乙은 위 전세기간이 만료한 이후인 2021. 2. 1. B와 사이에 전세권양도계약을 체결하고 같은 날 전세권이전의 부기등기를 하여 주었으나 그 이외에 별

다른 조치는 취하지 않았다. 乙의 일반채권자 C는 2021. 2. 10. 위 전세금반환채권에 관하여 채권압류 및 전부명령을 받았는데, 위 명령은 그 무렵 甲에게 송달되어 확정되었다.

바. 甲이 B에게 전세금을 반환하자, C가 甲을 상대로 전부금청구의 소를 제기하였다. 甲은 B에 대한 변제로써 C에게 대항할 수 있는가?

1. 쟁점

사안에서는 乙이 B에게 전세권양도계약을 하고 전세권이전의 부기등기를 하여 준 것으로 전세금반환채권에 대하여 채권압류 및 전부명령을 받은 C에게 대항할 수 있는지가 문제된다.

2. 전세금반환채권양도의 대항요건

전세권설정등기를 마친 민법상의 전세권은 그 성질상 용익물권적 성격과 담보물권적 성격을 겸비한 것으로서, 전세권의 존속기간이 만료되면 전세권의 용익물권적 권능은 전세권설정등기의 말소 없이도 당연히 소멸하고 단지 전세금반환채권을 담보하는 담보물권적 권능의 범위 내에서 전세금의 반환 시까지 그 전세권설정등기의 효력이 존속하고 있는데, 이와 같이 존속기간의 경과로서 본래의 용익물권적 권능이 소멸하고 담보물권적 권능만 남은 전세권에 대해서도 그 피담보채권인 전세금반환채권과 함께 제3자에게 이를 양도할 수 있지만, 이 경우에는 민법 제450조 제2항 소정의 확정일자 있는 증서에 의한 채권양도절차를 거치지 않는 한, 위 전세금반환채권의 압류·전부채권자 등 제3자에게 위 전세보증금반환채권의 양도 사실로써 대항할 수 없다.

3. 사안의 해결

사안에서 전세기간 만료 이후 전세권양도계약 및 전세권이전의 부기등기가 이루어진 것만으로는 전세금반환채권의 양도에 관하여 확정일자 있는 통지나 승낙이 있었다고 볼 수 없어서 이로써 제3자인 전세금반환채권의 압류·전부채권자에게 대항할 수 없다. 甲은 B에 대한 전세금의 반환으로써 전부채권자 C에게 대항할 수 없다.

유사문제 A는 2016. 3. 10. B에게 A 소유의 X건물에 대하여 전세금 1억 원, 존속기간 2016. 3. 10.부터 2018. 3. 9.까지로 하여 전세권을 설정하여 주었고, B는 2016. 3. 10. A로부터 X건물을 인도받아 점유·사용하고 있다. 그런데 B는 사업상 자금이 필요하여 2016. 5. 20. C로부터 6,000만 원을 차용하면서, C 명의로 채권액 6,000만 원의 전세권저당권을 설정하여 주었고, 2018. 3. 9. 위 전세권의 존속기간이 만료되었다. 이 경우 C는 전세권저당권자로서 어떠한 방법을 통해 자신의 채권만족을 얻을 수 있는가? (제4회 변호사시험 변형)

추심명령과 압류의 경합

甲이 乙을 상대로 물품대금청구소송을 제기하여, 2020. 7. 1. "피고는 원고에게 1,000만 원 및 이에 대한 2020. 1. 1.부터 다 갚는 날까지 연 12%의 비율로 계산한 돈을 지급하라."는 판결을 선고받고 위 판결이 확정되자, 이를 집행권원으로 하여 乙의 丙에 대한 2,000만 원의 대여금반환채권 중 1,100만 원에 대하여 압류 및 추심명령을 받았고, 위 압류 및 추심명령이 2020. 8. 1. 丙에게 도달하였다. 그런데 丙이 추심금을 지급하지 않자, 甲이 丙을 상대로 추심금청구의 소를 제기하여 2021. 1. 1. "피고는 원고에게 1,100만 원 및 이에 대한 2020. 10. 1.부터 다 갚는 날까지 연 12%의 비율에 의한 금원을 지급하라."는 판결을 선고받았고, 위 판결은 그 무렵 확정되었다. 그런데 乙의 다른 채권자인 丁이 2020. 9. 1. 乙에 대한 집행증서에 기하여 乙의丙에 대한 2,000만 원의 대여금반환채권에 대하여 압류 및 추심명령을 받았고 위 압류 및 추심명령이 丙에게 도달하였다. 丙은 甲의 위 추심금판결의 집행력을 배제하기 위하여 어떻게 하여야 하는가? 丙이 집행공탁의 방법으로 위 추심금판결의 집행력을 배제하려고 한다면 얼마를 공탁하여야 하는가?

1. 쟁점

압류경합 상태에서 압류채권 중 일부에 관하여 추심명령을 받은 추심채권자가 제기한 추심금 판결이 확정된 경우에 있어서 제3채무자의 지위가 문제로 된다.

2. 추심명령과 압류의 경합

동일한 채권에 관하여 여러 개의 압류명령이 있고 각 압류명령의 압류액 합계가 압류의 대상인 압류채권액보다 많은 경우에는 압류의 경합이 발생한다. 한편 민집법 제248조 제1항은 제3채무자는 압류에 관련된 금전채권의 전액을 공탁할 수 있다고 규정하고 있는바, 이는 압류가 경합된 경우는 물론, 그렇지 않은 경우에도 제3채무자에게 이행지체의 책임 등을 면하게 하고 압류의 적법 여부를 심사하거나 채권자들에게 적정한 배당을 하는 부담을 제거하기 위한 것이다. 제3채무자는 이러한 권리공탁으로서 채무자 또는 집행채권자 등에 대하여 압류채권의 소멸을 주장할 수 있다. 한편, 채권의 추심권자는 집행법원의 수권에 따라 추심기관으로서 압류나 배당에 참가한 모든 채권자를 위하여 제3채무자로부터 추심을 하는 것이므로 그 추심권능은 압류된 채권 전액에 미치고, 제3채무자로서도 정당한 추심권자에게 변제하면 그 효력이 모든 채권자에게 미치므로 압류된 채권을 경합된 압류채권자 또는 다른 추심권자의 집행채권액에 안분하여 변제하여야 하는 것도 아니다(대법원 2003. 3. 27. 선고 2000다43819 판결 등). 그런데, 압류경합상태에 있는 압류채권 중 일부에 관하여 일부 압류채권자가 추심명령을 얻은 후 추심금청구의 소를 제기하여 승소 확정된 경우, 제3채무자가 그 확정판결에 기한 강제집행을 저지하기 위하여 민집법 제248조 제1항에 따라 집행공탁을 하는 경우에, 그 공탁이 압류경합 상태의 압류채권의 전액이 아니라 일부인 경우에는 설령 그 공탁액이 추심금판결의 원리금과 일치하더라도 그 공탁으로 압류채권의 일부에 대한 추심금판결의 원리금에 대한 직접 지급의 효력이 생긴다고 보아야 할 근거가 없기 때문에 제3채무자로서는 추심금판결의 원리금뿐만 아니라, 압류채권액 전액을 공탁하여야 한다(대법원 2004. 7. 22. 선고 2002다22700 판결).

3. 사안의 해결

사안에서 丙은 甲의 추심금판결의 집행력을 배제하기 위하여 추심금판결에 따른 원리금을 변제 또는 변제공탁하거나, 아니면 민소법 제248조 제1항에 의하여 압류채권액 전액에 대하여 집행공탁을 함으로써 그 압류채권의 소멸을 주장하여 추심금판결의 집행력을 배제할 수 있다. 丙이 집행공탁의 방법으로 추심금판결의 집행력을 배제하기 위하여는 압류채권의 전액인 2,000만 원 및 이에 대한 지연손해금을 공탁하여야 한다.

임차보증금반환채권에 대한 전부채권자의
채권자대위권에 기한 임차목적물반환청구

甲은 2019. 1. 1. 乙로부터 乙 소유의 아파트를 임대보증금 1억 원, 기간 2년, 월차임 100만 원으로 정하여 임차하였다. 甲의 채권자인 丙은 2020. 11. 1. 甲에 대한 집행증서에 기하여 위 甲의 乙에 대한 임차보증금반환채권에 관하여 압류 및 전부명령을 받았고, 그 압류 및 전부명령은 2020. 11. 5.경 乙에게 도달하였다. 乙은 甲이 위 아파트에 관한 월차임을 전혀 내지 않았고, 위 아파트를 반환하지 않았으므로 丙의 전부금청구에 응할 수 없다고 하였다. 丙은 어떻게 하면 乙로부터 위 전부금을 받을 수 있는가? 丙이 乙로부터 받을 수 있는 전부금은 얼마나 되는가?

1. 쟁점

사안에서 임차인인 甲이 임차목적물을 임대인인 乙에게 반환하지 않고 있어서 전부채권자인 丙으로서는 乙로부터 그 보증금을 반환받을 수 없는 상태인바, 임차보증금반환채권에 대한 전부채권자가 권리를 행사할 수 있는 방법이 문제로 된다.

2. 임차보증금반환채권에 대한 전부채권자의 채권자대위권 행사

민집법 제229조 제3항에 의하면 전부명령이 있는 때에는 압류된 채권은 지급에 갈음하여 압류채권자에게 이전된다. 임대차보증금반환채권은 임대차 종료 후 목적물이 임대인에게 인도될 때까지 발생한 연체차임, 관리비 등 임차인의 모든 채무를 공제한 잔액이 있을 것을 조건으로 하여 그 잔액에 관하여 발생하는 정지조건부 권리로서 임대인의 임대차목적물 반환청구권과 동시이행관계에 있다(대법원 1987. 6. 23. 선고 87다카98 판결). 임차보증금반환채권의 양수인은 임대인에 대한 임차보증금반환채권을 피보전권리로 하여 임대인의 임차인에 대한 임차목적물반환채권을 대위행사할 수 있고, 그 경우에는 일반적인 채권자대위권과는 달리 임대인의 무자력을 요건으로 하지 않는다(대법원 1989. 4. 25. 선고 88다카4253,4260 판결).

3. 사안의 해결

사안에서 임차인인 甲이 임차목적물을 임대인인 乙에게 반환하지 않고 있어서 전부채권자인 丙이 乙로부터 그 보증금을 반환받을 수 없는 상태이므로, 丙은 乙로부터 전부금을 받기 위해 乙에 대한 전부금청구의 소와 乙에 대한 임차보증금반환채권을 피보전채권으로 하여 乙의 甲에 대한 임차목적물(아파트)반환청구권을 대위 행사하여 건물인도청구의 소를 함께 제기하여야 한다(2020. 12. 31. 임대차 기간만료를 사유로). 전부채권자인 丙이 乙로부터 받을 수 있는 전부채권액은 임차보증금 1억 원에서 미지급 차임 및 임대차기간 만료 시부터 임차목적물 인도 시까지 차임 상당의 부당이득 매월 100만 원씩을 공제한 금액이 된다.

압류경합으로 무효인 전부명령의
전부채권자에 대한 변제의 효력

甲이 2020. 1. 1. 乙의 丙에 대한 5,000만 원의 임차보증금반환채권에 관하여 가압류를 하고, 이어 丁이 2020. 2. 1. 집행증서에 기하여 乙의 丙에 대한 위 임차보증금반환채권에 관하여 압류 및 전부명령을 받았으며, 그 후 甲은 2020. 7. 1. 위 가압류를 본압류로 이전하는 압류 및 전부명령을 받았다. 甲이 丙을 상대로 전부금청구의 소를 제기하자, 丙은 위 전부명령이 무효라고 주장하였고, 甲은 2020. 10. 1. 위 소를 취하한 나음 乙의 丙에 대한 위 임차보증금반환채권에 관하여 채권압류 및 추심명령을 받았다. 그런데 丁이 2020. 12. 1. 丙을 상대로 전부금청구의 소를 제기하자, 丙은 답변서를 제출하거나 변론기일에 출석하여 변론하지 않았고, 丁은 2021. 3. 1. "피고는 원고에게 5,000만 원을 지급하라."는 판결을 선고받았고, 이에 따라 丙은 丁에게 5,000만 원을 지급하였다. 그 후 甲이 丙을 상대로 추심금청구의 소를 제기하였다. 甲은 승소할 수 있는가?

1. 쟁점

　제3채무지가 압류경합으로 무효인 전부명령의 전부채권자에게 변제를 한 경우의 효력이 문제로 된다.

2. 압류경합으로 무효인 전부명령의 전부채권자에 대한 변제의 효력

채권가압류나 압류가 경합된 경우에 있어서는 그 압류채권자의 한 사람이 전부명령을 얻더라도 그 전부명령은 무효가 되지만, 이 경우에도 그 전부채권자는 채권의 준점유자에 해당한다고 보아야 할 것이므로 제3채무자가 그 전부채권자에게 전부금을 변제하였다면 제3채무자가 선의·무과실인 때에는 민법 제470조에 의하여 그 변제는 유효하고 제3채무자는 다른 압류채권자에 대하여 이중변제의 의무를 부담하지 아니하는 반면에, 제3채무자가 위 전부금을 변제함에 있어서 선의·무과실이 아니었다면 제3채무자가 전부채권자에게 한 전부금의 변제는 효력이 없다(대법원 1995. 4. 7. 선고 94다59868 판결 등).

3. 사안의 해결

사안에서 丙은 甲이 제기한 전부금소송에서 甲의 전부명령이 압류 또는 가압류가 경합한 상태에서 발하여진 것으로 무효라는 주장을 하였는바, 이러한 사실에 비추어 丙은 甲의 전부명령뿐만 아니라 丁의 전부명령 또한 무효라는 것을 알았거나 알 수 있었다고 볼 수 있는데, 그럼에도 불구하고 丁이 제기한 전부금소송에서 다투지 않음으로써 패소판결을 받은 뒤 그 전부금을 변제하여 버린 것은 과실이 있었다고 할 수 있다. 따라서 丙이 乙에 대하여 한 전부금의 변제는 효력이 없고, 甲은 丙을 상대로 추심금청구의 소를 제기하여 승소할 수 있다.

한정승인 취지가 집행권원상 명백함에도 상속인의 고유재산에 대한 집행이 있는 경우 구제방법

甲은 2019. 1. 1. 乙에게 5,000만 원을 이자는 월 1%, 변제기는 2019. 12. 31.로 정하여 대여하였다. 乙은 2020. 6. 30. 위 대여원리금 및 그 지연손해금을 변제하지 않은 채 사망하였고, 乙의 상속인으로는 처인 乙-1과 아들인 乙-2가 있었는데, 그들은 상속에 대하여 한정승인을 하였다. 甲이 2021. 1. 1. 乙-1과 乙-2를 상대로 대여원리금청구소송을 제기하여, 2021. 7. 1. "원고에게 상속재산의 범위 내에서 피고 乙-1은 3,000만 원, 피고 乙-2는 2,000만 원 및 각 이에 대하여 2019. 1. 1.부터 다 갚는 날까지 월 1%의 비율로 계산한 돈을 지급하라."는 판결을 선고받았고 위 판결은 그 무렵 확정되었다. 甲이 위 확정판결에 기하여 乙-2의 丙에 대한 1,000만 원의 공사대금채권에 관하여 채권압류 및 전부명령을 받았고, 위 전부명령은 그 무렵 확정되었다. 위 공사대금채권은 乙-2가 2021. 5. 1. 丙으로부터 수급한 건물공사계약에 기한 것으로서 乙의 상속재산에는 포함되지 않는 것이다. 甲이 위 전부명령에 기하여 丙으로부터 500만 원은 지급을 받고 500만 원은 지급을 받지 않았다면, 乙-2는 어떻게 구제받을 수 있는가?

1. 쟁점

한정승인의 취지가 집행권원상 명백함에도 상속인의 고유재산에 집행이 있는 경우에 상속인의 구제방법, 특히 전부명령이 확정되어 강제집행이 종료된 때의 구제방법이 쟁점이 된다.

2. 한정승인의 취지가 집행권원상 명백함에도 상속인의 고유재산에 집행이 있는 경우 구제방법

상속채무의 이행을 구하는 소송에서 피고의 한정승인 항변이 받아들여져서, 원고 승소판결인 집행권원 자체에, '상속재산의 범위 내에서만' 금전채무를 이행할 것을 명하는 이른바 유한책임의 취지가 명시되어 있음에도 불구하고, 상속인의 고유재산에 대하여 위 집행권원에 기한 압류 및 전부명령이 발령되었을 경우에, 상속인으로서는 책임재산이 될 수 없는 재산에 대하여 강제집행이 행하여졌음을 이유로 제3자이의의 소(민집법 제48조)를 제기하거나, 그 채권압류 및 전부명령 자체에 대한 즉시항고(민집법 제227조 제4항, 제229조 제6항)를 제기하여 불복할 수 있다. 한편, 제3자이의의 소는 강제집행의 목적물에 대하여 소유권이나 양도 또는 인도를 저지하는 권리를 가진 제3자가 그 권리를 침해하여 현실적으로 진행되고 있는 강제집행에 대하여 이의를 주장하고 집행의 배제를 구하는 소이므로, 당해 강제집행이 종료된 후에 제3자이의의 소를 제기할 소의 이익이 없게 된다. 또한 금전채권의 압류 및 전부명령이 집행절차상 적법하게 발령되어 채무자 및 제3채무자에게 적법하게 송달되고 1주일의 즉시항고기간이 경과하거나 즉시항고가 제기되어 그 항고기각 또는 각하 결정이 확정된 경우에는 집행채권에 관하여 변제의 효과가 발생하고 그 때에 강제집행절차는 종료한다. 다만, 그 채권압류 및 전부명령이 이미 확정되어 강제집행절차가 종료된 후에는 집행채권자를 상대로 부당이득의 반환을 구하되, 피전부채권 중 실제로 추심한 (변제받은) 금전 부분에 관하여는 그 상당액의 반환을 구하고, 아직 추심하지 않은 (변제받지 않은) 부분에 관하여는 그 채권 자체의 양도를 구하는 방법에 의할 수밖에 없다(대법원 2005. 4. 15. 선고 2004다70024 판결, 대법원 2005. 12. 19.자 2005그128 결정).

3. 사안의 해결

사안에서 집행권원상 상속재산의 범위 내에서 이행하도록 하는 취지가 명기되어 있음에도 상속인인 乙-2의 고유재산인 공사대금채권에 관하여 채권압류 및 전부명령이 발령되었으므로 위 전부명령은 위법하고, 따라서 乙은 제3자이의의 소를 제기하거나, 즉시항고를 하여 위 전부명령에 대하여 다툴 수 있었는데 그와 같은 절차를 취하지 않아서 전부명령이 확정됨으로써 더 이상 제3자이의의 소를 제기할 수 없게 되었다. 乙-2로서는 甲이 丙으로부터 추심한 500만 원에 대하여는 그 반환을 구하고, 추심하지 않은 부분에 대하여는 전부채권의 양도를 구하는 방법으로 부당이득의 반환을 구할 수 있다.

집행채권의 소멸과 전부명령의 효력 / 독립당사자참가의 요건 / 전부명령이 확정된 후 집행채권이 소멸한 경우 집행채무자의 권리구제방법

甲은 2019. 1. 1. 乙에게 5,000만 원을 이자는 월 1%, 변제기는 2019. 12. 31.로 정하여 대여하였다. 甲이 2021. 1. 1. 乙을 상대로 "피고는 원고에게 5,000만 원 및 이에 대한 2019. 1. 1.부터 다 갚는 날까지 연 12%의 비율에 의한 금원을 지급하라."는 청구를 하였는데, 乙이 소장 부본을 송달받고도 답변서를 제출하지 않자, 2021. 3. 15. 무변론판결에 의하여 甲의 청구와 동일한 내용의 판결이 가집행과 함께 선고되었다. 甲은 2021. 3. 20. 위 판결을 집행권원으로 하여 乙의 丙에 대한 공사대금채권 6,200만 원에 대하여 채권압류 및 전부명령을 받았고, 위 채권압류 및 전부명령은 2021. 4. 30. 확정되었다. 한편, 乙은 위 제1심 판결에 대하여 항소를 제기한 뒤, 항소심에서 乙이 甲에게 2020. 12. 31. 수입가구를 납품하고 지급받아야 할 물품대금채권 1억 원을 자동채권으로 하여 상계항변을 하였는데, 항소심은 2021. 6. 30. 위 상계항변이 받아들여서 제1심 판결을 취소하고 원고의 청구를 기각하는 내용의 판결을 선고하였고, 위 판결은 그 무렵 확정되었다. 한편, 甲이 2021. 6. 1. 丙을 상대로 "피고는 원고에게 6,200만 원 및 이에 대한 소장 부본 송달익일부터 다 갚은 날까지 연 12%의 비율로 계산한 돈을 지급하라."는 전부금청구의 소를 제기하자, 乙이 2021. 7. 15. "피고는 참가인에게 6,200만 원 및 이에 대한 참가신청서 부본 송달 익일부터 다 갚는 날까지 연 12%의 비율로 계산한 돈을 지급하라."는 신청취지와 함께 독립당사자참가신청을 하였다.

가. 乙의 독립당사자참가는 적법한가? 甲은 위 전부금소송에서 승소할 수 있는가?

1. 쟁점

사안에서 가집행선고부 제1심 판결이 항소심에서 취소됨으로써 집행 채권이 소멸되었으나, 그 이전에 제1심 판결을 집행권원으로 한 채권압류 및 전부명령이 확정된 경우 전부명령의 효력이 유지되는지가 쟁점이 되 고, 관련하여 독립당사자참가의 요건이 검토되어야 한다.

2. 집행채권의 소멸과 전부명령의 효력

집행권원에 기한 금전채권에 대한 강제집행절차에서, 그 집행권원에 표시 된 집행채권이 소멸하였다고 하더라도 그 강제집행절차가 청구이의의 소 등 을 통하여 적법하게 취소·정지되지 아니한 채 계속 진행되어 채권압류 및 전부명령이 적법하게 확정되었다면, 특별한 사정이 없는 한 단지 집행채 권의 소멸을 이유만으로 확정된 전부명령에 따라 전부채권자에게 피전부 채권이 이전되는 효력 자체를 부정할 수는 없고(대법원 2005. 4. 15. 선고 2004 다70024 판결 등), 집행채권자가 집행채무자에 대하여 부당이득반환채무를 진다고 하더라도 부당이득의 반환조로 피전부채권의 채권양도가 이루어 지기 이전이라면 전부채권자로서는 피전부채권의 채무자에 대한 관계에 서 정당한 채권자로서 적법하게 피전부채권을 행사할 수 있다(대법원 2007. 8. 23. 선고 2005다43081,43098 판결).

3. 독립당사자참가의 요건

독립당사자참가는 소송의 목적의 전부나 일부가 자기의 권리임을 주장 하거나, 소송의 결과에 의하여 권리침해를 받을 것을 주장하는 제3자가 당사자로서 소송에 참가하여 3당사자 사이에 서로 대립하는 권리 또는 법 률관계를 하나의 판결로써 서로 모순 없이 일시에 해결하려는 것이므로,

독립당사자참가인은 우선 참가하려는 소송의 당사자 양쪽 또는 한쪽을 상대방으로 하여 원고의 본소청구와 양립할 수 없는 청구를 하여야 하고, 그 청구는 소의 이익을 갖추는 외에 그 주장 자체에 의하여 성립할 수 있음을 요한다(대법원 2005. 10. 17.자 2005마814 결 등).

4. 사안의 해결

사안에서 가집행선고부 제1심 판결이 항소심에서 취소됨으로써 甲의 乙에 대한 집행채권이 소멸하였으나, 그 이전에 제1심 판결을 집행권원으로 한 채권압류 및 전부명령이 확정되었으므로 그에 따른 피전부채권이 집행채권자인 甲에게 이전되는 효력을 부정할 수는 없다. 따라서 乙이 독립당사자참가를 하면서, 위와 같이 전부명령의 확정 후에 그 집행채권이 소멸되어 전부명령이 무효이어서 피전부채권이 甲에게 이전되지 않았다고 하면서 丙을 상대로 공사대금을 청구하는 것이라면, 이는 위 전부명령의 효력을 부인하는 것으로서 그 주장 자체에서 성립될 수 없으므로 독립당사자참가 중 권리주장참가의 적법한 요건을 갖추었다고 볼 수 없다. 乙의 독립당사자참가를 사해방지참가로 본다고 하더라도, 사해방지참가는 원·피고가 소송을 통하여 제3자를 해칠 의사가 있다고 객관적으로 인정되고 그 소송의 결과 제3자의 권리 또는 법률상의 지위가 침해될 우려가 있다고 인정되어야만 할 것인데(대법원 1999. 5. 28. 선고 98다48552,48569 판결), 甲이 丙을 상대로 피전부채권의 지급을 구하는 본소가 참가인을 해하기 위한 사해소송임을 인정하기 어려우므로, 참가인의 독립당사자참가는 사해방지참가로서의 참가요건 역시 갖추지 못하였다. 甲이 가집행선고부 제1심 판결을 집행권원으로 하여 乙의 丙에 대한 공사대금채권에 대하여 채권압류 및 전부명령을 받았고, 그 강제집행절차가 취소·정지되지 않은 채 진행되어 그 채권압류 및 전부명령이 확정된 이상, 甲은 전부채권자로서 피전부채권인 乙의 丙에 대한 공사대금채권을 행사할 수 있으므로 甲은 전부금소송에서 승소할 수 있다.

나. 乙은 어떤 방법으로 권리 구제를 받을 수 있는가?

1. 쟁점

전부명령이 확정된 후 그 집행채권이 소멸된 것으로 판명된 경우에 집행채무자의 권리구제방법이 문제된다.

2. 전부명령이 확정된 후 집행채권이 소멸한 경우 집행채무자의 권리구제방법

집행권원에 기한 금전채권에 대한 강제집행절차에서, 전부명령이 확정된 후 그 집행권원상의 집행채권이 소멸한 것으로 판명된 경우에는 그 소멸된 부분에 관하여는 집행채권자가 집행채무자에 대한 관계에서 부당이득을 한 셈이 되므로, 그 집행채무자는 집행채권자에 대하여 그가 위 전부명령에 따라 전부받은 채권 중 실제로 추심한 금전 부분에 관하여는 그 상당액을, 추심하지 아니한 부분에 관하여는 그 채권 자체를 양도하는 방법에 의하여 부당이득의 반환을 구할 수 있다(대법원 2005. 4. 15. 선고 2004다70024 판결 등).

3. 사안의 해결

사안에서 乙은 甲을 상대로 부당이득반환으로서 추심한 공사대금의 반환 또는 공사대금반환채권의 양도를 청구할 수 있다.

송달이 무효인 지급명령을 집행권원으로 한 전부명령에 대한 불복방법 / 확정된 지급명령상 채권이 강행법규에 위반되어 효력이 없는 경우에 그 집행력을 배제하는 방법 / 전부명령과 제3자이의의 소 / 전부금청구에서 항변사항

甲이 乙을 상대로 지급명령을 신청하여 2021. 2. 1. "乙은 甲에게 금 5,000만 원 및 이에 대한 2021. 1. 1.부터 다 갚는 날까지 월 2%의 비율로 계산한 돈 및 독촉절차비용을 지급하라."는 지급명령을 받았고, 위 지급명령은 그 무렵 확정되었다. 甲은 2021. 4. 1. 위 지급명령을 집행권원으로 하여 乙의 丙에 대한 '임차보증금반환채권 1억 원 중 5,000만 원 및 이에 대한 2021. 1. 1.부터 본 채권압류 및 전부명령 송달일까지 월 2%의 비율로 계산한 금액'에 대하여 채권압류 및 전부명령을 받았으며, 위 채권압류 및 전부명령은 2021. 4. 30. 乙과 丙에게 각 송달되었다. (각 문항은 관련이 없고, 위 전부명령이 확정되지 않았다고 전제하며, 권리구제방법 중에서 불법행위에 기한 손해배상청구권의 행사는 제외함)

가. 위 지급명령은 乙의 주소지로 송달되어 乙의 처인 丁이 수령하였는데, 당시 乙이 폭행사건으로 구치소에 수감되어 있었고, 乙은 위 채권압류 및 전부명령을 송달받고 나서야 지급명령이 송달되었던 사실을 알게 되었다면, 乙이 이 상황에서 권리구제를 받을 수 있는 방법은 무엇인가?

1. 쟁점

사안에서 집행권원인 지급명령이 집행채무자인 乙에게 제대로 송달되지 않음으로써 강제집행의 요건에 흠결이 있는바, 이 경우에 채권압류 및 전부명령에 대한 불복방법이 문제된다.

2. 송달이 무효인 지급명령을 집행권원으로 한 전부명령에 대한 불복방법

민집법 제227조 제4항, 제229조 제6항에 의하여 집행채무자는 채권압류 및 전부명령에 대하여 즉시항고를 할 수 있는바, 즉시항고사유는 집행법원이 판단할 수 있는 형식적 절차상의 하자로서 집행요건의 흠결, 집행개시요건의 흠결, 집행장애사유, 압류채권의 불특정, 압류의 경합, 압류채권의 권면액의 흠결 등이 이에 해당된다. 민소법 제469조, 제474조에 의하면 지급명령은 당사자에게 송달되어, 채무자가 2주 이내에 이의신청을 하지 않으면 확정되어 확정판결과 동일한 효력이 있다. 확정된 지급명령은 민집법 제56조 제3호에 규정된 집행권원으로서, 민집법 제58조 제1항에 의하여 집행에 조건을 붙인 경우나 당사자의 승계가 있는 경우가 아니면 집행문을 부여받을 필요 없이 강제집행을 할 수 있다. 민집법 제57조, 제39조에 의하면 지급명령에 의하여 집행을 개시하기 위해서는 집행권원의 송달이 필요한바, 지급명령의 송달에 의한 확정은 집행요건이자 집행개시요건이 된다. 민소법 182조에 의하면 구치소 등에 유치된 사람에 대한 송달은 구치소의 장 등에게 하여야 하고, 종전 주소지로 하면 부적법한 송달로서 효력이 없다.

3. 사안의 해결

사안에서 乙은 집행권원인 지급명령이 송달된 때에 구치소에 수감되어 있어서 乙의 주소지로 한 지급명령의 송달은 부적법하여 효력이 없으므로 위 지급명령은 확정되지 않은 상태이고, 확정되지 않은 지급명령을 집행권원으로 한 채권압류 및 전부명령은 집행요건을 갖추지 못하여 위법하다. 甲은 채권압류 및 전부명령에 대하여 즉시항고를 하여 다툴 수 있다.

위 지급명령은 확정되지 않았으므로 이에 대한 청구이의의 소는 제기할 수 없고, 확정된 지급명령은 집행문을 부여받을 필요 없이 강제집행을 할 수 있으므로 집행문부여에 대한 이의신청 등의 방법으로 다툴 수도 없다.

나. 乙이 甲으로부터 2020. 1. 1. 2,500만 원을 변제기를 2020. 12. 31.로 하여 차용하면서 변제기에 원리금을 합하여 5,000만 원을 변제하고, 변제기를 도과할 경우에 5,000만 원에 대하여 월 2%의 비율로 계산한 돈을 지연손해금으로 지급하기로 약정하였고, 甲이 이러한 약정에 기초하여 위 지급명령을 받은 것이라면, 乙이 권리구제를 받을 수 있는 방법은 무엇인가? (2020. 1. 1. 당시 금전대차계약이 체결되거나 갱신되는 경우 「이자제한법」 제2조 제1항에 따른 계약상의 최고이자율은 연 24퍼센트이다.)

1. 쟁점

사안에서 지급명령상 채권 중 이자제한법을 초과하는 이자 부분은 강행법규에 위반되어 효력이 없는바, 확정된 지급명령의 집행력을 배제하는 방법이 문제이다.

2. 확정된 지급명령의 집행력을 배제하는 방법

청구이의의 소는 집행채무자가 집행권원상 채권과 현재 그 실체상태와 일치하지 않는 것을 주장하여 집행권원의 집행력을 배제하기 위한 것으로서, 확정판결의 집행력을 배제하기 위한 청구이의의 소는 변론종결 이후의 사유를 주장하여야 한다(민집법 제44조 제2항). 그러나 확정된 지급명령의 집행력을 배제하기 위한 청구이의의 소는 지급명령상 채권의 성립의 장애사유, 즉 강행법규위반 등의 사유를 주장할 수 있다(민집법 제58조 제3항). 이는 지급명령에 기판력이 없기 때문인바, 기판력이 없는 집행권원인 집행증서(민집법 제59조 제3항), 이행권고결정 등도 동일하게 취급된다.

3. 사안의 해결

사안에서 지급명령상 채권 중 이자제한법을 초과하는 이자 부분(2,500만 원에서 2,500만 원에 대한 연 24%의 비율에 의한 이자 600만 원을 제한 1,900만 원)은 이자제한법 제2조 제3항에 의하여 무효이다. 甲은 청구이의의 소를 제기하여 지급명령 중 3,100만 원 및 이에 대한 2021. 1. 1.부터 다 갚는 날까지 월 2%의 비율로 계산한 돈을 초과하는 부분에 대한 집행력의 배제를 구할 수 있다. 또 甲은 청구이의의 소를 제기하면서 잠정처분(민집법 제46조)으로서 강제집행정지신청을 할 수 있다.

다. 乙은 丁과 함께 丙으로부터 임차한 아파트에 거주하고 있으나, 丙으로부터 아파트를 임차한 사람은 乙이 아니라 丁이라고 하면, 丁은 어떤 방법으로 다투어야 하는가?

1. 쟁점

사안에서는 압류채권이 집행채권자의 재산이 아닌 경우에 압류채권의 채권자가 다투는 방법이 문제된다.

2. 전부명령과 제3자이의의 소

강제집행의 목적물에 대하여 소유권이 있다고 주장하거나 목적물의 양도나 인도를 막을 수 있다고 주장하는 제3자는 집행채권자를 상대로 제3자이의의 소를 제기할 수 있다(민집법 제48조). 제3자이의의 소는 모든 재산권을 대상으로 하는 집행에 대하여 적용되는 것이므로, 금전채권에 대하여 압류 및 추심명령 또는 전부명령이 있은 경우에 있어서 그 집행채무자 아닌 제3자가 자신이 진정한 채권자로서 자신의 채권의 행사에 있어 위 압류 등으로 인하여 사실상 장애를 받았다면 그 채권이 자기에게 귀속한다고 주장하여 집행채권자에 대하여 제3자이의의 소를 제기할 수 있다(대법원 1997. 8. 26. 선고 97다4401 판결). 다만, 제3자이의의 소는 강제집행 개시

후 당해 강제집행의 종료 전까지 소를 제기하여야 하는바, 채권압류 및 전부명령의 경우는 전부명령이 확정되면 그 집행이 종료되므로 그 전에 제3자이의의 소를 제기하여야 한다.

3. 사안의 해결

사안에서 압류채권의 채권자가 집행채무자인 乙이 아니라 제3자인 丁이라면, 丁은 위 채권압류 및 전부명령이 확정되기 전에 집행채권자인 甲을 상대로 제3자이의의 소를 제기하여 그에 대한 강제집행의 불허를 구할 수 있고, 위 소송이 계속되는 동안 강제집행을 정지하는 잠정처분을 신청할 수 있다(민집법 제48조 제3항, 제46조 제2항).

〈추가된 사실관계〉

甲이 받은 위 채권압류 및 전부명령이 2021. 5. 8. 확정되었고, 甲은 2021. 5. 10. 丙을 상대로 "피고는 원고에게 5,400만 원 및 이에 대하여 소장 부본 송달일 다음날부터 다 갚는 날까지 연 12%의 비율로 계산한 돈을 지급하라."는 전부금 청구의 소를 제기하였다.

라. 丙이 위 전부금 청구소송에서 위 가., 나., 다.항의 각 사정을 주장하여 위 채권압류 및 전부명령의 효력이 없다고 다툰다면, 丙의 위 각 주장은 받아들여실 수 있는가? (위 각 문항의 사실관계는 관련이 없다고 전제함)

1. 집행요건을 갖추지 못한 경우

집행요건을 갖추지 못한 채권압류 및 전부명령은 무효이고 확정되더라도 실체법상 효력이 발생하지 않는다. 전부금 청구소송에서 피고인 제3채무자는 채권압류 및 전부명령의 무효사유를 주장하여 다툴 수 있다.

사안에서 丙은 전부금소송에서 위와 같은 사유를 주장할 수 있다.

2. 집행채권의 성립에 강행법규위반의 사유가 있는 경우

집행권원상 채권의 성립에 관한 법률행위에 무효사유가 있더라도 그 강제집행절차가 청구이의의 소 등을 통하여 적법하게 취소·정지되지 아니한 채 계속 진행되어 채권압류 및 전부명령이 적법하게 확정되었다면, 그 강제집행절차가 반사회적 법률행위의 수단으로 이용되었다는 등의 특별한 사정이 없는 한, 단지 이러한 법률행위의 무효사유를 내세워 확정된 전부명령에 따라 전부채권자에게 피전부채권이 이전되는 효력 자체를 부정할 수는 없다.

사안에서 丙은 전부금 청구소송에서 집행채권에 이자제한법에 위반되어 무효인 부분이 있음을 다툴 수 없다.

3. 압류채권이 집행채무자에게 귀속되지 않는 경우

전부금 청구소송에 있어서 압류채권(전부채권)의 존재는 요건사실로서 전부채권자가 주장, 증명하여야 할 사항이고, 압류채권(피전부채권)이 집행채무자의 채권이 아니라면 전부명령의 효력은 발생하지 않는다(민집법 제231조).

사안에서 압류채권(피전부채권)이 십생채무자인 乙에게 귀속된다는 사실은 원고 甲이 주장, 증명할 사항이지만, 피고 丙이 이에 관하여 다툴 수 있다.

〈추가된 사실관계〉

乙과 丁이 2021. 6. 30. 위 아파트를 丙에게 반환하자, 丙은 2021. 7. 15. 위 전부금소송에서 甲과 "1. 피고는 원고에게 5,400만 원 및 이에 대하여 2021. 8. 1.부터 다 갚는 날까지 연 12%의 비율로 계산한 돈을 지급한다. 2. 원고의 나머지 청구는 포기한다."는 재판상화해를 한 후, 2021. 7. 31. 甲에게 5,400만 원을 지급하였다.

마. 乙이 이 상황에서 위 나.항의 사정을 주장하여 권리구제를 받을 수 있는 방법은 무엇인가?

1. 집행권원상 청구권의 무효사유와 전부명령의 효력

집행권원상 청구권의 성립에 기초가 된 법률행위의 전부 또는 일부에 무효사유가 있더라도 청구이의의 소 등을 통하여 적법하게 취소·정지되지 아니한 채 계속 진행되어 채권압류 및 전부명령이 적법하게 확정되었다면, 그 강제집행절차가 반사회적 법률행위의 수단으로 이용되었다는 등의 특별한 사정이 없는 한, 단지 이러한 법률행위의 무효사유를 내세워 확정된 전부명령에 따라 전부채권자에게 피전부채권이 이전되는 효력 자체를 부정할 수는 없다.

2. 전부명령 확정 후 집행권원상 채권의 기초가 된 법률행위에 무효사유가 있는 것으로 판명된 경우 권리구제방법

전부명령이 확정된 후 그 집행권원인 집행증서 또는 지급명령상 채권의 기초가 된 법률행위 중 전부 또는 일부에 무효사유가 있는 것으로 판명된 경우에는 그 무효 부분에 관하여는 집행채권자가 부당이득을 한 셈이 되므로, 집행채권자는 집행채무자에게, 전부명령에 따라 전부받은 채권 중 실제로 추심한 금전 부분에 관하여는 그 상당액을 반환하여야 하고, 추심하지 아니한 나머지 부분에 관하여는 그 채권 자체를 양도하는 방법에 의하여 반환하여야 한다.

3. 사안의 해결

사안에서 집행권원인 지급명령상 채권의 일부가 이자제한법 위반에 의하여 무효인데, 甲이 그러한 집행권원에 의하여 채권압류 및 전부명령을 받고 그에 기하여 채권을 추심하였는바, 乙은 甲을 상대로 이자제한법을 초과하여 무효인 부분[2,052만 원 = 5,400만 원-(3,100만 원+3,100만 원×0.02×4)]에 대하여 부당이득반환청구를 하여야 한다.

자동채권이 압류채권과 동시이행관계에 있는 경우의 상계

乙은 2019. 1. 1. 丙으로부터 상가건물신축공사를 대금 10억 원, 기간 2020. 6. 30.까지로 정하여 도급받고 위 공사를 진행하던 중, 2019. 7. 1. 甲으로부터 위 공사에 사용될 건축자재 7,000만 원 상당을 납품받고 그 대금은 2019. 12. 31. 지급하기로 약정하였다. 甲은 乙로부터 위 대금을 지급받지 못하자, 2020. 3. 1. 건축자재대금채권 7,000만 원을 피보전권리로 하여 乙을 채무자, 丙을 제3채무자로 하여 乙의 丙에 내린 공시잔대금채권 중 7,000만 원에 대하여 채권가압류결정을 받았고, 그 가압류결정은 2020. 3. 10. 丙에게 송달되었다. 한편, 丙은 2020. 1. 1. 乙에게 5,000만 원을 이율은 월 1%, 변제기는 2020. 9. 30.로 정하여 대여하였다. 丙은 2020. 6. 30. 乙로부터 완성된 상가건물을 인도받은 후 공사의 하자를 발견하고 乙에게 하자보수를 요청하였으나, 乙이 부도가 나는 바람에 하자보수를 이행할 수 없게 되자, 2020. 10. 1. 1억 원을 지출하여 하자보수공사를 하였다. 甲은 乙을 상대로 건축자재대금청구소송을 제기하여 승소확정판결을 받고 그에 기하여 乙의 丙에 대한 공사잔대금채권 중 7,000만 원에 대하여는 위 가압류를 본압류로 이전하여, 1,000만 원에 대하여는 확정판결을 집행권원으로 하여 각 채권압류 및 추심명령을 받았고 그 결정이 2020. 12. 31. 丙에게 송달되었다. 甲은 2021. 3. 1. 丙을 상대로 "8,000만 원 및 이에 대하여 소장 부본 송달일 다음날부터 다 갚는 날까지 연 12%의 비율로 계산한 돈을 지급하라."는 추심금

청구의 소를 제기하였다.

丙은 2021. 4. 30. 위 추심금소송의 제1회 변론기일에서 위 상가건물을 인도받을 당시 공사대금채무 2억 원이 남아있었음을 인정하면서, ① 위 상가건물의 하자보수를 위하여 지출한 1억 원의 손해배상청구권을 자동채권으로 하여, ② 2020. 1. 1.자 대여원리금채권을 자동채권으로 위 공사잔대금채권과 각 상계한다고 항변하였다. 丙의 상계항변은 타당한가? 甲이 위 추심금소송에서 승소할 수 있는 금액은 얼마인가?

1. 압류채권과 자동채권이 동시이행관계에 있는 경우 상계

민법 제498조는 지급을 금지하는 명령을 받은 제3채무자는 그 후에 취득한 채권에 의한 상계로 그 명령을 신청한 채권자에게 대항하지 못한다고 규정하고 있는바, 대법원판례에 따르면, 채권압류명령을 받은 제3채무자가 집행채무자에 대한 반대채권을 가지고 있는 경우에 상계로써 집행채권자에게 대항하기 위하여는, 압류의 효력 발생 당시에 양 채권이 상계적상에 있거나, 그 당시 반대채권(자동채권)의 변제기가 도래하지 아니한 경우에는 그것이 압류채권(수동채권)의 변제기와 동시에 또는 그보다 먼저 도래하여야 한다. 한편, 금전채권에 대한 압류 및 추심명령 또는 전부명령이 있는 때 제3채무자는 채권이 압류되기 전에 압류채무자에게 대항할 수 있는 사유로써 압류채권자에게 대항할 수 있는 것이므로 제3채무자의 압류채무자에 대한 자동채권이 수동채권인 압류채권과 동시이행의 관계에 있는 경우에는, 압류명령이 제3채무자에게 송달되어 압류의 효력이 생긴 후에 자동채권이 발생하였다고 하더라도 제3채무자는 동시이행의 항변권을 주장할 수 있고 따라서 그 채권에 의한 상계로 압류채권자에게 대항할 수 있는 것으로서, 이 경우에 자동채권이 발생한 기초가 되는 원인은 수동채권이 압류되기 전에 이미 성립하여 존재하고 있었던 것이므로, 그 자동채권은 민법 제498조 소정의 "지급을 금지하는 명령을 받은 제3채무자가 그 후에 취득한 채권"에 해당하지 않는다. 한편 도급계약에 있어서 완성된 목적물에 하자가 있는 때에는 도급인은 수급인에 대하여 하자의 보수를 청구할 수 있고 그 하자의 보수에 갈음하여 또는 보수와 함께 손해배상을 청구할 수 있는바(민법 제667조), 이들 청구권은 수급인의 공사대금채권과 동시이행관계에 있다(대법원 2014. 1. 16. 선고 2013다30653 판결).

2. 사안의 해결

사안에서 7,000만 원에 대한 가압류명령 효력발생 시기는 2020. 3. 10.이고 1,000만 원에 대한 압류명령 효력발생 시기는 2020. 12. 31.이며, 압류채권인 공사잔대금채권의 변제기는 신축건물의 인도 시인 2020. 6. 30.이다.

① 丙의 하자보수에 갈음하는 손해배상채권은 공사잔대금채권과 동시이행관계에 있으므로 가압류명령 송달 이후에 발생하였으나 상계할 수 있다.

② 丙의 대여금채권 중 원금 5,000만 원의 변제기는 2020. 9. 30.이고 월 50만 원씩 이자채권의 변제기는 2020. 1. 31.부터 2020. 9. 30. 매월 말일이고 지연손해금채권은 기한의 정함이 없으므로 丙의 2020. 1. 1.자 대여원리금채권을 자동채권으로 한 상계는 가압류명령의 효력발생 시와 압류명령의 효력발생 시를 기준으로 나누어 각 그 효력발생 시에 상계적상에 있었던 부분과 압류채권보다 변제기가 먼저 도달하는 부분에 한하여 상계로써 甲에게 대항할 수 있다.

따라서 공사잔대금채권 중 1억 원은 하자보수에 갈음하는 손해배상청구권의 상계에 의하여 상계적상시인 2020. 6. 30. 소급하여 소멸하였고, 대여원리금채권 중 2020. 1. 1.부터 2020. 6. 30.까지의 이자채권 300만 원(50만 원 x 6월)은 甲의 가압류명령의 효력발생 시에 이미 변제기가 도래하여 상계적상에 있었거나 甲의 가압류명령 효력발생시 상계적상에 있지 않았으니, 압류채권보다 먼저 또는 동시에 변제기에 도달하므로 상계로써 2020. 6. 30. 소멸하였다. 대여원리금채권 중 원금 5,000만 원과 2020. 7. 1.부터 같은 해 9. 30.까지의 이자채권 150만 원(50만 원 x 3월)은 甲의 가압류명령에 대하여는 상계로써 대항할 수 없으나, 압류명령 효력발생 시에는 상계적상에 있어서 상계로써 대항할 수 있다.

공사잔대금 2억 원에서 상계에 의하여 2020. 6. 30. 소멸한 1억 300만 원을 제한 나머지 금액 중 7,000만 원이 추심금 청구소송에서 인용될 수 있고, 나머지 잔액은 2020. 9. 30. 대여원리금채권 중 2020. 7. 1.부터 같은 해 9. 30.까지의 이자채권 150만 원과 원금 2,550만 원과 상계되어 소멸하였다. 결국 추심금 청구소송에서 인용될 수 있는 부분은 '7,000만 원 및 이에 대한 소장 부본 송달일 다음날부터 판결선고일까지 상사법정이율인 연 6%, 그 다음날부터 다 갚는 날까지 소촉법상 지연손해금율인 연 12%의 각 비율로 계산한 돈'이다.

유사문제 1 甲은 2017. 2. 5. 상가를 신축하면서 공사대금 10억 원, 완공일 2018. 2. 5.로 정하여 수급인 乙과 도급계약을 체결하였다. 甲은 乙의 공사자금 조달을 위하여 甲 소유의 상가 부지를 담보로 제공하기로 하였고, 이에 丙 은행은 위 부지에 근저당권을 설정받아 5억 원을 乙에게 대출하였다. 乙은 2017. 12. 31. 자금사정이 곤란하게 되어 공사를 중단하였다. 이에 甲은 도급계약을 적법하게 해제하고 자신의 비용으로 상가건물을 완공하였다. 그런데 乙의 대여금채권자 丁이 2017. 9. 15. 3억 원의 대여금채권을 피보전채권으로 하여 乙의 甲에 대한 공사대금채권에 대하여 가압류를 하였고, 丁은 같은 해 12. 23. 乙에 대한 대여금청구소송의 승소 확정판결에 기하여 위 채권에 대한 압류 및 전부명령을 신청하였고, 위 명령은 2018. 1. 5. 확정되었다. 乙이 대출금 이자의 지급을 지체하자, 丙 은행은 2017. 12. 5. 甲에게 乙의 대출원리금이 완납되지 아니하면 저당권을 실행할 것이라고 통지하였다. 이에 甲은 2018. 2. 5. 대출원리금을 변제하고 위 근저당권등기를 말소하였다. 丁은 甲에게 3억 원의 전부금을 청구하였고, 이에 대하여 甲은 乙에 대한 구상금채권으로 상계항변을 하였다. 甲의 상계항변은 타당한가? 그 논거를 들어 서술하시오. (2017년 8월 변호사시험 모의시험 변형)

유사문제 2　X부동산의 매도인 甲은 매매대금 20억 원 중 계약금 1억 원 및 1차 중도금 1억 원 합계 2억 원만을 지급받은 상태에서 당초 약정에 따라 2017. 1. 1. 매수인 乙에게 X부동산을 인도하였다. 그 후 甲은 2017. 2. 1. 乙을 상대로 위 매매계약의 해제에 따른 원상회복을 원인으로 X부동산의 인도를 구하는 소를 제기하였다(이하 '이 사건 소송'이라 한다). 이에 乙은 "매매계약 해제를 원인으로 甲으로부터 위 2억 원의 반환을 받을 때까지 甲의 인도청구에 응할 수 없다."는 취지의 동시이행항변을 하였고, 이에 대하여 甲은 2017. 11. 1. 이 사건 소송에 관한 준비서면을 통하여 "乙의 X부동산 점유를 원인으로 하는 甲의 乙에 대한 사용료 채권이 2억 원이므로 이를 자동채권으로 하여 乙의 甲에 대한 위 2억 원의 반환채권과 상계하면 지급할 금액이 없다."고 재항변하였다. X부동산에 관한 임료 시세는 월 2,000만 원이다. 乙에 대한 1억 원 대여금 채권자 丙은 乙에 대한 승소확정판결을 집행권원으로 하여, 이 사건에 관한 제1심 소송 진행 중이던 2017. 3. 25. 위 매매계약의 해제를 원인으로 乙이 甲에 대하여 가지는 매매대금반환채권에 관하여 압류 및 전부명령을 받았다. 그리고 위 명령은 2017. 4. 1. 甲에게 송달되었으며 그대로 확정되었다. 위 압류 및 전부명령을 송달받은 甲은 乙에 대한 X부동산에 관한 사용료채권으로써 丙에 대하여 상계한다는 취지의 내용증명을 발송하여 2017. 6. 1. 丙에게 도달하였다. 甲이 乙에게 반환하여야 할 금액은 얼마인가(법정이자 기타 일체의 부대채권은 고려하지 않음)? (2017년 10월 변호사시험 모의시험)

유사문제 3 甲은 乙로부터 X건물을 대금 1억 원에 매수하였다. 매매 당시 乙은 甲으로부터 위 매매대금을 지급받음과 동시에 甲에게 X건물에 관하여 설정되어 있던 저당권설정등기(저당권자 C)를 말소해 주기로 약정하였다. 乙의 채권자 丙은 乙의 甲에 대한 위 매매대금 채권에 관하여 압류 및 추심명령을 받았고 위 명령이 甲에게 송달되었다. 甲의 대금지급의무와 乙의 소유권이전등기의무가 이행되지 않고 있던 중 C의 저당권에 기한 경매절차가 개시되었다. 甲은 C에게 위 저당권의 피담보채무액 5,000만 원을 대위변제하여 위 저당권을 말소시켰고, 乙은 甲에게 소유권이전등기를 마쳐 주고 X건물을 인도하였다. 이후 丙은 甲을 상대로 추심금 1억 원의 지급을 구하는 소를 제기하였다. 甲은 위 소에서 대위변제로 발생한 구상금 채권 5,000만 원으로 乙의 매매대금 채권과 대등액에서 상계한다고 주장하였다. 甲의 상계 항변은 이유 있는가? (제9회 변호사시험)

압류의 대상인 금전채권 / 압류금지채권 / 금선채권에 대한 압류 및 가압류의 경합 / 추심권능에 대한 피압류적격 / 집행채권의 소멸과 전부명령의 효력 / 채권가압류의 집행취소의 효력

甲은 2019. 12. 1. 채무자를 乙, 제3채무자를 A회사, 청구금액을 5,000만 원으로 하여 乙의 A회사에 대한 임금채권(기발생분 포함) 및 퇴직금채권에 대하여 채권압류 및 추심명령을 받았다. 위 채권압류 및 추심명령은 2019. 12. 5. A회사의 본점 소재지로 송달되어 그 사무원인 乙이 수령하였으나 乙은 위 채권압류 및 추심명령을 A회사의 대표이사에게 전달하지 않았다. 한편 丙은 2017. 1. 25. 乙에게 5,000만 원을 변제기를 2016. 9. 30.로 정하여 대여하였다고 주장하면서 청구금액을 5,000만 원으로 하여 乙의 임금채권 중 1/2에 대하여 가압류를 하였고, 2017. 1. 31. 그 가압류결정이 A회사의 대표이사에게 송달되었다.

가. 甲은 2020. 1. 1. 위 채권압류 및 추심명령에 기하여 A회사를 상대로 "피고는 원고에게 5,000만 원 및 이에 대하여 소장 부본 송달일 다음날부터 다 갚는 날까지 연 12%의 비율로 계산한 돈을 지급하라."는 소를 제기하였다. 이에 대하여 A회사는, ① 乙이 아직 A회사에 재직하고 있으므로 퇴직금채권은 압류의 대상이 될 수 없고, ② 임금 및 퇴직금채권 중 1/2은 압류금지채권에 해당하여 압류의 대상이 될 수 없어서 위 채권압류 및 추심명령은 효력

이 없을 뿐만 아니라, ③ 2017. 1. 31. 丙이 신청한 채권가압류결정을 송달받았기 때문에 甲의 추심금 청구에 응할 수 없다는 내용의 답변서를 제출하였다. A회사의 위 각 주장은 타당한가?

1. ① 주장에 대하여

집행의 대상인 금전채권은 채무자가 제3채무자에 대하 금전의 급부를 구할 수 있는 각종 청구권으로서, 외화채권이거나 공법관계에 기초한 채권이거나, 조건부, 기한부 채권도 압류채권이 될 수 있으며, 장래에 발생할 채권도 그 원인이 확정되고 권리를 특정할 수 있으며, 가까운 장래에 발생할 것이 상당 정도 기대되는 경우(발생의 확실성이 높은 경우)에는 집행의 대상이 된다(대법원 2002. 11. 8. 선고 2002다7527 판결).

사안에서 乙의 A회사에 대한 퇴직금채권은 乙의 퇴직 시에 발생할 채권으로서 장래에 발생할 채권이기는 하지만, 취업규칙 등에 의하여 퇴직급채권의 발생원인이 확정되어 있고 채권액을 특정할 수 있으며 乙의 퇴직 시에 발생할 것이 확실한 경우이므로 압류대상이 될 수 있다. 따라서 이에 관한 A회사의 주장은 타당하지 않다.

2. ② 주장에 대하여

채권의 집행에 있어서 압류채권은 양도할 수 있는 것이어야 하고, 법률상 압류가 금지되지 않아야 한다. 민집법 제246조는 채무자의 생활보장 또는 공익적, 사회정책적 이유에서 일정한 채권을 압류금지채권으로 규정하고 있는바, 이는 강행규정이다. 압류가 금지된 채권에 대한 압류명령은 강행법규에 위반되어 무효이고, 제3채무자는 압류채권자의 전부금청구나 추심금청구에 대하여 위의 사유로써 대항할 수 있다.

민집법 제246조 제1항 제4호와 제5호는 급료, 봉급 등 급여채권의 1/2에 해당하는 금액과 퇴직금 등 급여채권의 1/2에 해당하는 금액을 압류금지채권으로 규정하고 있는바, 사안에서 甲의 채권압류 및 추심명령 중 (장래 발생할) 임금 및 퇴직금채권 중 1/2에 대한 부분은 압류금지채권을 대상으로 한 것이어서 무효이므로 A회사의 주장은 이 부분에 관해서는 타당하다.

3. ③ 주장에 대하여

금전채권에 대한 압류 및 가압류명령은 제3채무자에게 송달하면 압류 및 가압류의 효력이 발생하는바(민집법 제227조 제2항, 제291조), 동일한 금전 채권에 대하여 압류 및 가압류의 경합은 허용되고, 압류 상호간, 가압류 상호간, 가압류 및 압류 상호간에 집행의 순위에 의한 우열이 없다(채권자 평등주의). 추심명령을 받아 채권을 추심하는 채권자는 자기채권의 만족을 위하여서 뿐만 아니라 압류가 경합되거나 배당요구가 있는 경우에는 집행 법원의 수권에 따라 일종의 추심기관으로서 압류나 배당에 참가한 모든 채권자를 위하여 제3채무자로부터 추심을 하는 것이므로 그 추심권능은 압류된 채권 전액에 미치며, 제3채무자로서도 정당한 추심권자에게 변제 하면 그 효력은 위 모든 채권자에게 미친다. 압류 및 추심명령 등에 의하 여 강제집행절차가 진행되는 경우 가압류채권자는 배당요구를 하지 않고 당연히 배당을 받을 수 있는 지위를 가진다.

사안에서 乙의 임금채권에 대하여 선행하는 丙의 가압류가 있다고 하 더라도 선행하는 가압류가 우선한다고 할 수 없으므로 A회사의 주장은 타 당하지 않다.

나. 甲의 채권자인 戊가 2020. 6. 1. 甲이 A회사를 상대로 위 소송을 제기한 사실을 알고 甲의 A회사에 대한 추심금채권에 대하여 채권압류 및 전부명령 을 받았고 그 결정문은 2020. 6. 10. A회사에 송달되었다. 戊가 甲의 A회사 에 대한 위 추심금 청구소송에 승계참가를 하면 승소할 수 있는가?

1. 추심권능에 대한 피압류적격

금전채권에 대하여 압류 및 추심명령이 있었다고 하더라도 이는 강제집행절차에서 압류채권자에게 채무자의 제3채무자에 대한 채권을 추심할 권능만을 부여하는 것으로서 강제집행절차상의 환가처분의 실현행위에 지나지 아니한 것이며, 이로 인하여 채무자가 제3채무자에 대하여 가지는 채권이 압류채권자에게 이전되거나 귀속되는 것이 아니므로, 이와 같은 추심권능은 그 자체로서 독립적으로 처분하여 환가할 수 있는 것이 아니어서 압류할 수 없다(대법원 1997. 3. 14. 선고 96다54300 판결).

2. 사안의 해결

사안에서 甲의 채권압류 및 추심명령은 A회사에 적법하게 송달되지 않아서 그 효력이 없지만 그 효력이 있다고 하더라도, 추심권능은 그 자체로 독립적으로 처분하여 환가할 수 있는 것이 아니어서 압류의 대상이 될 수 없으므로 그에 대한 압류명령은 무효이고 그러한 압류명령에 기초한 전부명령 역시 효력이 없다. 戊가 전부채권자로서 승계참가를 할 경우, 그 승계참가는 부적법하게 된다.

다. 丁은 乙로부터 받은 집행증서에 기하여 청구금액을 5,000만 원으로 하여 乙의 A회사에 대한 임금채권 중 1/2(기발생분 포함)에 관하여 채권압류 및 전부명령을 신청하기로 하면서 丙에게 위 가압류를 취하해 줄 것을 요구하였고, 丙도 이를 승낙하였다. 丁과 丙은 2020. 5. 25. 동시에 채권압류 및 전부명령신청서와 가압류신청취하서 및 집행취소신청서를 제출하였는데, A회사는 2020. 6. 1. 채권압류 및 전부명령을, 2020. 6. 3. 위 가압류집행취소신청서를 송달받았다. 丁은 위 전부명령이 확정된 후 A회사를 상대로 5,000만 원의 지급을 구하는 전부금청구의 소를 제기하였다. A회사는 丁이 乙에 대하여 가지는 채권이 4,000만 원이므로 위 채권압류 및 전부명령은 그 범위에서만 효력이 있다고 다투었다. A회사의 위 주장은 받아들여질 수 있는가? A회사가 위 전부금소송에서 달리 할 수 있는 주장이 있는가?

1. 전부명령의 요건

전부명령은 압류된 금전채권을 집행채권의 변제에 갈음하여 그 금액만큼 압류채권자에게 이전시키는 집행법원의 명령인바, 금전채권을 대상으로 하고(민집법 제245조), 전부명령이 제3채무자에게 송달될 때까지 그 금전채권에 관하여 다른 채권자가 압류, 가압류, 배당요구를 한 경우에는 효력이 없다(민집법 제229조 제5항). 즉 압류 경합 또는 배당요구가 있는 경우 채권자평등주의의 원칙상 전부명령이 허용되지 않는다. 그 기준시점은 전부명령이 제3채무자에게 송달된 때인바, 압류 등이 경합된 상태에서 전부명령이 송달된 뒤에 그 경합상태가 해소된다고 하더라도 전부명령이 유효하게 되는 것은 아니다.

2. 집행채권의 소멸과 전부명령의 효력

채무자 또는 그 대리인의 유효한 작성촉탁과 집행인낙의 의사표시에 터잡아 작성된 공정증서를 집행권원으로 하는 금전채권에 대한 강제집행절차에서, 비록 그 공정증서에 표시된 청구권의 기초가 되는 법률행위에 무효사유가 있다고 하더라도 그 강제집행절차가 청구이의의 소 등을 통하여 적법하게 취소·정지되지 아니한 채 계속 진행되어 채권압류 및 전부명령이 적법하게 확정되었다면, 그 강제집행절차가 반사회적 법률행위의 수단으로 이용되었다는 등의 특별한 사정이 없는 한, 단지 이러한 법률행위의 무효사유를 내세워 확정된 전부명령에 따라 전부채권자에게 피전부채권이 이전되는 효력 자체를 부정할 수는 없고, 다만 위와 같이 전부명령이 확정된 후 그 집행권원인 집행증서의 기초가 된 법률행위 중 전부 또는 일부에 무효사유가 있는 것으로 판명된 경우에는 그 무효 부분에 관하여는 집행채권자가 부당이득을 한 셈이 되므로, 그 집행채권자는 집행채무자에게, 위 전부명령에 따라 전부받은 채권 중 실제로 추심한 금전 부분에 관하여는 그 상당액을 반환하여야 하고, 추심하지 아니한 나머지 부분에 관하여는 그 채권 자체를 양도하는 방법에 의하여 반환하여야 한다(대법원

2005. 4. 15. 선고 2004다70024 판결). 채권자와 채무자 사이의 집행채권의 부존재 또는 소멸은 전부명령의 효력에는 영향이 없다.

3. 채권가압류의 집행취소의 효력

채권가압류에 있어서 채권자가 가압류신청을 취하하면 가압류결정은 그로써 효력이 소멸되지만, 채권가압류결정정본이 제3채무자에게 이미 송달되어 가압류결정이 집행되었다면 그 취하통지서가 제3채무자에게 송달되었을 때 비로소 가압류집행의 효력이 장래를 향하여 소멸된다(대법원 2008. 1. 17. 선고 2007다73826 판결).

4. 사안의 해결

사안에서 丁의 乙에 대한 집행채권이 실제 5,000만 원이 아니라 4,000만 원이라는 사정은 전부명령의 효력에는 영향이 없으므로 이에 관한 A회사의 주장은 타당하지 않다. 戊의 채권압류 및 전부명령이 송달된 2020. 6. 1.에는 丙의 가압류집행의 효력이 소멸되지 않았는바, 丙이 한 가압류의 압류채권은 乙이 2017. 2. 1.부터 A회사로부터 지급받을 임금채권 중 1/2이고, 丁의 채권압류 및 전부명령의 압류채권은 A회사가 2017. 2. 1.부터 2020. 6. 1.까지 乙에게 지급하지 않고 있는 1/2의 임금채권과 향후 지급받을 임금채권 중 1/2이므로 丙의 가압류와 丁의 채권압류는 경합한다. 따라서 A회사는 압류경합을 주장하여 丁의 전부명령이 무효라는 주장을 할 수 있다.

유사문제 상인인 甲은 乙에 대하여 상품 판매로 인한 4억 원의 물품대금 채권을 가지고 있다. 甲에게 2억 원의 대여금채권을 갖고 있는 丁은 甲을 대위하여 乙에 대해 물품대금 중 2억 원을 丁에게 지급할 것을 청구하는 소를 제기하였다. 丁이 乙을 상대로 제기한 대위소송에서 2017. 8. 12. "乙은 丁에게 2억 원을 지급하라."라는 판결(이하 '이 사건 판결'이라 한다)이 선고되었고, 2017. 9. 3. 이 사건 판결이 그대로 확정되었다. 丁의 채권자인 戊는 丁에 대한 집행력 있는 지급명령 정본에 기초하여 2018. 1. 11. 이 사건 판결에 따라 乙이 丁에게 지급해야 하는 2억 원에 대하여 채권압류 및 전부명령을 받아 그 전부명령이 확정되었고, 戊는 2018. 4. 25. 乙을 상대로 전부금의 지급을 청구하는 소를 제기하였다. 戊의 乙에 대한 소송에서 법원은 어떠한 판단을 하여야 하는지 1) 결론(소 각하/청구 기각/청구 인용/청구 일부 인용 – 일부 인용의 경우에는 인용 범위를 특정할 것)과 2) 논거를 기재하시오. (제9회 변호사시험)

채권압류 및 전부명령에 대한 즉시항고 /
전부명령 확정 후 집행채권이 소멸된 경우
전부채권자의 전부금 청구

甲은 2018. 1. 1. 乙에게 3,000만 원을 변제기는 2018. 12. 31.로 정하여 대여하였는데, 乙이 변제기가 지나서도 위 차용금을 변제하지 않자, 2019. 2. 1. 청구금액을 3,000만 원으로 하여 乙의 丙에 대한 8,000만 원의 임차보증금 반환채권에 대하여 가압류를 신청하였고, 그 가압류결정이 2019. 2. 5. 丙에게 송달되었다. 甲은 2020. 1. 1. 乙을 상대로 위 대여금에 관하여 지급명령을 신청하였고 그 지급명령은 乙이 이의를 하지 않음으로써 2020. 2. 28. 확정되었다. 甲은 2020. 3. 20. 위 지급명령에 기하여 乙의 丙에 대한 임차보증금반환채권에 대하여 가압류를 본압류로 이전하는 채권압류 및 전부명령을 신청하였고, 위 채권압류 및 전부명령은 2020. 3. 31. 丙에게 송달되었다.

가. 丙은 2020. 4. 5. 乙이 거주하던 주택을 丁에게 매도하여 자신은 더 이상 임대인이 아니므로 위 채권압류 및 전부명령이 부적법하다는 이유로 즉시항고를 제기하였다. 위 즉시항고는 받아들여질 수 있는가?

1. 채권압류 및 전부명령에 대한 즉시항고

채권압류 및 전부명령에 대하여는 즉시항고로 불복할 수 있는바(민집법 제227조 제4항, 제229조 제6항), 제3채무자는 채권압류 및 전부명령의 당사자는 아니지만, 채무자 및 이행관계인과 함께 즉시항고권자에 포함된다. 즉

시항고로 다툴 수 있는 사유로는, 집행요건 및 집행개시요건의 불비, 집행
장애사유의 존재, 압류채권의 불특정, 압류채권의 부적격 등 압류명령을
무효로 하는 사유와 압류채권이 금전채권이 아닌 경우, 압류의 경합 또는
배당요구의 존재 등 전부명령을 무효로 하는 사유가 포함된다. 한편, 집행
채권의 존부 또는 압류채권의 존부 및 소멸사유는 채권압류 및 전부명령
의 효력에는 영향을 미치지 않으므로 즉시항고로는 다툴 수 없다.

2. 주택임대차에서 주택양도인의 지위

임대차보증금반환채권에 대한 압류 및 전부명령이 확정되어 임차인의
임대차보증금반환채권이 집행채권자에게 이전된 경우 제3채무자인 임대
인으로서는 임차인에 대하여 부담하고 있던 채무를 집행채권자에 대하여
부담하게 될 뿐 그가 임대차목적물인 주택의 소유자로서 이를 제3자에게
매도할 권능은 그대로 보유하는 것이며, 위와 같이 소유자인 임대인이 당
해 주택을 매도한 경우 주택임대차보호법 제3조 제4항에 따라 전부채권자
에 대한 보증금지급의무를 면하게 되므로, 결국 임대인은 전부금지급의무
를 부담하지 않는다(대법원 2005. 9. 9. 선고 2005다23773 판결).

3. 사안의 해결

사안에서 丙은 주택의 양도인으로서 임대차보증금반환의무를 면하게
되는바, 압류채권의 존부 및 소멸사유는 채권압류 및 전부명령의 효력에
는 영향이 없으므로 丙은 이를 사유로 즉시항고를 제기할 수 없다.

나. 乙은 丁을 위하여 위 소송에 보조참가를 하여, 위 지급명령의 확정 후에
乙이 甲에게 선대로부터 상속받은 농지를 이전해주는 조건으로 위 지급명
령에 기한 강제집행은 하지 않기로 합의하였으므로 위 전부명령은 무효이고
甲이 乙과 위와 같은 약정을 하고서도 丁에 대하여 전부금청구를 하는 것은
신의칙에 반한다는 주장을 하였다. 乙과 丁 사이에 위와 같은 약정이 있었던

사실이 인정된다면 乙의 위 주장은 받아들여질 수 있는가?

1. 전부명령확정 후 집행채권이 소멸된 경우 전부채권자의 전부금 청구

집행권원에 기한 금전채권에 대한 강제집행절차에서, 그 집행권원에 표시된 집행채권이 소멸하였다고 하더라도 그 강제집행절차가 청구이의의 소 등을 통하여 적법하게 취소·정지되지 아니한 채 계속 진행되어 채권압류 및 전부명령이 적법하게 확정되었다면, 특별한 사정이 없는 한, 단지 집행채권의 소멸을 이유만으로 확정된 전부명령에 따라 전부채권자에게 피전부채권이 이전되는 효력 자체를 부정할 수는 없다. 비록 전부명령이 확정된 후 그 집행권원상의 집행채권이 소멸한 것으로 판명된 경우에는 그 소멸된 부분에 관하여는 집행채권자가 집행채무자에 대한 관계에서 부당이득을 한 셈이 되므로, 그 집행채무자는 집행채권자에 대하여 그가 위 전부명령에 따라 전부받은 채권 중 실제로 추심한 금전 부분에 관하여는 그 상당액을, 추심하지 아니한 부분에 관하여는 그 채권 자체를 양도하는 방법에 의하여 부당이득의 반환을 구할 수 있지만, 부당이득의 반환조로 피전부채권의 채권양도가 이루어지기 이전이라면 전부채권자로서는 피전부채권의 채무자에 대한 관계에서 정당한 채권자로서 적법하게 피전부채권을 행사할 수 있다고 할 것이고, 그러한 권한행사가 신의성실의 원칙에 반한다고 할 수도 없다(대법원 2007. 8. 23. 선고 2005다43081,43098 판결).

2. 사안의 해결

사안에서 甲과 乙 사이에 집행채권에 관하여 부집행의 합의를 하였다고 하더라도 지급명령에 대하여 청구이의의 소를 제기하는 등으로 그 지급명령에 기한 강제집행이 정지·취소되지 않은 채 그에 기한 전부명령이 확정된 이상, 전부명령의 효력을 부정할 수는 없고, 판례에 따를 때 이러한 상황에서의 전부채권자의 피전부채권에 대한 권한행사가 신의칙에 반한다고 할 수도 없으므로 乙의 주장은 받아들여질 수 없다.

임대차보증금반환채권에 대한
추심명령과 차임공제

甲은 X건물을 신축한 후 소유권보존등기를 마치고, 2016. 9. 25. 부동산중개업소를 운영하려는 乙에게 임대하였다(보증금 1억 원, 월차임 300만 원은 매월 말일 지급). 乙은 2016. 10. 1. 사업자등록을 마치고 영업을 시작하였는데, 처음 몇 달간은 차임을 제때 지급하였으나, 2017년 1월부터 차임을 연체하기 시작하였다. 甲의 채권자 丁은 2016. 11. 20. 甲의 乙에 대한 차임채권에 대하여 채권압류 및 추심명령을 받았고, 다음 날 위 명령이 乙에게 송달되었다. 이에 乙은 2016년 11월분과 12월분 차임을 추심채권자 丁에게 지급하였다. 한편, 2017. 9. 10. 甲은 乙에 대하여 차임연체를 이유로 임대차계약을 해지한다고 통지하였고, 2017. 9. 30. 乙이 甲에게 X건물을 인도하자 甲은 보증금에서 연체차임 2,700만 원을 공제한 잔액을 乙에게 반환하였다. 그러자 乙은 甲의 차임채권에 대한 丁의 채권압류 및 추심명령이 송달된 이후에는 甲에게 차임을 지급하는 것이 금지되므로 보증금에서 이를 공제할 수 없다고 주장하면서, 甲을 상대로 공제한 보증금 2,700만 원의 반환을 청구하는 소를 제기하였다. 乙의 甲에 대한 보증금반환청구는 인용될 수 있는가? (제7회 변호사시험)

1. 쟁점

사안에서 추심명령 송달 이후 발생한 연체차임을 보증금에서 당연 공제하는 것이 가능한지 문제된다.

2. 임대차보증금에 대한 추심명령과 차임의 공제

부동산 임대차에 있어서 수수된 보증금은 차임채무, 목적물의 멸실·훼손 등으로 인한 손해배상채무 등 임대차에 따른 임차인의 모든 채무를 담보하는 것으로서 그 피담보채무 상당액은 임대차관계의 종료 후 목적물이 반환될 때에 특별한 사정이 없는 한 별도의 의사표시 없이 보증금에서 당연히 공제되는 것이므로, 임대보증금이 수수된 임대차계약에서 차임채권에 관하여 압류 및 추심명령이 있었다 하더라도, 당해 임대차계약이 종료되어 목적물이 반환될 때에는 그 때까지 추심되지 아니한 채 잔존하는 차임채권 상당액도 임대보증금에서 당연히 공제된다(대법원 2004. 12. 23. 선고 2004다56554 판결).

3. 사안의 해결

사안에서 임대인인 甲의 채권자 丁이 甲의 乙에 대한 임대차계약에 따른 차임채권에 대하여 채권압류 및 추심명령을 받았다 하더라도, 2017. 1.부터 2017. 9.까지 9개월간의 차임은 임대차계약 종료 후 목적물 반환시까지 丁이 乙로부터 이를 추심하지 아니하였으므로, 이 역시 임대보증금에서 당연 공제된다. 따라서 甲이 보증금에서 연체차임 2,700만 원을 공제한 잔액을 乙에게 반환한 것은 타당하고, 乙의 甲에 대한 보증금반환청구는 인용될 수 없다.

채권가압류 효력 발생 이전에 압류채권의 일부 변제 / 지급금지채권에 대한 상계금지와 예외

甲은 2017. 3. 1. 乙에게 자신의 소유인 X토지를 5억 원에 매도하면서 계약 당일 계약금 5,000만 원을 지급받았고, 같은 해 4. 1. 중도금 1억 5,000만 원, 같은 해 5. 1. 소유권이전등기에 필요한 서류의 교부 및 X토지의 인도와 상환으로 잔대금 3억 원을 지급받기로 합의하였다. 丙은 甲에 대하여 1억 5,000만 원의 대여금채권을 갖고 있다. 甲은 2017. 3. 1. 乙과 매매계약을 체결할 당시 X토지 위에 채권자 丙이 위 대여금채권의 보전을 위하여 마쳐둔 가압류 등기를 잔금지급일(2017. 5. 1.)까지 말소해 주기로 약정하였다. 그러나 甲은 위 지급일까지 丙 명의의 가압류등기를 말소하지 못하였고, 이에 乙은 2017. 5. 20. 甲에게 잔금 중 일부인 5,000만 원을 지급하면서 X토지를 인도받고 甲으로부터 소유권이전등기를 넘겨받았다. 얼마 후 甲의 채권자 근는 甲을 채무자로, 乙을 제3채무자로 하면서 자신의 甲에 대한 금전채권 4억 원을 피보전채권으로 하여 甲의 乙에 대한 매매잔대금채권 3억 원에 대한 채권가압류결정을 받았고, 그 가압류결정은 2017. 7. 3. 甲과 乙에게 각 송달되었다. 한편, X토지에 관하여는 丙의 가압류에 기초하여 강제경매절차가 개시되었고, 이에 乙은 甲을 대위하여 2017. 10. 5. 丙의 집행채권액 1억 5,000만 원을 변제하면서 丙으로 하여금 토지 X에 대한 집행신청을 취하하도록 하였다. 2017. 11. 15. 근는 甲에 대한 금전채권에 대한 확정판결에 기하여 위 채권가압류를 본압류로 이전하는 채권압류 및 추심명령을 받고, 그 결정정본이 2017. 12. 1. 甲과 乙에게 각 송달되었다. 丙가 乙을 상대로 3억 원의 추심금청구의 소를 제기하자, 乙은 ① 위 3억 원의 잔금 중 5,000만 원은 이미 지급하였고, ② X토지에 대한 강제집행절차에서 甲을 대신하여 변제한 1억 5,000만 원으로써 상계한다는 항변을 하고 있다. 丙의 청구는 인용될 수 있는가? (지연손해금은 고려하지 말 것) (2018년 8월 변호사시험 모의시험)

1. 채권가압류결정의 효력 발생

채권가압류는 가압류결정이 제3채무자에게 송달된 때에 효력이 발생하고(민집법 제291조, 제227조 제3항), 제3채무자는 그 이후에 발생한 사유를 가지고는 집행채권자에게 대항할 수 없다. 그러나 가압류의 효력발생 이전에 압류채권이 소멸한 사정은 주장할 수 있다.

2. 지급금지채권에 대한 상계금지와 예외

가압류명령이 송달된 후에 취득한 채권을 자동채권으로 하는 제3채무자의 상계는 원칙적으로 허용되지 않는다(민법 제498조). 그러나 제3채무자가 지급금지 명령을 받기 이전에 이미 채권을 취득하고 있을 뿐만 아니라, 지급금지 명령 이전에 취득하지는 않았다고 하더라도 자동채권이 수동채권인 압류채권과 동시이행의 관계에 있는 경우에는 그 채권에 의한 상계를 가지고 압류채권자에게 대항할 수 있다. 왜냐하면 이와 같은 자동채권의 발생기초가 수동채권이 압류되기 이전에 이미 성립해 있다는 점에서 그 자동채권은 민법 제498조에서 규정한 '지급금지 명령 이후에 취득한 채권'에 해당하지 않는다고 해석하기 때문이다(대법원 1993. 9. 28. 선고 92다55794 판결).

3. 사안의 해결

사안에서 丙는 甲의 乙에 대한 매매잔대금 채권 3억 원에 대한 추심채권자로서, 乙에 대하여 직접 추심금의 지급을 청구할 수 있다. 그러나

乙은 丙의 가압류결정이 송달되기 이전인 2017. 5. 20. 甲에게 잔금 일부로서 지급한 5,000만 원은 가압류효력 발생 이전에 이미 소멸하였으므로 丙에 대하여 이를 주장할 수 있다. 그리고 乙은 丙의 가압류결정의 효력 발생 이후에 甲에 대하여 구상금채권을 취득하였으나, 乙의 甲에 대한 구상금채권은 甲, 乙 사이의 매매계약에 따라 甲이 乙에게 부담하는 丙 명의의 가압류등기 말소의무의 변형으로서 甲의 乙에 대한 매매잔대금채권과 사이에 견련성이 있으므로 동시이행의 관계에 있다고 보아야 한다. 따라서 乙은 가압류결정의 효력 발생 이후에 비로소 구상금채권을 취득하게 되었다고 하더라도 이를 자동채권으로 하여 甲의 매매잔대금채권과 상계할 수 있다. 따라서 丙의 추심금청구는 乙이 변제를 주장한 5,000만 원, 상계를 주장한 1억 5,000만 원을 제외한 나머지 부분, 1억 원에 한하여 일부 인용되어야 한다.

전세권의 존속기간이 만료된 경우 전세권저당권자의 권리행사 / 전세권설정등기, 전세권부 저당권설정등기 및 채권가압류 부기등기가 있는 경우 등기의 말소방법

甲은 2015. 1. 1. Z건물에 관하여 乙과 사이에 전세금 1억 원, 존속기간 2017. 12. 31.까지로 한 전세권설정계약을 체결하고, 乙 명의로 전세권설정등기를 마쳐주었다. 乙은 2015. 7. 1. 丙에게 위 전세권을 담보로 제공하여 채권최고액을 1억 원으로 하는 전세권부 저당권설정등기를 마쳐주었다. 한편, 丁은 2018. 2. 1. 乙에 대한 1억 원의 공사대금채권을 피보전권리로 하여 乙의 전세금반환채권에 대하여 가압류결정을 받았는데, 그 가압류결정은 2018. 2. 5. 甲에게 송달되었고, 2015. 2. 5. 전세권부 채권가압류 부기등기가 마쳐졌으며, 丙은 2018. 2. 20. 위 저당권에 기초하여 乙의 전세금반환채권에 대하여 채권압류 및 전부명령을 받았다. 甲은 Z건물의 등기부상의 전세권설정등기, 전세권부 저당권설정등기, 전세권부 채권가압류 부기등기를 말소하기 위하여 어떻게 하여야 하는가?

1. 쟁점

사안에서 Z건물의 등기부에 전세권설정등기 외에 丙의 전세권부 저당권설정등기 및 丁의 전세권부 채권가압류 부기등기 등이 있는바, 부동산등기법상 위 각 등기의 말소방법이 검토되어야 한다.

2. 등기말소에 관하여 등기상 이해관계가 있는 제3자 있는 경우

부동산등기법 제57조 제1항은 "등기의 말소를 신청하는 경우에 그 말소에 대하여 등기상 이해관계 있는 제3자가 있을 때에는 제3자의 승낙이 있어야 한다."고 규정하고 있는바, 등기상 이해관계 있는 제3자란 말소등기를 함으로써 손해를 입을 우려가 있는 등기상의 권리자로서 그 손해를 입을 우려가 있다는 것이 등기부 기재에 의하여 형식적으로 인정되는 자이고, 그 제3자가 승낙의무를 부담하는지 여부는 그 제3자가 말소등기권리자에 대한 관계에서 그 승낙을 하여야 할 실체법상의 의무가 있는지 여부에 의하여 결정된다.

3. 사안의 해결

사안에서 전세권의 근저당권자인 丙의 전세금반환채권에 대한 채권압류 및 전부명령은 형식상 丁의 채권가압류와 경합이 발생하였는지와 상관없이 유효하다. 따라서 甲은 전부채권자인 丙에게 전세금을 반환할 의무가 있다. 甲이 丙에게 전세금을 반환하면, 전세권지인 乙은 전세권설정등기를 말소하여야 할 의무가 있고, 乙의 전세권에 대한 담보권자로서 전세권부 저당권설정등기를 마친 丙과 乙의 전세금반환채권에 대한 가압류권자로서 전세권부 채권가압류의 부기등기를 마친 丁은 이해관계인으로서 위 전세권설정등기의 말소에 대하여 승낙을 하여야 한다. 甲은 丙에게 전세금을 반환한 뒤, 乙을 상대로 전세권설정등기말소청구와 함께 丙과 丁을 상대로 위 전세권설정등기의 말소에 대한 승낙의 의사표시를 구하여야 한다(丙에 대한 전세금 반환 시에 그 승낙서를 받아두었다면 따로 소를 제기할 필요는 없다).

상사채무 / 압류로 인한 시효중단 /
압류의 경합과 전부명령의 효력 /
연대채무자 중 일부에 대한 소멸시효완성의 효과

중고차매매업을 하는 甲과 乙은 영업장 확보를 위하여 2012. 1. 6. 丙의 보증 아래 A은행으로부터 3억 원을 연이율 7%, 변제기 1년으로 하여 차용하였고, 甲은 A은행에 집행력 있는 공정증서의 형식으로 차용증을 따로 작성해 주었다. 한편, 甲과 乙은 변제기인 2013. 1. 5.까지의 이자는 모두 지급하였으나 그 이후로 아무런 변제를 못하고 있다. A은행이 甲, 乙, 丙의 재산을 찾아보았더니, 甲은 B은행에 9,000만 원의 정기예금을, 丙은 A은행에 1억 2,000만 원의 정기예금을 가지고 있었다. 이에 A은행은 2013. 5. 2. 丙에게 위 대출금채권 중 원금 1억 2,000만 원을 2013. 1. 5. 만기인 위 1억 2,000만 원의 정기예금채무와 상계한다는 통지를 보냈고, 이는 2013. 5. 3. 丙에게 도달하였다. 그리고 A은행은 甲을 상대로 위 공정증서에 기한 강제집행에 착수하여, 2015. 1. 6. 甲의 B은행에 대한 정기예금채권에 채권압류 및 전부명령이 있었고, 이는 다음 날 甲과 B은행에 송달된 후 확정되었다. 그런데 甲의 B은행에 대한 위 정기예금채권에는 2014. 12. 3. 甲에 대한 다른 채권자인 C가 甲에 대한 1억 원의 대여금채권을 청구채권으로 하여 신청한 채권가압류가 있었고, 이는 다음 날 甲과 B은행에 송달된 사실이 있었다. 한편 乙은 2018. 11. 9. A은행에 남은 대출금 채무를 전액 변제하겠다는 확약서를 제출하였다. 현재 A은행은 甲, 乙, 丙에 대하여 각 얼마의 대출금 지급을 구할 수 있는가? (금액은 원금에 한하고, 다수 채무자 간의 중첩적 채무관계는 별도로 표시할 필

요 없음) (제8회 변호사시험)

1. 쟁점

사안에서 A은행에 대한 甲, 乙, 丙의 각 채무의 법적 성질, A은행의 丙에 대한 상계의 효과, A은행의 甲에 대한 채권압류 및 전부명령의 효과, 乙의 2018. 11. 9. 확약서의 효력, 각 채무의 소멸시효 완성 및 중단 여부 등을 검토하여야 한다.

2. 甲, 乙, 丙 채무의 법적 성질

상법 제47조 제1항에 따라 상인이 영업을 위하여 하는 행위는 상행위에 해당하며, 제57조에 따라 수인이 그 1인 또는 전원에게 상행위가 되는 행위로 인하여 채무를 부담한 때에는 연대하여 변제할 책임이 있고, 보증인이 있는 경우에 그 보증이 상행위이거나 주채무가 상행위로 인한 것인 때에는 주채무자와 보증인은 연대하여 변제할 책임이 있다.

사안의 경우 중고차매매업을 하는 상인 甲, 乙이 영업장 확보를 위해 A은행으로부터 금원을 차용하였으므로, 이는 상행위에 해당하여 연대하여 변제할 책임이 있다. 이러한 상행위를 보증한 丙은 상법 제57조 제2항에 따라 甲, 乙과 연대하여 변제할 책임이 있다. 또한 A은행의 甲, 乙, 丙에 대한 채권은 상사채권으로서 상법 제64조에 따라 소멸시효기간은 5년이다.

3. A은행의 丙에 대한 상계의 효과

민법 제492조에 따라 자동채권의 존재, 자동채권과 수동채권이 상계적상에 있을 것, 상계의 의사표시가 상대방에게 도달하였을 것의 요건을 갖추면 상계의 효과가 발생한다. 채권자가 연대보증인에 대하여 자동채권을 가지고 있어서 상계의 의사표시를 하는 경우, 상계의 효과는 주채무자에게도 발생한다.

사안에서 A은행의 대여금채권 3억 원과 丙의 정기예금채권 1억 2,000

만 원은 동종의 금전채권으로서 모두 2013. 1. 5. 변제기가 도래하였고, A
은행의 상계의사표시가 2013. 5. 3. 丙에게 도달하였으므로, 자동채권의
변제기로서 상계적상일인 2013. 1. 5. 1억 2,000만 원의 범위에서 양 채
권이 소멸하였고, 그 효과는 주채무자인 甲, 乙에게도 미친다.

4. A은행의 甲에 대한 채권압류 및 전부명령의 효력

민법 제168조 제2호에 따라 소멸시효는 압류로 인하여 중단되고, 그러
한 시효중단의 효과는 민법 제440조에 따라 보증인에게도 미친다. 하지만
연대채무자에 대해서는 압류의 시효중단의 효력이 미치지 않는다. 압류한
금전채권에 대하여 전부명령이 있는 때에는 압류채권은 지급에 갈음하여
압류채권자에게 이전되나, 민집법 제229조 제5항에 따라 압류의 경합이
있는 경우에는 전부명령은 무효이다.

사안에서 A은행의 전부명령이 2015. 1. 7. 채무자 甲과 제3채무자 B은
행에 송달된 후 확정되었으나, 압류채권인 9,000만 원의 정기예금채권에
대하여 甲의 다른 채권자 C가 1억 원의 대여금채권을 보전하기 위하여 가
압류 신청을 하여 그 결정문이 2014. 12. 4. 甲과 B은행에 송달되어 효력
이 발생하였다. 그 결과 총 압류액이 압류채권액을 초과하는바, 압류의 경
합으로 A은행의 甲에 대한 전부명령의 효과는 발생하지 않고, 전부명령
에 기한 대여금채권 9,000만 원 부분에 대한 변제의 효과는 발생하지 않
는다. 하지만 전부명령이 압류의 경합으로 효력이 없다 하더라도, 압류 부
분은 유효하므로, 甲에 대한 1억 8,000만 원 채권에 대한 소멸시효는 위
압류로써 중단되었고, 그 효과는 보증인 丙에게도 미치나, 연대채무자인
乙에 대해서는 미치지 않는다. 따라서 A은행의 乙에 대한 채무는 변제기
인 2013. 1. 5.로부터 5년이 경과한 2018. 1. 5.에 일단 소멸시효가 완성
되었다.

5. 乙의 2018. 11. 9. 확약서의 효력

민법 제421조에 따라 어느 연대채무자에 대하여 소멸시효가 완성된 때에는 그 부담부분에 한하여 다른 연대채무자도 채무를 면한다. 한편, 소멸시효완성 후 시효이익의 포기는 민법 제423조, 제433조 제2항에 따라 보증인이나 다른 연대채무자에게 효력이 없고 상대적인 효력만 있다.

사안에서 앞서 본 바와 같이 2018. 1. 5. 乙의 채무의 소멸시효가 완성된 바, 乙의 부담부분인 9,000만 원에 한하여 연대채무자 甲은 의무를 면하며, 보증인 丙도 부종성에 따라 9,000만 원의 범위에서 의무를 면한다. 乙이 2018. 11. 9. 확약서를 제출하여 시효이익을 포기하였으나, 그 효과가 甲, 丙에게는 미치지 않고 乙만 1억 8,000만 원 전액을 변제할 의무가 있다.

6. 결론

A은행은 乙에 대해서 1억 8,000만 원을 지급하도록 청구할 수 있는데, 그중 9,000만 원은 甲 및 丙과 연대하여 지급하도록 청구할 수 있다.

전세권설정자가 전세권자에 대한 채권을 자동채권으로 한 상계로써 전세권저당권자에게 대항할 수 있는 범위

甲은 2015. 12. 10. 그 소유인 X점포에 관하여 乙과 전세금 2억 원, 기간 2016. 1. 10.부터 2018. 1. 9.까지로 정하여 전세권설정계약을 체결하고 2016. 1. 10. 전세금을 받은 다음 乙에게 X점포를 인도하고 전세권설정등기를 마쳐 주었다. 乙은 2017. 2. 10. 丙으로부터 2억 원을 차용하고 丙에게 위 전세권 에 저당권을 설정하여 주었다.

甲은 乙에게 4차례에 걸쳐 금전을 대여하여 아래와 같은 채권이 발생하였다.

	대여일	금 액	변제기
제1대여금채권	2015. 12. 15.	1,000만 원	2017. 10. 14.
제2대여금채권	2015. 12. 20.	1,500만 원	2018. 1. 19.
제3대여금채권	2016. 12. 15.	2,000만 원	2017. 12. 14.
제4대여금채권	2016. 12. 20.	2,500만 원	2018. 2. 19.

전세기간이 만료된 후 丙은 2018. 2. 28. 전세권저당권에 기하여 법원으로 부터 전세금반환채권 2억 원에 대해 압류·추심명령을 받고 그 명령이 같은 해 3. 10. 甲에게 송달되었다. 甲은 그때까지 乙로부터 위 대여금을 전혀 변 제받지 못하였다. 丙이 甲에게 추심금의 지급을 구하자, 甲은 위 4건의 대여 금채권 합계 7,000만 원을 자동채권으로, 전세금반환채권 2억 원을 수동채 권으로 하여 상계한다는 의사를 표시하였다. 甲이 상계로 丙에게 대항할 수 있는 대여금채권의 범위를 검토하시오. (이자나 지연손해금은 발생하지 않는 것

으로 함) (제8회 변호사시험)

1. 쟁점

사안에서 전세권자 甲이 전세권설정자 乙에 대한 대여금 채권으로 전세권에 대한 저당권자로서 전세기간 종료 후 압류 및 추심명령을 받은 丙에 대항할 수 있는지 문제된다.

2. 전세권설정자가 전세권자에 대한 채권으로 전세권저당권자에게 상계로써 대항할 수 있는지 여부

전세권을 목적으로 한 저당권이 설정된 경우, 전세권의 존속기간이 만료되면 전세권의 용익물권적 권능이 소멸하기 때문에 더 이상 전세권 자체에 대하여 저당권을 실행할 수 없게 되고, 저당권자는 저당권의 목적물인 전세권에 갈음하여 존속하는 것으로 볼 수 있는 전세금반환채권에 대하여 압류 및 추심명령 또는 전부명령을 받거나 제3자가 전세금반환채권에 대하여 실시한 강제집행절차에서 배당요구를 하는 등의 방법으로 물상대위권을 행사하여 전세금의 지급을 구하여야 한다. 전세권저당권자가 위와 같은 방법으로 전세금반환채권에 대하여 물상대위권을 행사한 경우, 종전 저당권의 효력은 물상대위의 목적이 된 전세금반환채권에 존속하여 저당권자가 전세금반환채권으로부터 다른 일반채권자보다 우선변제를 받을 권리가 있으므로, 설령 전세금반환채권이 압류된 때에 전세권설정자가 전세권자에 대하여 반대채권을 가지고 있고 반대채권과 전세금반환채권이 상계적상에 있다고 하더라도 그러한 사정만으로 전세권설정자가 전세권저당권자에게 상계로써 대항할 수는 없다. 그러나 전세금반환채권은 전세권이 성립하였을 때부터 이미 발생이 예정되어 있다고 볼 수 있으므로, 전세권저당권이 설정된 때에 이미 전세권설정자가 전세권자에 대하여 반대채권을 가지고 있고 반대채권의 변제기가 장래 발생할 전세금반환채권의 변제기와 동시에 또는 그보다 먼저 도래하는 경우와 같이 전세권설정자에게 합리적 기대 이익을 인정할 수 있는 경우에는 특별한 사정이 없는 한 전세권설정자는 반대채권을 자동채권으로 하여 전세금반환채권과 상계함으로써 전세권저당권자에게 대항할 수 있다(대법원 2014. 10. 27. 선고 2013다91672 판결).

3. 사안의 해결

사안에서 전세권에 대한 저당권이 설정된 2017. 2. 10. 당시 존재하는 채권으로서 전세금반환채권의 변제기인 2018. 1. 9. 보다 변제기가 먼저 도래하는 제1대여금채권 1,000만 원과 제3대여금채권 2,000만 원 합계 3,000만 원의 대여금채권을 자동채권으로 하는 상계로는 전세권에 대한 저당권자 丙에게 대항할 수 있다.

채권자대위소송의 피대위채권에 대한 전부명령의 효력

甲은 乙에 대한 2억 원의 대여금채권(이하 'A채권'이라고 한다)을 가지고 있었고, 乙은 丙에 대한 1억 원의 대여금채권(이하 'B채권'이라고 한다)을 가지고 있었는데, A채권과 B채권은 모두 그 이행기가 도래하였다. 乙이 채무초과 상태에 있으면서 B채권을 행사하지 않자, 甲은 乙을 대위하여 丙을 상대로 B채권액인 1억 원의 지급을 청구하는 소를 제기하였고, 그 무렵 乙은 이러한 소제기 사실을 알게 되었다. 그 후 乙의 또 다른 대여금 채권자 丁이 B채권에 대하여 채권압류 및 전부명령을 받아 그 명령이 丙에게 송달된 후 확정되었다. 제1심 법원은 어떠한 판결을 해야 하는가? (2019년 8월 변호사시험 모의시험)

1. 쟁점

사안에서 채권자대위권 행사사실을 채무자가 안 경우, 채권자대위소송의 피대위채권에 대해 전부명령을 받을 수 있는지가 문제된다.

2. 피대위채권에 대한 전부명령의 효력

채권자대위소송이 제기되고 대위채권자가 채무자에게 대위권 행사사실을 통지하거나 채무자가 이를 알게 되면 민법 제405조 제2항에 따라 채무자는 피대위채권을 양도하거나 포기하는 등 채권자의 대위권 행사를 방해하는 처분행위를 할 수 없게 되고 이러한 효력은 제3채무자에게도 그대로 미치는데, 그럼에도 그 이후 대위채권자와 평등한 지위를 가지는 채무자의 다른 채권자가 피대위채권에 대하여 전부명령을 받는 것도 가능하다고 하면, 채권자대위소송의 제기가 채권자의 적법한 권리행사방법 중 하나이고 채무자에게 속한 채권을 추심한다는 점에서 추심소송과 공통점도 있음에도 그것이 무익한 절차에 불과하게 될 뿐만 아니라, 대위채권자가 압류·가압류나 배당요구의 방법을 통하여 채권배당절차에 참여할 기회조차 가지지 못하게 한 채 전부명령을 받은 채권자가 대위채권자를 배제하고 전속적인 만족을 얻는 결과가 되어, 채권자대위권의 실질적 효과를 확보하고자 하는 민법 제405조 제2항의 취지에 반하게 된다. 따라서 채권자대위소송이 제기되고 대위채권자가 채무자에게 대위권 행사사실을 통지하거나 채무자가 이를 알게 된 이후에는 민집법 제229조 제5항이 유추적용되어 피대위채권에 대한 전부명령은, 우선권 있는 채권에 기초한 것이라는 등의 특별한 사정이 없는 한, 무효이다(대법원 2016. 8. 29. 선고 2015다236547 판결).

3. 사안의 해결

사안에서 채무자 乙이 채권자대위소송이 계속되었다는 사실을 안 이상, 丁의 B채권에 대한 전부명령은 민집법 제229조 제5항이 유추 적용되어 무효이다. 甲은 채권자대위권의 행사요건을 모두 갖춘 바, 제1심 법원은 甲의 청구를 인용하는 판결을 내려야 한다.

유사문제 甲은 2010. 1. 5. 乙에게 1억.원을 변제기 2010. 3. 4.로 정하여 무이자로 대여하였다. 甲에 대하여 공사대금채권을 가지는 甲의 채권자 丙은 甲을 대위하여 乙을 상대로 위 대여금의 지급을 구하는 소를 제기하여, 자백간주로 승소판결을 받았고, 위 판결은 그대로 확정되었다. 丙은 판결 직후 甲에게 위 확정판결문 사본을 등기우편으로 송부하여 甲이 수령하였다. 그 후 甲의 다른 채권자 丁은 강제집행을 승낙하는 취지가 기재된 소비대차계약 공정증서를 집행권원으로 하여 甲의 乙에 대한 위 대여금 채권에 관한 채권압류 및 전부명령신청을 하여, 채권압류 및 전부명령이 내려지고, 그 결정문이 甲, 乙에게 각 송달되었다. 甲, 乙 모두 즉시항고 기간 내에 항고하지 않았다. 丁은 乙을 상대로 전부금 청구의 소를 제기하였는데, 乙은 이미 甲의 다른 채권자 丙이 채권자대위소송을 제기하여 승소확정판결을 받고 甲도 그러한 사정을 알고 있으므로, 丁의 채권압류 및 전부명령은 무효라고 주장하였다. 법원은 어떠한 판결을 하여야 하며(소 각하/청구 기각/청구 인용), 그 근거는 무엇인가? (2020년 8월 변호사시험 모의시험)

사해행위취소소송에서 수익자의 채권자에 대한 상계의 가부 / 채권자가 채무자의 자신에 대한 채권을 압류할 수 있는지 여부

C는 X토지의 소유자로서 그 위에 건물을 짓기 위해 2018. 1. 6. 丙으로부터 2억 원을 차용하였고, 이를 담보하기 위하여 X토지(시가 4억 원)에 저당권을 설정하였다. D에게 2억 원의 채무를 부담하고 있는 등 이미 채무초과상태에 있는 C는 또 다른 2억 원의 채무를 부담하고 있던 E로 하여금 丙에 대한 채무를 대신 변제하게 하는 조건으로 E에게 자신의 유일한 재산인 X토지를 대물변제하고 2018. 6. 25. 소유권이전등기를 마쳐주었다. E는 2018. 7. 10. 丙에게 2억 원의 피담보채권을 변제하여 X토지에 있던 저당권을 말소시켰다. 2018. 11. 20.에 뒤늦게 대물변제사실을 알게 된 D가 E를 상대로 사해행위취소 및 가액반환으로 2억 원의 지급을 구하는 소를 제기하였고 이에 법원은 사해행위 취소를 인정하고 E에게 원상회복으로 가액 2억 원을 D에게 반환할 것을 명하여 그 판결이 확정되었다. 한편 그 이전에 E는 D에게 3억 원의 대여금채권의 지급을 구하는 소를 제기하여 2015. 8. 1. 승소하여 그 무렵 그 판결(이하 E가 D에게 가지는 3억 원의 채권을 '이 사건 판결금 채권'이라 한다)이 확정되었다. (2019년 10월 변호사시험 모의시험)

가. 2억 원의 지급을 명하는 판결에 따라 D가 E에게 2억 원의 지급을 요구하자 E는 C에 대한 2억 원의 채권을 자동채권으로 하여 상계를 주장하였다. E의 주장의 타당성 여부를 구체적으로 판단하시오.

1. 쟁점

사안에서 사해행위에 대한 취소 및 원상회복의 판결이 확정된 경우에 수익자의 채무자에 대한 채권이 부활하는지 여부 및 수익자의 취소채권자에 대한 상계를 인정할 수 있는지 여부가 문제된다.

2. 사해행위에 대한 취소 및 원상회복의 판결이 확정된 경우에 수익자의 채무자에 대한 채권이 부활하는지 여부

민법 제406조에 의한 채권자취소와 원상회복은 모든 채권자의 이익을 위하여 그 효력이 있는 것인바, 채무자가 다수의 채권자 중 1인(수익자)에게 담보를 제공하거나 대물변제를 한 것이 다른 채권자들에 대한 사해행위가 되어 채권자들 중 1인의 사해행위취소소송 제기에 의하여 그 취소와 원상회복이 확정된 경우에, 사해행위의 상대방인 수익자는 그의 채권이 사해행위 당시에 그대로 존재하고 있었거나 또는 사해행위가 취소되면서 그의 채권이 부활하게 되는 결과 본래의 채권자로서의 지위를 회복하게 되므로, 다른 채권자들과 함께 제407조에 의하여 그 취소 및 원상회복의 효력을 받는 채권자에 포함된다(대법원 2003. 6. 27. 선고 2003다15907 판결).

3. 취소채권자에 대하여 가액배상을 하여야 하는 수익자가 자신의 채무자에 대한 채권을 자동채권으로 하여 상계를 주장할 수 있는지 여부

민법 제492조에 따른 상계의 요건은 자동채권의 존재, 자동채권과 수동채권이 상계적상에 있을 것, 상계의 의사표시가 상대방에게 도달하였을 것이다. 채권자취소권은 채권의 공동담보인 채무자의 책임재산을 보전하기 위하여 채무자와 수익자 사이의 사해행위를 취소하고 채무자의 일반재산으로부터 일탈된 재산을 모든 채권자를 위하여 수익자 또는 전득자로부터 환원시키는 제도이므로, 수익자인 채권자로 하여금 안분액의 반환을 거절하도록 하는 것은 자신의 채권에 대하여 변제를 받은 수익자를 보호하고 다른 채권자의 이익을 무시하는 결과가 되어 제도의 취지에 반하게 되므로, 수익자가 채무자의 채권자인 경우 수익자가 가액배상을 할 때에 수익자 자신도 사해행위취소의 효력을 받는 채권자 중의 1인이라는 이유로 취소채권자에 대하여 총채권액 중 자기의 채권에 대한 안분액의 분배를 청구하거나, 수익자가 취소채권자의 원상회복에 대하여 총채권액 중 자기의 채권에 해당하는 안분액의 배당요구권으로써 원상회복청구와의 상계를 주장하여 그 안분액의 지급을 거절할 수는 없다(대법원 2001. 2. 27. 선고 2000다44348 판결).

4. 사안의 해결

사안에서 E의 채권이 부활하여 자동채권은 존재하나, 수익자인 E가 원고인 채권자에 대해서 상계를 주장하여 안분액의 지급을 거절할 수 없기 때문에 E의 상계주장은 타당하지 않다.

나. E가 D에 대해 가지는 이 사건 판결금 채권을 집행채권으로 하여 법원에 D의 E에 대한 2억 원의 가액반환채권에 대해 압류 및 전부명령을 신청하였다. 이에 대한 법원의 판단을 구체적인 논거와 함께 서술하시오.

1. 쟁점

사안에서 채권자가 자신에 대한 채무자의 채권을 압류하고 전부명령을 받는 것이 가능한지 문제된다.

2. 채권자가 채무자의 자신에 대한 채권을 압류할 수 있는지 여부

사해행위취소의 소에서 수익자가 원상회복으로서 채권자취소권을 행사하는 채권자에게 가액배상을 할 경우, 수익자 자신이 사해행위취소소송의 채무자에 대한 채권자라는 이유로 채무자에 대하여 가지는 자기의 채권과 상계하거나 채무자에게 가액배상금 명목의 돈을 지급하였다는 점을 들어 채권자취소권을 행사하는 채권자에 대해 이를 가액배상에서 공제할 것을 주장할 수 없다. 그러나 수익자가 채권자취소권을 행사하는 채권자에 대해 가지는 별개의 다른 채권을 집행하기 위하여 그에 대한 집행권원을 가지고 위 채권자의 수익자에 대한 가액배상채권을 압류하고 전부명령을 받는 것은 허용된다. 이는 수익자의 채무자에 대한 채권을 기초로 한 상계나 임의적인 공제와는 그 내용과 성질이 다르다. 또한 채권자가 채무자의 제3채무자에 대한 채권을 압류하는 경우 제3채무자가 채권자 자신인 경우에도 이를 압류하는 것이 금지되지 않으므로 단지 채권자와 제3채무자가 같다고 하여 채권압류 및 전부명령이 위법하다고 볼 수 없다. 나아가 상계가 금지되는 채권이라고 하더라도 압류금지채권에 해당하지 않는 한 강제집행에 의한 전부명령의 대상이 될 수 있다(대법원 2017. 8. 21.자 2017마499 결정).

3. 사안의 해결

사안에서 E가 상계로서 대항할 수 없는 것과 별개로 E의 D에 대한 채권을 집행채권으로 하여 D의 E에 대한 채권에 대해 압류 및 전부명령을 받는 것은 가능하기 때문에 법원은 압류 및 전부명령을 발령하여야 한다.

채권압류 신청에서 압류채권의 특정 / 채권압류 후 압류채권의 발생원인인 기본계약에 관한 계약인수가 있는 경우 / 채권압류 및 추심명령에 의한 압류채권에 대한 시효중단

B건설주식회사(이하 'B회사'라 함)는 C주식회사(이하 'C회사'라 함)로부터 2015. 1. 15. 양산아파트 신축공사(공사기간 1년, 공사대금 3억 원), 2015. 2. 15. 포항아파트 신축공사(공사기간 2년, 공사대금 4억 원), 2015. 3. 15. 당진아파트 신축공사(공사기간 6개월, 공사대금 2억 원)를 각 도급받았다. A전자주식회사(이하 'A회사'라 함)는 2017. 1. 1. B회사를 채무자로 하여 가압류할 채권을 '채무자가 C회사에 대하여 가지는 양산아파트, 포항아파트, 당진아파트의 신축공사대금채권 중 7억 원'으로 표시하여 채권가압류를 신청하였는데, 법원은 2017. 1. 5. A회사의 신청취지와 같은 내용으로 가압류결정을 하였고, 그 가압류결정이 2017. 1. 10. C회사에 송달되었다. A회사는 2018. 1. 1. B회사를 채무자를 하여 압류 및 추심할 채권을 '채무자가 C회사에 대하여 가지는 양산아파트, 포항아파트, 당진아파트 신축공사대금채권 중 8억 원'으로 표시하여 채권압류 및 추심명령을 신청하였고(7억 원은 위 가압류를 본압류로 이전하여), 법원은 2018. 1. 5. A회사의 신청취지와 같은 내용으로 채권압류 및 추심명령을 하였고, 그 채권압류 및 추심명령이 2018. 1. 10. C회사에 송달되어 확정되었다. 한편, B회사는 2017. 2. 1. C회사에 대하여 가지는 양산아파트 신축공사대금채권 중 2억 원을 B1에게 양도하고, 내용증명우편의 방법으로 C회사

에게 통지하였는데, 그 내용증명우편이 2017. 2. 5. 도달되었다. A1가구주식회사(이하 'A1회사'라 함)는 2018. 12. 1. B회사의 C회사에 대한 양산아파트 신축공사대금채권 중 2억 원 및 그에 대한 지연손해금에 대하여 채권압류 및 전부명령을 받았고, 그 채권압류 및 전부명령이 2018. 12. 5. 송달되었으며, 2018. 12. 13. 확정되었다. A2는 2017. 2. 1. B회사의 C회사에 대한 포항아파트 신축공사대금채권 중 3억 원을 압류채권으로 하여 채권가압류결정을 받았는데, 그 가압류결정이 2017. 2. 5. C회사에 송달되었다. A2는 2019. 2. 1. 위 채권가압류를 본압류로 이전하여 채권압류 및 전부명령을 받았고, 그 채권압류 및 전부명령이 2019. 2. 5. C회사에 송달되었으며, 2019. 2. 13. 확정되었다. A3는 2018. 5. 1. B회사의 C회사에 대한 당진아파트 신축공사대금채권을 압류채권으로 채권압류 및 추심명령을 받았고, 그 채권압류 및 추심명령이 2018. 5. 5. C회사에 송달되었으며, 2018. 5. 13. 확정되었다.

가. A1회사가 2019. 1. 1. C회사를 상대로 2억 원 및 그에 대한 지연손해금의 지급을 구하는 전부금청구의 소를 제기하자, C회사는 ① A1회사의 전부명령이 C회사에 송달될 당시 압류가 경합된 상태이었을 뿐만 아니라, ② 그렇지 않다고 하더라도 B1이 B회사의 공사대금채권 중 2억 원을 양수하였으므로 그 부분은 피전부채권에서 제외되어야 한다고 다투었다. C회사의 위 ① 주장은 받아들여질 수 있는가? 법원은 어떤 판결을 하여야 하는가? (B회사가 공사기간 내에 공사를 완성하여 인도하였음을 전제로 함)

1. 쟁점

전부명령이 제3채무자에게 송달될 때까지 그 금전채권에 관하여 다른 채권자가 압류·가압류 또는 배당요구를 한 경우에는 전부명령은 효력을 가지지 않는다(민집법 제229조 제5항).

사안에서 A1회사의 채권압류 및 전부명령이 C회사에게 도달되기 전에 A회사의 채권가압류와 채권압류 및 추심명령이 있었는바, A회사의 채권가압류 및 채권압류가 유효한 경우에는 A1회사의 전부명령은 압류경합에 의하여 효력이 없다고 할 수 있으므로 A회사의 채권가압류 및 채권압류가 유효한지가 검토되어야 한다.

2. 채권압류 또는 가압류를 신청하는 경우 피압류채권의 특정

채권에 대한 가압류 또는 압류명령을 신청하는 채권자는 신청서에 압류할 채권의 종류와 액수를 밝혀야 하고(민집법 제225조, 제291조), 특히 압류할 채권 중 일부에 대하여만 압류명령을 신청하는 때에는 그 범위를 밝혀 적어야 한다(민사집행규칙 제159조 제1항 제3호, 제218조). 채권자가 가압류나 압류를 신청하면서 압류할 채권의 대상과 범위를 특정하지 않음으로 인해 가압류결정 및 압류명령(이하 '압류 등 결정'이라 함)에서도 피압류채권이 특정되지 않은 경우에는 그 압류 등 결정에 의해서는 압류 등의 효력이 발생하지 않는다. 이러한 법리는 채무자가 제3채무자에 대하여 여러 개의 채권을 가지고 있고, 채권자가 각 채권 전부를 대상으로 하여 압류 등의 신청을 할 때에도 마찬가지로 적용되므로, 그 경우 채권자는 여러 개의 채권 중 어느 채권에 대해 어느 범위에서 압류 등을 신청하는지 신청취지 자체로 명확하게 인식할 수 있도록 특정하여야 한다. 압류의 대상과 범위를 특정하지 않고 단지 그 여러 개의 채권 전부를 압류의 대상인 채권으로 나열하고 그 중 집행채권액과 동등액에 대한 압류를 구하는 등으로 금액만을 한정하여 압류 등 결정을 받게 되면, 채무자 및 제3채무자는 그 압류 등 결정에 의하여 지급이나 처분이 금지된 대상이 무엇인지를 명확하게 구분할 수가 없고, 그 결과 채무자가 압류 등의 대상이 아닌 부분에 대한 권리 행사를 하거나 제3채무자가 압류된 부분만을 구분하여 공탁을 하는 등으로 부담을 면하는 것이 불가능하기 때문이다(대법원 2012. 11. 15. 선고 2011다38394 판결).

3. 채권양도와 압류경합

동일한 채권에 관하여 확정일자 있는 채권양도통지와 두 개 이상의 채권압류 및 전부명령 정본이 동시에 송달된 경우 채권의 양도는 채권에 대한 압류명령과는 그 성질이 다르므로 당해 전부명령이 채권의 압류가 경합된 상태에서 발령된 것으로서 무효인지의 여부를 판단함에 있어 압류액에 채권양도의 대상이 된 금액을 합산하여 피압류채권액과 비교하거나 피압류채권액에서 채권양도의 대상이 된 금액 부분을 공제하고 나머지 부분만을 압류액의 합계와 비교할 것은 아니다. 동일한 채권에 관하여 확정일자 있는 채권양도통지와 두 개 이상의 채권압류 및 전부명령 정본이 동시에 송달된 경우 채권의 양도는 채권에 대한 압류명령과는 그 성질이 다르므로 당해 전부명령이 채권의 압류가 경합된 상태에서 발령된 것으로서 무효인지의 여부를 판단함에 있어 압류액에 채권양도의 대상이 된 금액을 합산하여 피압류채권액과 비교하거나 피압류채권액에서 채권양도의 대상이 된 금액 부분을 공제하고 나머지 부분만을 압류액의 합계와 비교할 것은 아니다(대법원 2002. 7. 26. 선고 2001다68839 판결).

4. 사안의 해결

사안에서 A회사가 채권가압류 및 채권압류의 신청을 하면서 B회사가 C회사에 대하여 가지는 3개의 공사대금채권 중 어느 채권을 어느 범위에서 피압류채권으로 하는 것인지를 특정하지 않음으로써 그 채권가압류 및 채권압류결정에서도 피압류채권이 특정되지 않았다. 위 판례의 법리에 따라서 A회사를 채권자로 하는 채권가압류 및 채권압류는 효력이 없다. 따라서 A1회사의 채권압류 및 전부명령이 C회사에게 송달되기 전에 A회사를 채권자로 한 채권가압류와 채권압류 및 추심명령이 있었으나, A회사의 채권가압류 및 채권압류는 효력이 없으므로 A1회사의 전부명령이 압류경합으로 인하여 무효라는 C회사의 주장은 이유 없다.

한편, 채권압류 및 전부명령이 제3채무자에게 송달되기 전에 압류채권이 이미 다른 사람에게 양도되고 확정일자 있는 양도통지가 제3채무자에게 도달하였다면 그 채권압류 및 전부명령은 이미 양도된 채권에 대한 것이어서 효력이 없다.

사안에서 B회사가 2017. 2. 1. C회사에 대한 양산아파트 신축공사대금 채권 중 2억 원을 B1에게 양도하고 확정일자 있는 채권양도통지를 함으로써 그 양도통지가 2017. 2. 5. C회사에 도달하여 위 채권양도는 제3자인 채권압류 및 전부채권자 A1회사에 대하여도 대항력을 갖추게 되었으므로 이에 관한 C회사의 주장은 타당하다. 따라서 법원은 B회사의 공사대금채권 3억 중 B1에게 양도된 2억 원을 제외한 1억 원 및 이에 대한 2016. 1. 16.부터의 지연손해금을 인용하는 판결을 하여야 한다.

나. A2가 2019. 3. 1. C회사에 대하여 3억 원의 전부금청구를 하자, C회사는 ① B회사가 2018. 1. 1. C회사의 동의를 받아 B2회사에게 공사계약상의 수급인의 지위를 양도함으로써 B회사와 C회사 사이의 공사도급계약관계가 소멸되었으므로 A2의 전부금청구에 응할 수 없고, ② 그렇지 않다고 하더라도 B2회사에 대한 2억 원의 포항아파트 신축공사 하자로 인한 손해배상청구권을 자동채권으로 하여 상계권을 행사한다고 주장한다. C회사의 ① 주장은 받아들여질 수 있는가? 법원은 어떤 판결을 하여야 하는가? (B2회사가 공사기간 내에 공사를 완성하여 인도하였고, C회사가 주장하는 손해배상채권이 인정됨을 전제로 함)

1. 쟁점

사안에서 A2의 채권가압류결정이 C회사에게 도달한 후 B회사와 B2회사 사이에 피압류채권의 기본계약에 관한 계약인수가 있었는바, 이것이 채권가압류의 효력에 위반한 것인지, 이러한 계약인수를 제3채무자가 가압류채권자에게 대항할 수 있는지가 검토되어야 한다.

2. 채권압류 후에 피압류채권의 발생원인인 기본계약에 관한 계약인수가 있는 경우

채권압류는 제3채무자에 대하여 채무자에게 지급의 금지를 명하는 것이

므로 채무자는 채권을 소멸 또는 감소시키는 등의 행위를 할 수 없고 그와 같은 행위로 채권자에게 대항할 수는 없지만, 채권의 발생원인인 법률관계에 대한 채무자의 처분까지도 구속하는 효력은 없다(대법원 1991. 11. 12. 선고 91다29736 판결). 그런데 계약당사자로서의 지위승계를 목적으로 하는 계약인수의 경우에는 양도인이 계약관계에서 탈퇴하는 까닭에 양도인과 상대방 당사자 사이의 계약관계가 소멸하지만, 양도인이 계약관계에 기하여 가지던 권리의무가 동일성을 유지한 채 양수인에게 그대로 승계된다. 따라서 양도인의 제3채무자에 대한 채권이 압류된 후 그 채권의 발생원인인 계약의 당사자 지위를 이전하는 계약인수가 이루어진 경우, 양수인은 압류에 의하여 권리가 제한된 상태의 채권을 이전받게 되므로, 제3채무자는 계약인수에 의하여 그와 양도인 사이의 계약관계가 소멸하였음을 내세워 압류채권자에 대항할 수 없다(대법원 2015. 5. 14. 선고 2012다41359 판결).

3. 사안의 해결

사안에서 B2회사가 B회사의 계약상 당사자의 지위를 인수하였다고 하더라도 A2의 가압류에 의하여 권리가 제한된 상태에서 계약을 인수하게 되므로 C회사는 B회사와 사이의 계약관계가 소멸되었음을 가압류채권자인 A2에게 대항할 수 없다. 한편, B2회사의 C회사에 대한 공사대금채권과 C회사의 B2회사에 대한 하자보수에 갈음하는 손해배상채권은 동시이행관계에 있으므로 C회사는 이를 자동채권으로 하여 상계를 할 수 있다. A2는 B2회사(B회사)의 C회사에 대한 4억 원의 공사대금채권 중에서 3억 원에 관하여 채권압류 및 전부명령을 받았고 이에 기초하여 3억 원의 지급을 청구하였는바, 이에 대하여 C회사가 2억 원의 상계항변으로써 상계권을 행사하였으므로 범위은 1억 원을 인용하여야 한다.

다. A3가 2018. 10. 1. C회사에 대하여 추심금청구를 하자, C회사는 ① B회사의 공사대금채권이 이미 시효로 소멸되었을 뿐만 아니라, ② A4를 채권자로 한 B회사의 C회사에 대한 당진아파트 신축공사대금에 관한 채권압류 및 추심명령이 2018. 2. 5. C회사에게 송달되었고, C회사가 2018. 9. 1. A4를 피공탁자로 하여 B회사에게 지급할 당진아파트 신축공사대금 전액을 변제공탁하였으므로 A3의 추심금청구에는 응할 수 없다고 다툰다. C회사의 ① 주장은 받아들여질 수 있는가? 법원은 어떤 재판을 하여야 하는가? (B회사가 공사기간 내에 공사를 완성하여 인도하였음을 전제로 함)

1. 쟁점

사안에서 B회사의 C회사에 대한 공사대금채권의 소멸시효기간은 민법 제163조 제3호의 도급받은 자의 공사에 관한 채권으로서 3년이다. A3는 공사대금채권의 소멸시효기간 전인 2018. 5. 1. 채권압류 및 추심명령을 받고, 그로부터 6개월 내인 2018. 10. 1. C회사를 피고로 하여 추심금청구의 소를 제기하였는바, 위 채권압류 및 추심명령이 시효중단사유에 해당되는지가 검토되어야 한다.

2. 채권압류 및 추심명령에 의한 피압류채권에 대한 시효중단

채권자가 채무자의 제3채무자에 대한 채권을 압류 또는 가압류한 경우에 채무자에 대한 채권자의 채권에 관하여 시효중단의 효력이 생기지만, 압류 또는 가압류된 채무자의 제3채무자에 대한 채권에 대하여는 민법 제168조 제2호 소정의 소멸시효 중단사유에 준하는 확정적인 시효중단의 효력이 생긴다고 할 수 없다. 그러나 소멸시효 중단사유의 하나로서 민법 제174조가 규정하고 있는 최고는 채무자에 대하여 채무의 이행을 구한다는 채권자의 의사통지(준법률행위)로서, 이에는 특별한 형식이 요구되지 않을 뿐 아니라 행위 당시 당사자가 시효중단의 효과를 발생시킨다는 점을 알거나 의욕하지 않았다 하더라도 이로써 권리행사의 주장을 하는 취지임이 명백하다면 최고에 해당하는 것으로 보아야 한다. 따라서 채권자가 확정판결에 기초한 채권의 실현을 위하여 채무자의 제3채무자에 대한 채권에 관하여 압류 및 추심명령을 받아 그 결정이 제3채무자에게 송달이 되었다면 거기에 소멸시효 중단사유인 최고로서의 효력이 인정된다(대법원 2003. 5. 13. 선고 2003다16238 판결).

3. 사안의 해결

사안에서 A3는 B회사가 행사하여야 할 공사대금채권의 소멸시효기간 전인 2018. 5. 1. 채권압류 및 추심명령을 받고, 그로부터 6개월 내인 2018. 10. 1. C회사를 피고로 하여 추심금청구의 소를 제기하였으므로 공사대금채권의 소멸시효는 중단되었다.

압류경합의 경우에 추심명령을 받아 채권을 추심하는 채권자는 집행법원의 수권에 따라 일종의 추심기관으로서 압류나 배당에 참가한 모든 채권자를 위하여 제3채무자로부터 추심을 하는 것이므로 제3채무자로서도 정당한 추심권자에게 변제하면 그 효력은 압류경합관계에 있는 모든 채권자에게 미치고, 또한 제3채무자가 집행공탁을 하거나 상계 기타의 사유로 압류채권을 소멸시키면 그 효력도 압류경합 관계에 있는 모든 채권자에게 미친다(대법원 2003. 5. 30. 선고 2001다10748 판결).

사안에서 C회사가 추심채권자 중 1인인 A4 채권자로 하여 B회사에 대하여 지급하여야 할 공사대금채권 전액을 변제공탁하였는바, 그 변제공탁이 유효하여 압류채권을 소멸시킬 수 있다면 그 효력은 다른 추심권자인 A3에게도 미치므로 C회사의 주장은 받아들여질 수 있고, 법원은 A3의 추심금청구를 기각하여야 한다.

공동임대인의 임차보증금반환채무의 법적 성질 /
불가분채무자 중 1인을 제3채무자로 한
채권압류 및 추심명령의 효력

乙은 2017. 1. 1. 丙-1과 丙-2가 공유하는 X아파트를 보증금 1억 원, 기간 2
년으로 정하여 임차하고, 丙-1과 丙-2에게 보증금을 지급하고 X아파트를
인도받아서 사용하고 있다. 乙의 채권자 甲은 2018. 11. 1. 乙의 丙-1에 대한
보증금반환채권 중 5,000만 원 부분을 압류채권으로 하여 가압류결정을 받
았고, 그 가압류결정이 2018. 11. 5. 丙-1에게 송달되었다. 한편, 乙의 또다른
채권자 甲-1은 2018. 12. 1. 乙의 丙-1과 丙-2에 대한 1억 원의 보증금반환
채권 전액에 대하여 채권압류 및 전부명령을 받았고, 그 채권압류 및 전부명
령은 2018. 12. 5. 丙-1과 丙-2에게 송달되었고, 그 무렵 확정되었다. 甲-1이
2020. 2. 1. 丙-1과 丙-2를 상대로 전부금청구를 하자, 丙-1과 丙-2는 甲이
보증금반환채권 중 5,000만 원 부분에 대하여 가압류결정을 받았으므로
甲-1의 채권압류 및 전부명령은 효력이 없을 뿐만 아니라, 乙이 X아파트를
인도하지 않았으므로 甲-1의 청구에 응할 수 없다고 다툰다. 丙-1과 丙-2의
위 항쟁은 받아들여질 수 있는가? 법원은 어떤 재판을 하여야 하는가?

1. 쟁점

사안에서 甲이 공동임대인 중 1인인 丙-1만을 제3채무자로 하여 乙의
보증금반환채권 중 일부에 대하여만 채권가압류결정을 받았는바, 그 효력
과 관련하여 건물의 공유자가 공동으로 건물을 임대하고 임차보증금을 수

령한 경우에 그 임차보증금반환채무의 성질이 우선 검토되어야 한다.

2. 건물의 공유자가 공동으로 건물을 임대하고 임차보증금을 수령한 경우, 임차보증금반환채무의 성질

건물의 공유자가 공동으로 건물을 임대하고 임차보증금을 수령한 경우 특별한 사정이 없는 한 그 임대는 각자 공유지분을 임대한 것이 아니라 임대목적물을 다수의 당사자로서 공동으로 임대한 것이고 그 임차보증금 반환채무는 성질상 불가분채무에 해당한다(대법원 1998. 12. 8. 선고 98다43137 판결).

3. 불가분채무자 중 1인을 제3채무자로 한 채권압류 및 추심명령의 효력

2인 이상의 불가분채무자 또는 연대채무자가 있는 금전채권의 경우, 그 불가분채무자 등 중 1인을 제3채무자로 한 채권압류 및 추심명령이 있으면 그 채권압류 및 추심명령을 송달받은 불가분채무자 등에 대한 압류채권에 관한 이행의 소는 추심채권자만이 제기할 수 있고 추심채무자는 그 압류채권에 대한 이행소송을 제기할 당사자적격을 상실하지만, 그 채권압류 및 추심명령의 제3채무자가 아닌 나머지 불가분채무자 등에 대하여는 추심채무자가 여전히 채권자로서 추심권한을 가지므로 나머지 불가분채무자 등을 상대로 이행을 청구할 수 있고, 이러한 법리는 위 금전채권 중 일부에 대하여만 채권압류 및 추심명령이 이루어진 경우에도 마찬가지이다(대법원 2013. 10. 31. 선고 2011다98426 판결).

4. 채권압류 및 전부명령에서 제3채무자의 지위

제3채무자는 채무자에 대하여 가지고 있던 법률상의 지위를 그대로 채권자에게 대하여 가지게 되므로 전부명령의 송달 전에 채무자에게 주장할 수 있었던 모든 항변사유로써 채권자에게 대항할 수 있다.

5. 사안의 해결

사안에서 丙-1과 丙-2의 乙에 대한 임차보증금반환채무는 불가분채무이므로 甲의 채권가압류결정의 효력은 丙-2에게는 아무런 효력이 없다. 따라서 甲-1의 채권압류 및 전부명령 중 丙-1을 제3채무자로 하는 부분은 선행하는 甲의 채권가압류와 압류경합관계에 있으므로 전부명령의 효력이 발생하지 않는다. 甲이 丙-1에 대하여 채권가압류결정을 받았다고 하더라도 乙은 불가분채무자 丙-2에 대하여는 보증금반환채권을 행사할 수 있으므로 甲-1의 채권압류 및 전부명령 중 丙-2를 제3채무자로 하는 부분은 유효하다. 甲-1의 丙-1에 대한 전부금청구에 대하여는 원고청구를 기각하는 판결을 하여야 한다. 甲-1의 丙-2에 대한 전부금청구는 인용될 수 있을 것인바, 丙-2는 임차인 乙에 대하여 주장할 수 있는 모든 사유로써 甲-1에게 대항할 수 있으므로 乙의 임차목적물반환의무와 관련하여 동시이행항변을 할 수 있다. 법원은 丙-2에 대하여 乙로부터 임차목적물을 인도받음과 동시에 甲-1에게 전부금 1억 원을 지급하도록 명하는 동시이행판결을 하여야 한다.

채권자대위권행사 중인 피대위채권에 대하여 채권압류명령이 있는 경우 / 전부명령에 대한 즉시항고사유

甲은 2017. 1. 1. 乙에게 2억 원을 변제기를 2017. 12. 31.로 정하여 대여하였고, 乙은 2016. 7. 1. 丙에게 1억 원을 변제기를 2017. 6. 30.로 정하여 대여하였다. 甲은 2019. 7. 1. 채무초과상태에 있는 乙을 대위하여 丙을 상대로 "1억 원 및 이에 대하여 2017. 7. 1.부터 소장 부본 송달일까지는 연 5%, 그 다음날부터 다 갚는 날까지는 연 12%의 각 비율로 계산한 돈을 지급하라."는 소를 제기하였고, 乙은 2019. 10. 1. 위 소송이 계속되고 있는 사실을 알게 되었다. 한편, 丁은 2019. 11. 1. 乙에 대한 3억 원의 대여금채권에 관한 확정판결을 집행권원으로 하여 乙의 丙에 대한 위 채권에 대하여 채권압류 및 전부명령을 받았고, 그 채권압류 및 전부명령이 2019. 11. 5. 丙에게 송달된 후 확정되었다. 또 다른 한편, 甲의 채권자인 A가 2019. 12. 1. 甲의 丙에 대한 위 채권(소송 중인 채권)을 압류채권으로 하여 채권압류 및 추심명령을 받았고, 그 채권압류 및 추심명령이 2019. 12. 5. 丙에게 송달되었다. 제1심 법원이 2020. 1. 1. "丙은 甲에게 1억 원 및 이에 대하여 2017. 7. 1.부터 2019. 7. 31.까지는 연 5%, 그 다음날부터 다 갚는 날까지는 연 12%의 각 비율로 계산한 돈을 지급하라."는 판결을 선고하면서 가집행선고를 하였다. 甲은 위 가집행선고부 판결을 집행권원으로 하여 丙의 戊에 대한 대여금 채권에 대하여 채권압류 및 전부명령을 받았고, 그 채권압류 및 전부명령은 2020. 7. 31. 戊에게 송달되었다. 그런데 丙의 戊에 대한 위 대여금채권은 위 채권압류 및 전부명령이 송달되기 전에 이미 C에게 양도되었고, 그 채권양도통지를 받은 戊는 2020. 6. 30. C에게 채무원리금 전액을 변제하였다. 戊가 위 채권 압류 및 전부명령에 대하여 즉시항고를 하여 다툴 수 있는 사유가 있는가?

1. 전부명령의 즉시항고사유

즉시항고의 사유는 전부명령을 할 때 집행법원이 스스로 조사하여 준수할 사항에 관한 흠결, 즉 채권압류 자체의 무효 또는 취소사유와 권면액의 흠이나 압류의 경합과 같은 전부명령 고유의 무효 또는 취소사유가 이에 해당한다. 집행채권에 집행장애사유가 있는 경우에는 압류명령 또는 전부명령의 무효사류로서 즉시항고로 다툴 수 있다. 집행채권의 이전 또는 소멸이나 피전부채권의 소멸, 부존재 등은 전부명령에 대한 불복사유가 되지 않는다.

2. 채권자대위권행사 중에 채무자의 다른 채권자가 피대위채권에 대하여 압류 등을 한 경우

채권자가 자기의 금전채권을 보전하기 위하여 채무자의 금전채권을 대위행사하는 경우 제3채무자로 하여금 채무자에게 지급의무를 이행하도록 청구할 수도 있지만, 직접 대위채권자 자신에게 이행하도록 청구할 수도 있는데, 채권자대위소송에서 제3채무자로 하여금 직접 대위채권자에게 금전의 지급을 명하는 판결이 확정되더라도, 대위의 목적인 권리, 즉 채무자의 제3채무자에 대한 피대위채권이 판결의 집행채권으로서 존재하는 것이고 대위채권자는 채무자를 대위하여 피대위채권에 대한 변제를 수령하게 될 뿐 자신의 채권에 대한 변제로서 수령하게 되는 것이 아니므로, 피대위채권이 변제 등으로 소멸하기 전이라면 채무자의 다른 채권자는 이에 대하여 압류 또는 가압류, 처분금지가처분을 할 수 있다. 그리고 이러한 경우에는 집행채권자의 채권자가 집행권원에 표시된 집행채권을 압류 또는 가압류, 처분금지가처분을 한 경우에 관한 법리가 그대로 적용된다(대법원 2016. 9. 28. 선고 2016다205915 판결).

3. 집행채권자의 채권자가 집행채권에 대하여 압류 등을 한 경우

집행채권자의 채권자가 채무명의에 표시된 집행채권을 압류 또는 가압류, 처분금지가처분을 한 경우, 압류 등의 효력으로 집행채권자의 추심, 양도 등의 처분행위와 채무자의 변제가 금지되고 이에 위반되는 행위는 집행채권자의 채권자에게 대항할 수 없게 되므로 집행기관은 압류 등이 해제되지 않는 한 집행할 수 없으므로 이는 집행장애사유에 해당한다. 채권압류명령과 전부명령을 동시에 신청하더라도 압류명령과 전부명령은 별개로서 그 적부는 각각 판단하여야 하는 것이고, 집행채권의 압류가 집행장애사유가 되는 것은 집행법원이 압류 등의 효력에 반하여 집행채권자의 채권자를 해하는 일체의 처분을 할 수 없기 때문이며, 집행채권이 압류된 경우에도 그 후 추심명령이나 전부명령이 행하여지지 않은 이상 집행채권의 채권자는 여전히 집행채권을 압류한 채권자를 해하지 않는 한도 내에서 그 채권을 행사할 수 있다고 할 것인데, 채권압류명령은 비록 강제집행절차에 나간 것이기는 하나 채권전부명령과는 달리 집행채권의 환가나 만족적 단계에 이르지 아니하는 보전적 처분으로서 집행채권을 압류한 채권자를 해하는 것이 아니기 때문에 집행채권에 대한 압류의 효력에 반하는 것은 아니라고 할 것이므로 집행채권에 대한 압류는 집행채권자가 그 채무자를 상대로 한 채권압류명령에는 집행장애사유가 될 수 없다(대법원 2000. 10. 2.자 2000마5221 결정).

4. 사안의 해결

사안에서 戊가 C에게 피전부채권의 전액을 변제한 것은 즉시항고사유에 해당되지 않는다. 甲이 채권자대위권을 행사하는 피대위채권인 乙의 丙에 대한 채권에 관하여는 丁이 채권압류 및 전부명령을 받았는바, 채권자대위소송이 제기되고 대위채권자가 채무자에게 대위권 행사사실을 통지하거나 채무자가 이를 알게 된 이후에는 민사집행법 제229조 제5항이 유추적용되어 피대위채권에 대한 전부명령은 우선권 있는 채권에 기초한 것이라는 등의 특별한 사정이 없는 한 무효라는 대법원 2016. 8. 29. 선고 2015다236547 판결의 판시에 따라 위 전부명령이 효력이 없다고 하더라도, 丁의 피대위채권에 대한 압류명령은 유효하다. 甲이 丙의 戊에 대한 채권에 관하여 신청하여 받은 채권압류 및 전부명령 중 전부명령 부분은 집행채권에 대한 압류채권자인 丁의 지위를 해하는 것으로서 효력이 없다. 戊가 즉시항고를 한다면 이러한 사유를 주장할 수 있다.

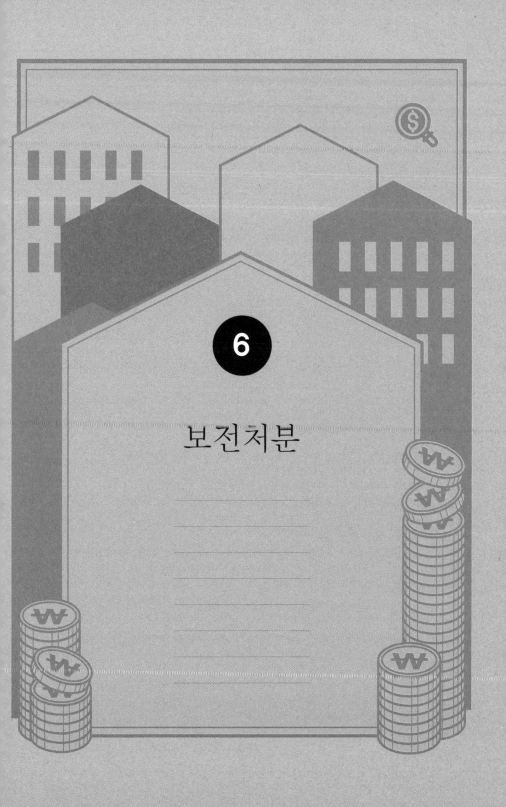

6

보전처분

사망한 사람을 상대로 한 가압류의 효력

甲은 2007. 1. 1. 乙에게 5,000만 원을 이자는 월 1%, 변제기는 2010. 12. 31.로 정하여 대여하였다. 乙이 2014. 12. 31. 위 대여금을 변제하지 않고 사망하자, 甲은 2021. 1. 1. 乙의 상속인인 乙-1(처)과 乙-2(아들)를 상대로 "피고들은 5,000만 원 및 이에 대한 2007. 1. 1.부터 다 갚는 날까지 월 1%의 비율로 계산한 돈을 지급하라."는 청구취지로 대여금청구의 소를 제기하였다. 이에 대하여 乙-1과 乙-2는 甲의 위 대여원리금채권은 시효로 소멸하였다고 항변하였고, 甲은 2016. 2. 1. 乙을 채무자로 한 가압류신청을 하였고 그 가압류결정에 기하여 乙 명의의 부동산에 관하여 가압류기입등기가 마쳐졌으므로 위 채권의 소멸시효는 중단되었다고 재항변하였다. 甲의 재항변은 받아들여질 수 있는가?

1. 쟁점

사안에서 甲은 乙이 사망한 후 乙을 채무자로 하여 가압류결정을 받아 그의 부동산을 가압류하였는바, 사망한 사람을 상대로 한 가압류의 효력이 문제로 된다.

2. 사망한 사람을 상대로 한 가압류의 효력

가압류는 소멸시효 중단사유가 된다(민법 제168조 제2호). 그러나 이미 사망한 자를 채무자로 한 가압류신청은 부적법하고, 그 신청에 따른 가압류 결정이 있었다고 하여도 그 결정은 당연 무효로서 그 효력이 상속인에게 미치지 않으며, 이러한 당연 무효의 가압류는 민법 제168조가 정한 소멸시효의 중단사유인 가압류에 해당하지 않는다(대법원 2006. 8. 24. 선고 2004다26287, 26294 판결).

3. 사안의 해결

사안에서 甲이 2016. 2. 1. 乙을 상대로 가압류신청을 하고 그에 기하여 乙 명의의 부동산에 관하여 가압류기입등기가 마쳐졌다고 하더라도 乙이 2014. 12. 31. 사망하였으므로 위 가압류는 사망한 사람을 상대로 한 것이어서 효력이 없고, 민법 제168조 제2호에 의한 시효중단의 효력도 없다. 따라서 甲이 乙의 상속인들인 乙-1과 乙-2를 상대로 한 대여금청구소송에서 피고 측에서 한 소멸시효항변에 대하여 시효중단의 재항변을 하였다고 하더라도 이는 받아들여질 수 없다.

채권을 양수하였으나 확정일자통지에 의한 대항요건을 갖추지 못한 사이에 그 채권이 가압류된 경우 채권양수인의 지위

甲은 2019. 1. 1. 乙에게 甲 소유의 X아파트를 보증금 1억 원, 월 차임 100만 원, 기간 2020. 12. 31.로 정하여 임대하였다. 乙은 2020. 3. 1. 丙에게 甲에 대한 X아파트에 관한 임대차보증금반환채권을 양도하고 甲에게 위 채권양 도를 전화로 통지하였다. 한편, 乙의 채권자인 丁이 2020. 6. 20. 청구금액 을 5,000만 원으로 하여 乙의 甲에 대한 위 임대차보증금반환채권을 가압 류하였고 그 가압류결정이 2017. 6. 30. 甲에게 송달되었다. 한편 乙은 2017. 12. 31. 위 임대차기간이 만료되자 X아파트를 甲에게 반환하였다.

가. 丙은 甲을 상대로 양수금청구의 소를 제기하여 승소할 수 있는가?

나. 甲은 丁의 가압류가 있음을 권리행사 장애사유로 항변할 수 있는가?

1. 쟁점

확정일자 있는 채권양도통지의 대항요건을 갖추지 못한 사이에 그 채 권에 대한 가압류가 된 경우에 채권양도의 효력이 문제로 된다.

2. 가압류된 채권의 양수인의 지위

채권양도는 양도인과 양수인 사이에 채권의 동일성을 유지하면서 이전시킬 것을 목적으로 하는 계약으로서 채권양도에 의하여 채권은 그 동일성을 잃지 않고 양도인으로부터 양수인에게 이전되는 것이므로 가압류된 채권도 양도하는 데에 제한이 없고, 다만 가압류된 채권의 양수인은 그러한 가압류에 의하여 권리가 제한된 채권을 양수받는 것인데, 이는 채권을 양도받았으나 확정일자 있는 양도통지나 승낙에 의한 대항요건을 갖추지 아니하는 사이에 양도된 채권이 가압류된 경우에도 동일하다(대법원 2002. 4. 26. 선고 2001다59033 판결). 채권에 대한 가압류가 있더라도 이는 채무자가 제3채무자로부터 현실로 급부를 추심하는 것만을 금지하는 것일 뿐 채무자는 제3채무자를 상대로 그 이행을 구하는 소송을 제기할 수 있고 법원은 가압류가 되어 있음을 이유로 이를 배척할 수는 없다.

3. 사안의 해결

사안에서 丙이 乙로부터 乙의 甲에 대한 1억 원의 임대차보증금반환채권을 양수하였으나 확정일자통지에 의한 대항요건을 갖추지 못하고 있는 사이에 乙의 채권자인 丁이 위 보증금반환채권 중 5,000만 원을 가압류하였는바, 위와 같은 법리에 의하면 丙은 丁의 가압류에 의하여 제한된 상태의 채권을 양도받은 것과 동일한 지위에 있다. 따라서 丙은 甲을 상대로 위 임대차보증금반환채권 중 5,000만 원을 현실적으로 추심을 하는 것만이 금지될 뿐이므로 甲을 상대로 보증금반환청구를 할 수 있고, 甲도 위 가압류를 사유로 丙의 이행청구를 거절하지 못한다.

〈추가된 사실〉

丁이 2020. 7. 1. 乙을 상대로 대여금청구의 소를 제기하여 승소판결을 받고 위 판결이 확정되자, 2021. 1. 1. 확정판결에 기초하여 위 가압류를 본압류로 이전하는 압류 및 추심명령을 받았고, 그 결정은 2021. 1. 5. 甲에게 송달되었다.

다. 甲은 丁에게 위 추심금을 지급하여야 하는가?

1. 쟁점

확정일자 있는 채권양도통지의 대항요건을 갖추지 못한 채권양도의 제3자에 대한 대항력과 그 채권에 대한 가압류 등이 있는 경우의 제3채무자의 지위가 문제로 된다.

2. 채권양도의 대항요건

민법 제450조에 의하면 지명채권의 양도는 양도인이 채무자에게 통지하거나 채무자가 승낙하지 않으면 채무자 기타 제삼자에게 대항하지 못하고, 그 통지나 승낙을 확정일자 있는 증서에 의하지 않으면 채무자 이외의 제삼자에게 대항하지 못한다.

3. 사안의 해결

사안에서 丙은 채권양도로써 가압류 및 압류채권자인 丁에게 대항할 수 없으므로 甲은 압류 및 추심채권자인 丁에게 추심금을 지급하여야 한다.

라. 甲이 丙의 위 양수금판결에 기한 강제집행을 저지하려면 어떻게 하여야 하는가?

1. 쟁점

채권을 양수하였으나 확정일자에 의한 채권양도통지의 대항요건을 갖추지 못한 사이에 그 채권에 대한 가압류가 된 후 가압류채권자가 본안소송에서 승소하는 등으로 집행권원을 취득한 경우에 채권양도의 효력이 문제로 된다.

2. 가압류에서 본압류로 이전된 경우 채권양도의 효력

가압류된 채권의 양수인도 제3채무자로부터 현실로 급부를 추심하는 것만을 금지될 뿐 제3채무자를 상대로 그 이행을 구하는 소송을 제기할 수 있고 법원은 그 채권이 가압류되어 있음을 이유로 이를 배척할 수는 없다. 다만, 채권가압류의 처분금지의 효력은 가압류채권자가 본안소송에서 승소하여 집행권원을 얻는 등으로 피보전권리의 존재가 확정되는 것을 조건으로 하여 발생하는 것이므로 가압류채권자가 본안소송에서 승소하는 등으로 집행권원을 취득하는 경우에는 가압류에 의하여 권리가 제한된 상태의 채권을 양수받는 양수인에 대한 채권양도는 무효가 된다(대법원 2002. 4. 26. 선고 2001다59033 판결).

3. 사안의 해결

사안에서 丙의 甲에 대한 위 양수금판결 중 丁이 가압류를 한 5,000만 원 부분은 丁이 본안에서 승소판결을 받고 확정됨으로써 효력을 잃게 되었으므로 甲은 丙을 상대로 그 부분에 관하여 청구이의의 소를 제기하여 丙의 위 양수금판결에 기초한 강제집행을 저지할 수 있다.

소유권이전등기청구권에 대한 가압류의 효력

甲이 2018. 1. 1. 乙 소유의 Y토지에 관하여 매매예약을 원인으로 한 소유권이전등기청구권 보전의 가등기를 마쳤는데, 甲의 채권자인 丙이 2018. 7. 1. 甲의 乙에 대한 위 소유권이전등기청구권에 대한 가압류를 신청하여, 위 법원이 2018. 7. 5. "甲의 乙에 대한 Y토지에 관한 소유권이전등기청구권을 가압류한다. 乙은 甲에게 Y토지에 관한 소유권이전등기절차를 이행하여서는 아니된다."는 가압류결정을 하였고, 2018. 7. 10. 법원의 촉탁에 의하여 위 가등기된 소유권이전등기청구권에 대한 가압류의 기입등기가 마쳐졌다. 그런데 甲의 채권자인 丁이 2019. 1. 1. 甲을 대위하여 위 가등기에 기한 본등기를 마친 다음, 丁 명의로 소유권이전등기를 마쳤다. 그 후 丙이 甲에 대한 집행력있는 지급명령정본에 기하여 Y부동산에 관하여 강제경매신청을 함으로써 강제경매절차가 진행되었는데, 2021. 1. 1. 戊가 Y토지를 매수하고 그 매각대금을 납부하였으며, Y토지에 관하여 戊 명의의 소유권이전등기가 마쳐졌다. 丁은 戊를 상대로 소유권이전등기말소청구를 할 수 있는가?

1. 쟁점

소유권이전등기청구권에 대한 가압류가 공시된 경우의 효력이 문제이다.

2. 소유권이전등기청구권에 대한 가압류의 효력

소유권이전등기청구권에 대한 압류나 가압류는 채권에 대한 것이지 등기청구권의 목적물인 부동산에 대한 것이 아니고, 채무자와 제3채무자에게 결정을 송달하는 외에 현행법상 등기부에 이를 공시하는 방법이 없으므로 당해 채권자와 채무자 및 제3채무자 사이에만 효력을 가지며, 압류나 가압류와 관계가 없는 제3자에 대하여는 압류나 가압류의 처분금지적 효력을 주장할 수 없으므로 소유권이전등기청구권의 압류나 가압류는 청구권의 목적물인 부동산 자체의 처분을 금지하는 대물적 효력은 없고, 제3채무자나 채무자로부터 소유권이전등기를 넘겨받은 제3자에 대하여는 취득한 등기가 원인무효라고 주장하여 말소를 청구할 수 없다(대법원 1992. 11. 10. 선고 92다4680 전원합의체 판결). 그러나 부동산에 관한 소유권이전등기청구권을 보전하기 위하여 가등기가 경료되고 그 가등기된 부동산소유권이전등기청구권에 대한 가압류의 기입등기가 마쳐진 후 가등기에 기한 본등기와 이에 터잡아 제3자 명의의 소유권이전등기가 경료된 경우, 그 가압류 채권자는 그 제3자에 대하여 위 가압류의 처분금지적 효력을 주장할 수 있으므로 위 제3자 명의의 소유권이전등기는 가압류 채권자에 대한 관계에서 무효이다. 따라서 그 가압류채권자의 신청에 의한 당해 부동산에 대한 강제경매절차는 정당하고 그 강제경매절차에서 적법하게 부동산 매수한 매수인 명의의 소유권이전등기는 유효하다(대법원 1998. 8. 21. 선고 96다29564 판결).

3. 사안의 해결

사안에서 丙이 甲의 乙에 대한 소유권이전등기청구권을 가압류하고 그 기입등기가 마쳐진 이상, 丁 명의의 소유권이전등기는 丙과의 관계에서는 무효이고, Y토지에 관한 甲의 소유권이전등기가 마쳐진 후 丙의 신청에 의한 강제집행절차는 정당하며, 위 강제경매절차에 의하여 적법하게 위 토지를 매수한 戊 명의의 소유권이전등기 역시 적법·유효하다. 따라서 丁은 戊를 상대로 소유권이전등기말소청구를 할 수 없다.

부동산에 대한 가압류와
처분금지가처분의 경합

甲은 2018. 1. 1. 자신의 소유인 Z토지를 乙에게 대금 2억 원에 매도하면서 乙로부터 위 매매대금 중 1억 5,000만 원을 지급받고 乙에게 소유권이전등기를 마쳐주되, 잔금 5,000만 원은 2018. 6. 30. 지급받기로 약정하고, 위 약정에 따라 Z토지에 관하여 乙 명의로 소유권이전등기를 마쳐주었다. 그런데 乙이 2018. 6. 30. 잔금 5,000만 원을 지급하지 못하자, 甲은 2018. 7. 15. 위 매매계약의 해제에 따른 Z부동산에 관한 소유권이전등기말소청구권을 보전하기 위하여 가처분을 신청하였고, 2018. 7. 20. Z토지에 관하여 가처분기입등기가 마쳐졌다. 그 후 乙의 채권자인 丙이 2021. 1. 1. 공사대금채권에 기하여 Z부동산에 대한 가압류결정을 받았고, 2021. 1. 5. 그 가압류기입등기가 마쳐졌다. 한편 甲이 乙을 상대로 위 매매계약이 해제를 되었음을 이유로 乙 명의의 Z토지에 관한 소유권이전등기의 말소등기청구의 소를 제기하여 승소판결을 받았고, 2021. 7. 1. 위 판결이 확정되었다. 丙은 민법 제548조 제1항 단서의 제3자가 되는가? 위 확정판결에 기하여 乙의 소유권이전등기가 말소될 경우 丙의 가압류기입등기는 어떻게 되는가?

1. 쟁점

가처분채권자인 전 소유자가 매매계약 해제를 원인으로 한 본안소송에서 승소판결을 받아 확정된 경우, 그 가처분등기가 기입된 후 매수인(현 소유자)에 대한 채권을 피보전권리로 하여 가압류 집행을 한 가집행 채권자를 민법 제548조 제1항 단서에 규정된 '제3자'로 볼 수 있는지가 문제로 된다.

2. 부동산에 대한 처분금지가처분과 가압류의 경합

민법 제548조 제1항은 당사자 일방이 계약을 해제한 때에 각 당사자는 그 상대방에 대하여 원상회복의 의무가 있으나, 제3자의 권리를 해하지 못한다고 규정하고 있다. 위 규정의 '제3자'란 일반적으로 그 해제된 계약으로부터 생긴 법률효과를 기초로 하여 해제 전에 새로운 이해관계를 가졌을 뿐 아니라 등기, 인도 등으로 완전한 권리를 취득한 자를 말하는 것인데, 해제된 매매계약에 의하여 채무자의 책임재산이 된 부동산을 가압류 집행한 가압류채권자도 원칙상 위 조항 단서에서 말하는 제3자에 포함된다. 그러나 부동산처분금지가처분이 유효하게 집행된 이후 가처분채권자가 그 본안소송에서 승소판결을 선고받아 확정되면 가처분채권자는 가처분등기 후에 마쳐진 가처분에 위반되는 등기의 말소를 단독으로 신청할 수 있고(부동산등기법 제94조), 동일한 부동산에 대하여 가압류와 처분금지가처분이 경합하는 경우 처분의 금지라는 점에 있어서는 양자의 효력이 양립할 수 없어 가압류와 가처분의 효력 순위는 그 집행 순서에 따라 정할 수밖에 없으므로, 부동산에 대하여 가압류등기가 된 경우에 있어서, 같은 부동산의 전 소유자가 위 가압류 집행에 앞서 같은 부동산에 대한 소유권이전등기의 말소청구권을 보전하기 위한 처분금지가처분등기를 경료한 다음, 채무자를 상대로 매매계약의 해제를 주장하면서 소유권이전등기 말소소송을 제기한 결과 승소판결을 받아 확정되기에 이르렀다면, 위와 같은 가압류는 결국 말소될 수밖에 없고, 이 경우 가압류채권자는 민법 제548조 제1항 단서에서 말하는 제3자로 볼 수 없다(대법원 2005. 1. 14. 선고 2003다33004 판결).

3. 사안의 해결

사안에서 丙이 乙의 채권자로서 乙 명의의 Z토지에 대하여 가압류를 하였다고 하더라도 그에 앞서는 甲의 가처분에는 우선하지 못하므로 甲이 乙을 상대로 소유권이전등기말소청구소송을 제기하여 승소판결을 받아 확정되면 결국 丙의 가압류는 말소될 수밖에 없으므로 丙은 민법 제548조 제1항 단서의 제3자에 해당되지 않는다. 부동산등기법 제94조 제1항은 "민집법 제305조 제3항에 따라 권리의 이전, 말소 또는 설정등기청구권을 보전하기 위한 처분금지가처분등기가 된 후 가처분채권자가 가처분채무자를 등기의무자로 하여 권리의 이전, 말소 또는 설정의 등기를 신청하는 경우에는, 대법원규칙이 정하는 바에 따라 그 가처분등기 이후에 된 등기로서 가처분채권자의 권리를 침해하는 등기의 말소를 단독으로 신청할 수 있다."고 규정하고, 부동산등기규칙 제152조 제1항은 "소유권이전등기청구권 또는 소유권이전등기말소등기(소유권보존등기말소등기를 포함한다. 이하 이 조에서 같다)청구권을 보전하기 위한 가처분등기가 마쳐진 후 그 가처분채권자가 가처분채무자를 등기의무자로 하여 소유권이전등기 또는 소유권말소등기를 신청하는 경우에는, 법 제94조 제1항에 따라 가처분등기 이후에 마쳐진 제3자 명의의 등기의 말소를 단독으로 신청할 수 있다."고 규정하고 있다. 위 규정에 따르면 甲이 확정판결을 가지고 乙의 소유권이전등기에 대한 말소등기신청을 하면서, 丙의 가압류기입등기의 말소를 단독으로 신청할 수 있다.

미등기건물의 철거 의무자 /
점유이전금지가처분의 효력

甲은 X토지의 소유자로서 그 토지에 무허가 O건물을 신축하여 거주하고 있는 乙을 상대로 건물철거 및 토지인도청구의 소를 제기하려고 준비하면서 2021. 1. 1. 乙을 채무자로 하여 X토지와 O건물에 관하여 점유이전금지가처분을 신청하여 2021. 1. 5. 그 가처분결정을 받고, 2021. 1. 15. 집행관에게 위임하여 그 집행을 하였다. 甲이 2021. 2. 1. 乙을 상대로 O건물의 철거 및 X토지의 인도청구의 소를 제기하자, 乙은 2021. 5. 1.경 丙에게 O건물을 매도하고 다른 곳으로 이사를 간 후, 위 건물철거 및 토지인도소송의 변론기일에 출석하여 위와 같은 사실을 주장하면서 甲의 청구에 응할 수 없다고 다투었다. 법원은 어떤 판결을 하여야 하는가? (원고청구인용/ 기각/ 각하 등)

1. 미등기건물 철거의 의무자

타인의 토지 위에 건립된 건물로 인하여 그 토지의 소유권이 침해되는 경우 그 건물을 철거할 의무가 있는 사람은 그 건물의 소유권자나 그 건물이 미등기건물일 때에는 이를 매수하여 법률상 사실상 처분할 수 있는 사람이다(대법원 1991. 6. 11. 선고 91다11278 판결).

2. 점유이전금지가처분의 효력

점유이전금지가처분은 그 목적물의 점유이전을 금지하는 것으로서, 가처분에 위반하여 점유가 이전되었을 때에는 가처분채무자는 가처분채권자에 대한 관계에 있어서 여전히 그 점유자의 지위에 있다는 의미로서의 '당사자 항정의 효력'이 인정될 뿐, 가처분 이후에 매매나 임대차 등에 기하여 가처분채무자로부터 점유를 이전받은 제3자에 대하여 가처분채권자가 가처분 자체의 효력으로 직접 퇴거를 강제할 수는 없고, 가처분채권자로서는 본안판결의 집행단계에서 승계집행문을 부여받아서 그 제3자의 점유를 배제할 수 있다.(대법원 1999. 3. 23. 선고 98다59118 판결). 또한 점유이전금지 가처분은 그 목적물의 점유이전을 금지하는 것으로서 목적물의 처분을 금지 또는 제한하는 것은 아니다(대법원 1987. 11. 24. 선고 87다카257, 258 판결).

3. 사안의 해결

사안에서 乙이 O건물을 丙에게 매도하고 이사를 가버렸다면, 현재 丙이 O건물을 법률상, 사실상 처분할 수 있는 자이고, 乙은 이를 처분할 수 있는 지위에 있지 않으므로 건물부분을 철거할 의무가 없다. 그러나 대지인도부분과 관련하여는 가처분채무자인 乙은 가처분채권자인 甲에 대하여는 여전히 그 점유자의 지위에 있으므로 대지인도의무가 있다. 따라서 법원은 甲의 건물철거청구 부분은 원고청구기각, 대지인도청구 부분은 원고청구인용의 판결을 하여야 한다.

소유권이전등기청구권에 대한 가압류가 있는 경우의 판결 / 소유권이전등기청구권의 보전을 위한 처분금지가처분의 효력

乙은 2020. 11. 1. 甲으로부터 T아파트를 대금 5억 원에 분양받기로 하는 분양계약을 체결하였고, 丙은 2021. 1. 1. 乙로부터 위 아파트를 금 6억 원에 매수하였는데, 2021. 2. 1. 위 아파트에 관하여 甲 명의의 소유권보존등기가 마쳐졌다. 丙이 2021. 2. 15. 乙에 대한 소유권이전등기청구권의 보전을 위하여 乙을 대위하여 甲의 T아파트에 관하여 처분금지가처분결정을 받았고, 2021. 2. 20. 위 결정에 기하여 T아파트에 관하여 가처분등기가 마쳐졌다. 丁은 2021. 3. 1. 乙에 대한 대여금채권을 보전하기 위하여 乙의 甲에 대한 T아파트에 관한 소유권이전등기청구권에 대하여 채권가압류결정을 받았고, 위 결정은 2021. 3. 5. 甲에게 송달되었다. (아래 각 문항은 관련이 없음)

가. 丙이 乙을 대위하여 甲을 상대로 T아파트에 관한 소유권이전등기청구소송을 제기하였는데, 甲은 丁이 한 가압류를 이유로 丙의 청구에 응할 수 없다고 항변하였다. 법원은 어떤 판결을 하여야 하는가?

1. 소유권이전등기청구권에 대한 가압류가 있는 경우의 판결

　채권에 대한 가압류가 있더라도 이는 채무자가 제3채무자로부터 현실로 급부를 추심하는 것만을 금지하는 것이므로 채무자는 제3채무자를 상대로 그 이행을 구하는 소송을 제기할 수 있고, 법원은 가압류가 되어 있

음을 이유로 이를 배척할 수 없는 것이 원칙이나, 소유권이전등기를 명하는 판결은 의사의 진술을 명하는 판결로서 이것이 확정되면 채무자는 일방적으로 이전등기를 신청할 수 있고 제3채무자는 이를 저지할 방법이 없으므로 이와 같은 경우에는 가압류의 해제를 조건으로 하지 아니하는 한 법원은 이를 인용하여서는 안 된다(대법원 1992. 11. 10. 선고 92다4680 전원합의체 판결).

2. 사안의 해결

사안에서 乙의 채권자인 丁이 乙의 甲에 대한 T아파트에 관한 소유권이전등기청구권에 대하여 가압류를 하였는바, 丙이 乙을 대위하여 甲에 대하여 소유권이전등기청구를 하는 경우에도 (乙이 甲을 상대로 소유권이전등기청구를 하는 경우와 마찬가지로) 가압류 해제를 조건으로 丙의 청구를 인용하여야 한다.

나. 丁이 乙을 상대로 대여금청구소송을 제기하여 승소판결을 받고 그 확정판결에 기하여 甲을 상대로 민집법 제244조에 따라 보관임선임 및 권리이전명령을 받았고, 그 명령이 甲에게 송달되었으나, 甲은 보관인인 戊에 대하여 소유권이전등기절차이행에 협력을 하지 않았다. 丁이 추심명령을 받은 뒤, 甲을 상대로 "피고는 戊에게 T아파트에 관하여 乙에 대한 2020. 11. 1. 매매(분양)계약에 기한 소유권이전등기절차를 이행하라."는 주심소송을 제기하였는데, 甲은 丙의 가처분을 이유로 丁의 청구에 응할 수 없다고 다툰다. 甲의 항쟁은 이유 있는가?

1. 소유권이전등기청구권 보전을 위한 처분금지가처분의 효력

부동산의 전득자(채권자)가 양수인 겸 전매인(채무자)에 대한 소유권이전등기청구권을 보전하기 위하여 양수인을 대위하여 양도인(제3채무자)을 상대로 부동산에 대하여 처분금지 가처분을 한 경우, 위 가처분은 전득자가 자신의 양수인에 대한 이전등기청구권을 보전하기 위하여 양도인이 양수인 이외의 자에게 그 소유권의 이전 등 처분행위를 못하도록 하는 데에 그 목적이 있는 것이므로 그 피보전권리는 양수인의 양도인에 대한 소유권이전등기청구권이고, 그 가처분결정에서 제3자에 대한 처분을 금지하였다 하여도 그 제3자 중에는 양수인은 포함되지 아니하며, 따라서 그 가처분 후에 양수인이 양도인으로부터 소유권이전등기를 넘겨받았다고 해서 위 가처분에 위배되는 것은 아니다(대법원 1991. 4. 12. 선고 90다9407 판결).

2. 사안의 해결

사안에서 丁이 甲을 상대로 한 추심소송은 T아파트에 관하여 乙에 대한 소유권이전등기절차의 이행을 구하는 것으로서 丙이 한 가처분의 효력에 반하는 것이 아니므로 甲의 항쟁은 이유 없다.

유사문제 甲은 2020. 1. 1. A주식회사로부터 Y아파트를 1억 원에 분양받고, 계약금 1,000만 원은 계약당일 지급하였는데, 잔금 9,000만 원은 Y아파트가 완공된 뒤 소유권이전등기와 상환하여 지급하기로 하였다. 乙은 甲으로부터 2020. 3. 1. Y아파트를 1억 1,000만 원 매수하고 계약당일 계약금 1,000만 원은 지급하였고 잔금 1억 원은 Y아파트가 완공된 뒤 소유권이전등기와 상환하여 지급하기로 약정하였다. 乙은 2020. 12. 31. Y아파트가 완공되고 A주식회사 명의의 소유권보존등기가 마쳐지자, 2021. 1. 1. 甲을 대위하여 甲의 A주식회사에 대한 소유권이전등기청구권을 보전하기 위하여 Y아파트에 관하여 처분금지가처분을 신청하였고 2021. 1. 11. 그 가처분결정의 기입등기가 마쳐졌다. 한편 甲은 2020. 4. 1. 丙에게 Y아파트를 1억 3,000만 원에 매도하였는데, 2021. 1. 31. A주식회사로부터 Y아파트에 관한 소유권이전등기를 마치고, 이어 丙에게 소유권이전등기를 마쳐주었다. 乙은 甲을 상대로 Y아파트에 관하여 2020. 3. 1. 매매를 원인으로 한 소유권이전등기절차의 이행을 구하는 소송을 제기하여 승소한 다음, 등기소에서 위 판결에 기한 소유권이전등기를 신청하면서 丙 명의의 소유권이전등기에 대하여 가처분의 효력에 반하는 것이라는 이유로 말소등기신청을 하였다. 乙의 위 등기신청은 받아들여질 수 있는가?

보전집행해제신청의 절차상 하자와 집행이의 / 가압류등기가 법원의 촉탁에 의해 말소된 경우의 구제방법

甲은 2020. 1. 1. 乙에 대한 5,000만 원의 대여금채권을 보전하기 위하여 乙 소유의 T아파트에 대하여 가압류신청을 하여 그 가압류결정을 받았고, 2020. 1. 10.경 T아파트에 관하여 그 가압류결정의 기입등기가 마쳐졌다. 乙은 2020. 7. 1.경 丙에게 T아파트를 2억 원에 매도하고 그 소유권이전등기를 마쳐주었다. 甲이 2021. 1. 1. 乙에 대한 대여금청구소송에서 승소판결을 받고 가압류에 기한 본압류를 하기 위하여 등기부등본을 확인한 결과, 2020. 10. 1. T아파트에 관한 甲의 가압류기입등기가 말소되어 있음을 발견하였다. 甲이 등기소에 알아보았더니 누군가가 甲의 명의로 가압류집행해제신청서를 작성하여 제출하였던 사실이 확인되었다. 甲이 말소된 가압류기입등기를 회복하기 위해서는 어떻게 하여야 하는가?

1. 보전집행해제신청의 절차상 하자와 집행이의

보전집행취소(해제)신청을 통한 구제는 채권자가 집행기관에 대하여 하는 것으로서 보전처분의 집행절차를 이루는 것이고 그 절차상 하자가 있다면 집행이의사유가 된다. 가처분채권자의 가처분해제신청이 가처분채권자의 의사에 기한 것인지 여부는 집행법원이 조사·판단하여야 할 사항이고 그 신청서가 위조되었다는 사유는 그 신청에 기한 집행행위, 즉 가처분기입등기의 말소촉탁에 대한 집행이의의 사유가 된다. 가처분 해제 신청서가 위조되었다고 주장하는 원고로서는 가처분의 집행법원에 대하여 집행이의를 통하여 말소회복을 구할 수 있을 것이고(만일 가처분기입등기의 회복에 있어서 등기상 이해관계가 있는 제3자가 있는 경우에는 그의 승낙서 또는 이에 대항할 수 있는 재판의 등본을 집행법원에 제출이 필요하다), 그 집행이의가 이유 있다면 집행법원은 가처분기입등기의 말소회복등기의 촉탁을 하여야 한다(대법원 2002. 4. 12. 선고 2001다84367 판결). 이는 가압류 집행해제신청에 의한 경우도 마찬가지이다.

2. 가압류기입등기가 법원의 촉탁에 의해 말소된 경우의 구제방법

법원의 촉탁에 의하여 행하여지는 부동산가압류의 기입등기가 법원의 촉탁에 의하여 말소된 경우에는 그 회복등기도 법원의 촉탁에 의하여 행하여져야 하므로, 가압류 채권자가 말소된 가압류기입등기의 회복등기절차의 이행을 소구할 이익은 없고, 다만 그 가압류기입등기가 말소될 당시 그 부동산에 관하여 소유권이전등기를 경료하고 있는 자는 법원이 그 가압류기입등기의 회복을 촉탁함에 있어서 등기상 이해관계가 있는 제3자에 해당하므로, 가압류 채권자로서는 그 자를 상대로 하여 법원의 촉탁에 의한 그 가압류기입등기의 회복절차에 대한 승낙청구의 소를 제기할 수는 있다(대법원 2002. 4. 12. 선고 2001다84367 판결).

3. 사안의 해결

사안에서 甲은 丙을 상대로 가압류기입등기 회복절차에 대한 승낙청구의 소를 제기한 다음 그 판결을 집행법원에 제출하고 집행이의신청을 하여 가압류기입등기의 말소회복등기의 촉탁을 구하여야 한다.

추심명령 송달의 하자 / 채권가압류에서 채무자의 지위 / 압류채권에 대한 시효중단 / 제3채무자의 권리공탁 / 가압류이의 / 가압류취소 / 가압류취소에 따른 채권집행의 취소

甲은 2019. 12. 1. 채무자를 乙, 제3채무자를 A회사, 청구금액을 5,000만 원으로 하여 乙의 A회사에 대한 임금채권(기발생분 포함) 및 퇴직금채권에 대하여 채권압류 및 추심명령을 받았다. 위 채권압류 및 추심명령은 2019. 12. 5. A회사의 본점 소재지로 송달되어 그 사무원인 乙이 수령하였으나 乙은 위 채권압류 및 추심명령을 A회사의 대표이사에게 전달하지 않았다. 한편 丙은 2018. 1. 25. 乙에게 5,000만 원을 변제기를 2017. 9. 30.로 정하여 대여하였다고 주장하면서 청구금액을 5,000만 원으로 하여 乙의 임금채권 중 1/2에 대하여 가압류를 하였고, 2018. 1. 31. 그 가압류결정이 A회사의 대표이사에게 송달되었다. A회사가 2018. 2. 1.부터 丙의 채권가압류를 이유로 매월 300만 원의 급여 중 150만 원씩을 지급하지 않자, 乙은 2021. 4. 1. A회사를 상대로 "피고는 원고에게 5,700만 원(2018. 2. 1.부터 2021. 4. 1.까지 미지급 급여 150만 원 × 38월)을 지급하라."는 임금청구의 소를 제기하였다. A회사는, ① 乙의 임금청구는 甲이 추심명령을 받음으로써 乙이 추심권을 상실하였으므로 부적법한 소에 해당되고, ② 乙에게 위 급여 부분을 지급하는 것은 丙이 한 가압류의 효력에 반하기 때문에 乙의 임금청구는 인용되어서는 안 되며, ③ 乙의 임금채권은 3년의 시효기간이 지나서 소멸되었다고 다투었다. 또 乙은 2018. 9. 30. 丙에게 차용금 5,000만 원 중 1,000만 원을 변제하면서,

나머지 4,000만 원의 변제에 갈음하여 丙의 丁에 대한 차용금채무를 면책적으로 인수함으로써 위 차용금채무가 소멸되었으므로 위 가압류는 효력을 잃었다고 주장한다. A회사가 근로자들에게 당해 월의 근로에 대하여 당해 월의 말일에 급여를 지급하는 사실은 당사자 사이에 다툼이 없다.

가. A회사의 위 각 주장은 타당한가? 법원은 乙의 위 청구에 대하여 어떤 판결을 하여야 하는가?

1. ① 주장에 대하여

민집법 제229조 제2항은 추심명령이 있는 때에는 압류채권자는 대위절차 없이 압류채권을 추심할 수 있다고 규정하고 있는바, 추심명령은 압류채권자에게 채무자에 갈음하여 제3채무자에 대하여 압류채권의 이행을 청구하고 이를 수령할 수 있는 권능을 부여하는 것이다. 추심명령은 제3채무자에게 송달됨으로써 효력이 발생하고(민집법 제229조 제4항, 제227조 제3항), 추심명령이 효력이 발생하면 채무자는 제3채무자에 대한 압류채권을 추심할 권능을 상실하게 된다.

송달은 원칙적으로 송달받을 사람의 주소·거소·영업소 또는 사무소에서 송달받을 사람 본인에게 교부하는 교부송달이 원칙이나(민소법 제178조 제1항, 제183조 제1항), 송달기관이 위와 같은 장소에서 송달받을 사람을 만나지 못한 때에는 그 사무원, 피용자 또는 동거인으로서 사리를 분별할 지능이 있는 사람에게 하는 보충송달에 의할 수도 있다(민소법 제186조 제1항). 보충송달제도는 본인 아닌 그의 사무원, 피용자 또는 동거인, 즉 수령대행인이 서류를 수령하여도 그의 지능과 객관적인 지위, 본인과의 관계 등에 비추어 사회통념상 본인에게 그 서류를 전달할 것이라는 합리적인 기대를 전제로 한다. 그런데 본인과 수령대행인 사이에 당해 소송에 관하여 이해의 대립 내지 상반된 이해관계가 있는 때에는 수령대행인이 소송서류를 본인에게 전달할 것이라고 합리적으로 기대하기 어렵고, 이해가 대립하는 수령대행

인이 본인을 대신하여 소송서류를 송달받는 것은 쌍방대리금지의 원칙에
도 반하므로, 본인과 사이에 당해 소송에 관하여 이해의 대립 내지 상반된
이해관계가 있는 수령대행인에 대하여는 보충송달을 할 수 없다고 보아야
한다(대법원 2016. 11. 10. 선고 2014다54366 판결).

사안에서 甲이 신청한 채권압류 및 추심명령은 A회사의 대표이사에게
송달되지 않고 채무자인 乙이 수령하였는바, 민소법 제186조 제1항에 의
한 보충송달로서 효력이 있는지가 우선 검토되어야 한다. 乙은 A회사의
피용자이기는 하지만, 위 채권압류 및 추심명령의 채무자로서 A회사와는
이해관계를 달리하는 당사자이어서 A회사의 수령대행인이 될 수 없으므
로 乙에게 한 송달은 A회사에 대한 보충송달로서 부적법하다. 따라서 위
채권압류 및 추심명령은 효력이 발생하지 않았다. 위 채권압류 및 추심명
령이 효력이 발생하였음을 전제로 한 A회사의 주장은 타당하지 않다.

2. ② 주장에 대하여

채권이 가압류된 경우 채무자는 가압류된 채권을 처분과 영수하여서는
안 된다(민집법 제227조 제1항, 제291조). 채무자는 가압류가 있은 뒤에도 여전
히 압류된 채권의 채권자이므로 추심명령이나 전부명령이 있을 때까지 채
권자를 해하지 않는 한에서는 채권을 행사할 수 있다. 즉 제3채무자를 상대
로 이행의 소를 제기하여 승소판결을 받을 수 있다. 이는 가압류에 의하여
압류채권의 소멸시효가 중단되는 것은 아니기 때문에 실제로 채무자의 이러
한 행위가 필요하기 때문이다. 다만, 채무자가 제3채무자를 상대로 이행의
소를 제기하여 승소판결을 받더라도 강제집행을 실시하여 만족을 얻을 수
는 없다.

사안에서 丙이 乙의 임금채권에 대하여 가압류를 하였다고 하더라도
乙은 채권자로서 임금채권을 행사하여 승소판결을 받을 수 있으므로 A회
사의 주장은 타당하지 않다(다만, 乙의 승소판결이 선고되어 확정되더라도 A회사는
판결에 따라 임의변제를 할 수는 없다).

3. ③ 주장에 대하여

채권자가 채무자의 제3채무자에 대한 채권을 압류 또는 가압류한 경우에 채무자에 대한 채권자의 채권에 관하여 시효중단의 효력이 생기지만, 압류 또는 가압류된 채무자의 제3채무자에 대한 채권에 대하여는 민법 제168조 제2호 소정의 소멸시효 중단사유에 준하는 확정적인 시효중단의 효력이 생긴다고 할 수 없다. 다만, 소멸시효 중단사유의 하나로서 민법 제174조가 규정하고 있는 최고는 채무자에 대하여 채무 이행을 구한다는 채권자의 의사통지(준법률행위)로서, 이에는 특별한 형식이 요구되지 아니할 뿐 아니라 행위 당시 당사자가 시효중단의 효과를 발생시킨다는 점을 알거나 의욕하지 않았다 하더라도 이로써 권리 행사의 주장을 하는 취지임이 명백하다면 최고에 해당하는 것으로 보아야 할 것이므로, 채권자가 확정판결에 기한 채권의 실현을 위하여 채무자의 제3채무자에 대한 채권에 관하여 압류 및 추심명령을 받아 그 결정이 제3채무자에게 송달이 되었다면 거기에 소멸시효 중단사유인 최고로서의 효력을 인정하여야 한다(대법원 2003. 5. 3. 선고 2003다16238 판결).

사안에서 乙의 임금채권의 소멸시효는 3년인바(근로기준법 제49조), 소 제기 시인 2017. 4. 1.로부터 역산하여 3년이 경과한 2014. 2. 1.부터 2014. 3. 31.까지의 부분은 시효기간이 경과하였다. 乙의 임금청구의 소는 甲의 채권압류 및 추심명령이 있은 후 6개월 이내에 제기되었으나 위 채권압류 및 추심명령의 송달이 부적법하므로 이를 시효중단 사유인 최고로서 주장할 수도 없다. 결국 A회사의 소멸시효항변 중 2018. 2. 1.부터 2018. 3. 31.까지의 부분은 타당하다. 따라서 법원은 乙의 위 임금청구 중 5,400만 원을 인용하는 판결을 하여야 한다.

나. A회사가 현 상황에서 甲, 乙, 丙 등으로부터 향후 강제집행을 피하기 위하여 할 수 있는 조치가 있는가?

1. 제3채무자의 권리공탁

채권집행 및 가집행에 있어서 제3채무자는 집행당사자가 아니지만 그 명령의 효력에 의하여 채무자에 대하여 지급하는 것이 금지된다(민집법 제227조 제항, 제296조 제3항). 민집법 제248조 제1항은 제3채무자는 압류에 관련된 금전채권을 전액 공탁할 수 있다고 규정하고 있는바, 이는 민집법 제291조에 의하여 가압류의 경우에도 준용된다. 다만, 제3채무자가 가압류 집행된 금전채권액을 공탁한 경우에는 그 가압류의 효력은 그 청구채권액에 해당하는 공탁금액에 대한 채무자의 출급청구권에 대하여 존속한다(민집법 제297조). 민집법 제248조 제1항은 소위 권리공탁으로서, 압류채권자, 배당요구권자 등의 공탁청구, 추심청구, 경합 여부 등을 따질 필요 없이 압류에 관련된 채권을 전액 공탁할 수 있도록 규정하고 있다. 금전채권의 일부만이 압류되었음에도 그 채권 전액을 공탁한 경우에는 그 공탁금 중 압류의 효력이 미치는 금전채권액은 그 성질상 당연히 집행공탁으로 보아야 하나, 압류금액을 초과하는 부분은 압류의 효력이 미치지 않으므로 집행공탁이 아니라 변제공탁으로 보아야 한다(대법원 2008. 5. 15. 선고 2006나/4693 판결).

2. 사안의 해결

사안에서 甲의 채권압류 및 추심명령은 효력이 없고, 丙의 가압류는 유효하므로 압류가 경합된 상태는 아니지만, 乙이 A회사를 상대로 임금청구를 하여 승소판결을 받으면 A회사의 재산에 대한 강제집행으로서 압류를 할 수 있는 상황인바, A회사는 민집법 제248조 제1항에 따라 권리공탁을 함으로써 丙의 위 가압류에 기한 본압류 및 추심명령 또는 전부명령의 집행을 저지할 수 있고 乙의 A회사의 재산에 대한 강제집행을 저지할 수 있다.

다. 乙이 A회사로부터 미지급 급여와 장래의 급여를 제대로 받기 위하여 할 수 있는 조치는 어떤 것이 있는가? (乙은 현재 5,000만 원의 현금공탁을 할 수 있는 자

력이 없다)

1. 쟁점

사안에서 乙은 丙의 가압류로 인하여 급여를 제대로 수령하지 못하고 있는바, 위 가압류의 집행을 해제(취소)할 수 있는 방안을 검토하여야 한다. 乙은 청구금액을 공탁할 능력은 없으므로 해방공탁금의 공탁에 의한 가압류집행 취소신청은 할 수 없고, 담보제공에 의한 가압류의 취소도 적절하지 않을 상황이어서 丙의 가압류를 취소할 수 있는 나머지 방안을 검토하여야 한다.

2. 가압류이의

채무자는 가압류결정에 대하여 그 취소나 변경을 신청하는 이유를 밝혀 이의를 할 수 있다(민집법 제283조). 이의절차는 이의재판의 심리종결시를 기준으로 보전처분신청의 당부를 심리의 대상으로 한다. 이의사유는 피보전권리 및 보전의 필요성의 존부뿐만 아니라, 이미 발령된 보전처분을 부당하게 하는 모든 사유를 주장할 수 있으므로, 사정변경에 해당하는 사유, 제소기간의 경과 등 가압류 취소사유도 함께 주장할 수 있다.

3. 가압류취소

민집법 제287조는 본안의 제소명령과 제소기간 경과로 인한 가압류의 취소를 규정하고 있고, 제288조 제1항은 사정변경, 담보제공, 가압류집행 후 3년간 본안 부제소를 가압류의 취소사유로 규정하고 있다. 사정변경에 의한 가압류취소는 보전처분 발령 후 보전처분의 이유가 소멸하거나 그 밖의 사정이 바뀌어 보전처분을 유지함이 상당하지 않게 된 때에 채무자가 그 가압류의 취소를 구하는 것인바, 피보전권리 및 보전의 필요성의 소멸, 변경 등도 사유가 될 수 있다. 보전처분 집행 후 3년간 본안의 소를 제기하지 않은 경우는 채권자의 보전의사의 포기 또는 상실이 있는 경우의

한 예인바, 보전처분 집행 후 3년간 본안소송을 제기하지 않았다고 하여
당연히 보전처분의 효력이 소멸하는 것은 아니다.

4. 가압류취소에 따른 채권집행의 취소

가압류에 대한 이의사건이나 취소사건에서 가압류를 취소하는 결정이
내려진 경우, 채무자는 그 재판서의 정본을 집행법원에 제출하여 가압류
의 집행취소를 신청하고, 법원이 그 재판서의 정본을 첨부하여 제3채무자
에게 송달함으로써 채권가압류의 집행이 취소된다.

5. 사안의 해결

사안에서 乙은 피보전권리가 소멸하였음을 사유로 하여 가압류에 대한
이의신청을 하거나, 사정변경을 이유로 가압류취소신청을 할 수도 있고,
丙이 보전처분을 집행한 후 3년의 기간이 경과하였음을 사유로 가압류취
소신청을 하거나, 제소명령을 신청하여 제소기간 도과를 사유로 한 가압
류취소신청을 할 수 있는바(이 사안에서 가압류 후 3년이 경과하였음을 사유로 하는
것이 가장 쉬운 방법이 될 수 있을 것이다), 집행법원으로부터 가압류취소의 결
정을 받은 뒤, 그 결정문의 정본을 집행법원에 제출하여 집행취소를 신청
하여 丙이 한 가압류집행의 효력을 소멸시킬 수 있다.

가처분과 국세체납의 경합 / 소유권이전등기청구권에 대하여 가처분이 있는 경우 / 처분금지가처분의 상대적 효력 / 가처분취소신청의 당사자 / 가처분취소결정에 대한 즉시항고 / 집행취소에 의하여 가처분등기가 말소된 경우

乙은 2019. 1. 1. 甲으로부터 X토지를 대금 1억 원에 매수한 다음 2019. 1. 20. 丙에게 대금 1억 2,000만 원에 매도하였다. 丙이 2019. 3. 1. 乙을 대위하여 甲을 채무자로 하여 X토지에 관하여 처분금지가처분신청을 하여 그 결정을 받음으로써 2019. 3. 5. X토지에 가처분기입등기가 마쳐졌다. (각 문항은 관련이 없음)

가. 丙이 2020. 4. 1. 甲을 상대로 "피고는 을에게 X토지에 관하여 2019. 1. 1.자 매매를 원인으로 한 소유권이전등기절차를 이행하라."는 소를 제기하자, 甲은, ① 2019. 3. 10. X토지에 관하여 국세체납에 따른 체납처분의 실행으로 서울중부세무서장의 촉탁에 의하여 압류등기가 마쳐졌는데 위 가처분으로는 체납처분에 우선권을 주장할 수 없으므로 乙의 소유권이전등기청구권은 이행불능이 되었고, ② 乙의 소유권이전등기청구권을 양수하였다고 주장하는 丁이 乙의 X토지에 관한 소유권이전등기청구권에 대하여 처분금지가처분결정을 받았고 그 가처분결정이 2019. 3. 15. 甲에게 송달되었는데 乙에게 X토지에 관한 소유권이전등기절차를 이행하는 것은 위 가처분의 효

력에 반하므로 乙을 대위한 丙의 청구는 인용되어서는 안 된다고 다투었다. 甲의 위 각 주장은 타당한가? 법원은 어떤 판결을 하여야 하는가?

1. ① 주장에 대하여

부동산에 관하여 처분금지가처분의 등기가 된 후에 그 가처분권자가 본안소송에서 승소판결을 받아 확정이 되면 그 피보전권리의 범위 내에서 가처분 위반행위의 효력을 부정할 수 있고 이와 같은 가처분의 우선적 효력은 그 위반행위가 체납처분에 기한 것이라 하여 달리 볼 수 없다. 국세징수법 제35조에서 '재판상의 가압류 또는 가처분 재산이 체납처분 대상인 경우에도 이 법에 따른 체납처분을 한다'고 규정하고 있으나, 이는 선행의 가압류 또는 가처분이 있다고 하더라도 체납처분의 진행에는 영향을 받지 않는다는 취지의 절차진행에 관한 규정일 뿐이고 체납처분의 효력이 가압류, 가처분의 효력에 우선한다는 취지는 아니다(대법원 1993. 2. 19.자 92마903 전원합의체 결정).

사안에서 국세체납에 따른 압류등기는 丙이 한 가처분등기가 기입된 이후에 마쳐졌으므로 丙이 승소판결을 받을 경우 그 효력을 부정할 수 있다. 甲의 주장은 타당하지 않다.

2. ② 주장에 대하여

소유권이전등기청구권에 대한 압류나 가압류는 채권에 대한 것이지 등기청구권의 목적물인 부동산에 대한 것이 아니고, 채무자와 제3채무자에게 그 결정을 송달하는 외에 현행법상 등기부에 이를 공시하는 방법이 없는 것으로서, 당해 채권자와 채무자 및 제3채무자 사이에만 효력이 있을 뿐 압류나 가압류와 관계가 없는 제3자에 대하여는 압류나 가압류의 처분금지적 효력을 주장할 수 없게 되므로, 소유권이전등기청구권의 압류나 가압류는 청구권의 목적물인 부동산 자체의 처분을 금지하는 대물적 효력은 없고, 또한 채권에 대한 가압류가 있더라도 이는 채무자가 제3채무자

로부터 현실로 급부를 추심하는 것만을 금지하는 것이므로 채무자는 제3
채무자를 상대로 그 이행을 구하는 소송을 제기할 수 있고 법원은 가압류
가 되어 있음을 이유로 이를 배척할 수는 없는 것이지만, 소유권이전등기
를 명하는 판결은 의사의 진술을 명하는 판결로서 이것이 확정되면 채무
자는 일방적으로 이전등기를 신청할 수 있고 제3채무자는 이를 저지할 방
법이 없게 되므로 위와 같이 볼 수는 없고 이와 같은 경우에는 가압류의
해제를 조건으로 하지 않는 한 법원은 이를 인용하여서는 안되는 것이며,
가처분이 있는 경우도 이와 마찬가지로 그 가처분의 해제를 조건으로 하
여야만 소유권이전등기절차의 이행을 명할 수 있다(대법원 1999. 2. 9. 선고
98다42615 판결).

　사안에서 丁이 乙의 甲에 대한 X토지에 관한 소유권이전등기청구권에
대하여 처분금지가처분결정을 받았다고 하더라도 乙은 甲을 상대로 소유
권이전등기이행을 구하는 소를 제기할 수 있으므로, 이에 관한 甲의 주장
은 타당하지 않다. 그러나 법원은 丁의 가처분의 해제를 조건으로 乙을 대
위한 丙의 소유권이전등기청구를 인용하여야 한다.

나. 戊는 2019. 7. 1. 甲으로부터 X토지를 대금 1억 5,000만 원에 매수하고 X
토지에 관하여 소유권이전등기를 마친 다음, 2019. 7. 10. 乙이 매매잔대금을
지급하지 않아서 甲과 乙 사이의 매매계약은 해제되었다고 주장하면서 사
정변경을 이유로 가처분취소신청을 하였고, 법원은 2019. 9. 1. 戊의 신청을
받아들여서 2019. 3. 1.자 가처분결정을 취소하였고, 이에 근거하여 X토지에
관한 丙의 가처분기입등기는 말소되었다. 丙이 위 가처분취소결정에 대하
여 즉시항고를 하자, 항고심 법원은 甲과 乙 사이의 X토지에 관한 매매계약
은 甲의 해제의 의사표시가 부적법하여 여전히 유효하다는 판단을 하였다.
丙이 말소된 위 가처분기입등기를 회복하고, 戊의 위 소유권이전등기를 말
소할 수 있는 방법이 있는가?

1. 처분금지가처분의 상대적 효력

가처분으로 부동산의 양도나 저당을 금지한 때에는 가압류집행의 경우와 마찬가지로 등기부에 그 금지한 사실을 기입하게 하여야 한다(민집법 제305조, 제293조). 처분금지 가처분이 등기되면 그 등기 후에 채무자가 가처분의 내용에 위배하여 제3자에게 목적부동산에 관하여 양도, 담보권설정 등의 처분행위를 하더라도 그 효력을 부정할 수 있다. 한편, 처분금지 가처분의 등기가 있더라도 그 후의 처분행위에 관한 등기가 허용됨은 물론, 그 가처분 위반의 처분행위는 가처분채권자에 대하여 그의 권리를 침해하는 한도에서만 부정될 수 있는 것이고, 가처분채무자와 그 상대방 및 제3자 사이에서는 완전히 유효하다.

2. 가처분취소신청의 당사자

가처분취소는 일단 유효하게 발령된 보전처분을 그 신청 절차와 별개의 절차에 의하여 실효시키는 제도인바, 가처분목적물의 특정승계인은 피보전권리가 없음이 분명히 되었다는 것을 사유로 민집법 제301조, 제288조에 의한 사정변경으로 인한 가처분 취소신청을 할 수 있다(대법원 2014. 10. 16.자 2014마1413 결정).

3. 가처분취소결정에 대한 즉시항고

보전처분을 취소하는 결정에 대하여 즉시항고를 하더라도 집행정지의 효력이 없다(민집법 제301조, 제288조 제2항, 제286조 제7항). 민집법 제288조 제3항은 가압류를 취소하는 재판에 대하여는 가압류이의에 의하여 가압류를 취소하는 결정을 하는 경우에 관한 효력유예선언에 관한 민집법 제286조 제6항을 준용하도록 규정하고, 민집법 제289조 제1항은 가압류를 취소하는 결정에 대하여 즉시항고를 하는 경우에 가압류취소결정의 효력을 정지시킬 수 있다고 규정하고 있는바, 이는 가처분의 경우에도 준용된다(민집법 제301조).

4. 집행취소에 의하여 가처분등기가 말소된 경우

가처분취소결정의 집행에 의하여 처분금지 가처분등기가 말소된 경우 그 말소된 효력은 확정적이므로, 처분행위가 금지된 부동산을 매수한 제 3자는 그 후에는 아무런 제한을 받지 아니하고 소유권취득의 효력을 가처분채권자에게 대항할 수 있게 되고, 이 경우 가처분채권자의 채무자에 대한 소유권이전등기청구권은 이행불능이 되므로 가처분채권자는 더 이상 처분금지가처분을 신청할 이익이 없게 된다(대법원 2000. 10. 6. 선고 2000다 32147 판결).

5. 사안의 해결

사안에서 戊는 처분금지 가처분의 등기 후 X토지를 매수한 특정승계인으로서 가처분취소의 신청인이 될 수 있고, 법원이 가처분 취소결정을 하면서 효력유예선언을 하고 丙이 가처분취소결정에 대한 집행정지신청을 하지 않은 이상, 가처분 취소결정에 대하여 즉시항고를 하더라도 戊는 가처분취소결정에 근거하여 가처분등기를 말소시킬 수 있다. 가처분 취소결정에 의하여 가처분등기가 말소된 이상, 戊의 소유권이전등기에 의한 X토지의 취득은 가처분채권자인 丙에게 대항할 수 있게 되고, 戊의 소유권이전등기를 원인무효로 하는 사유가 없는 한, 乙의 甲에 대한 소유권이전등기청구권은 이행불능에 이르게 되므로 丙이 乙을 대위하여 X토지에 관한 처분금지 가처분을 신청할 이익은 없게 된다. 항소심 법원이 설령 가처분을 취소한 제1심 결정이 잘못되었다는 판단을 하더라도 丙의 항고를 기각할 수밖에 없고, 丙으로서는 처분금지 가처분등기를 회복하거나 戊의 소유권이전등기를 말소할 방법은 없다.

임차보증금반환채권이 가압류된 상태에서 임대주택이 양도된 경우 양수인이 제3채무자 지위를 승계하는지 여부

甲은 2019. 1. 1. 乙에게 3,000만 원을 변제기는 2019. 12. 31.로 정하여 대여하였는데, 乙이 변제기가 지나서도 위 차용금을 변제하지 않자, 2020. 2. 1. 청구금액을 3,000만 원으로 하여 乙의 丙에 대한 8,000만 원의 임차보증금반환채권에 대하여 가압류를 신청하였고, 그 가압류결정이 2020. 2. 5. 丙에게 송달되었다. 甲은 2021. 1. 1. 乙을 상대로 위 대여금에 관하여 지급명령을 신청하였고 그 지급명령은 乙이 이의를 하지 않음으로써 2021. 2. 28. 확정되었다. 甲은 2021. 3. 20. 위 지급명령에 기하여 乙의 丙에 대한 임차보증금반환채권에 대하여 가압류를 본압류로 이전하는 채권압류 및 전부명령을 신청하였고, 위 채권압류 및 전부명령은 2021. 3. 31. 丙에게 송달되었다. 그런데 丁이 2020. 8. 1. 乙이 임차한 주택을 양수하고 그에 관한 소유권이전등기를 마쳤고, 甲은 2021. 4. 10. 다시 위 지급명령에 기하여 丁을 상대로 乙의丙에 대한 임차보증금반환채권에 대한 가압류를 본압류로 이전하는 채권압류 및 전부명령을 신청하였고, 위 채권압류 및 전부명령은 2021. 4. 15. 丁에게 송달되었고 2017. 4. 30. 확정되었다. 甲이 丁을 상대로 3,000만 원의 지급을 구하는 전부금청구의 소를 제기하자, 丁은 위 채권압류 및 전부명령을 송달받기 전인 2020. 12. 31. 임대차기간이 만료되어 임차보증금 8,000만 원 중 미지급차임 등을 공제한 4,000만 원을 乙에게 반환하였으므로 甲의 전부금청구에 응할 수 없다고 다툰다. 丁의 주장은 받아들여질 수 있는가?

1. 임대차보증금반환채권이 가압류된 상태에서 임대주택이 양도된 경우, 양수인이 채권가압류의 제3채무자 지위를 승계하는지 여부

주택임대차보호법 제3조 제4항은 "임대주택의 양수인은 임대인의 지위를 승계한 것으로 본다."고 규정하고 있다. 이에 관하여 대법원은 "위 규정은 법률상의 당연승계 규정으로 보아야 하므로, 임대주택이 양도된 경우에 양수인은 주택의 소유권과 결합하여 임대인의 임대차 계약상의 권리·의무 일체를 그대로 승계하며, 그 결과 양수인이 임대차보증금반환채무를 면책적으로 인수하고, 양도인은 임대차관계에서 탈퇴하여 임차인에 대한 임대차보증금반환채무를 면하게 된다. 나아가 임차인에 대하여 임대차보증금반환채무를 부담하는 임대인임을 당연한 전제로 하여 임대차보증금반환채무의 지급금지를 명령받은 제3채무자의 지위는 임대인의 지위와 분리될 수 있는 것이 아니므로, 임대주택의 양도로 임대인의 지위가 일체로 양수인에게 이전된다면 채권가압류의 제3채무자의 지위도 임대인의 지위와 함께 이전된다고 볼 수밖에 없다. 한편 주택임대차보호법상 임대주택의 양도에 양수인의 임대차보증금반환채무의 면책적 인수를 인정하는 이유는 임대주택에 관한 임대인의 의무 대부분이 그 주택의 소유자이기만 하면 이행가능하고 임차인이 같은 법에서 규정하는 대항요건을 구비하면 임대주택의 매각대금에서 임대차보증금을 우선 변제받을 수 있기 때문인데, 임대주택이 양도되었음에도 양수인이 채권가압류의 제3채무자의 지위를 승계하지 않는다면 가압류권자는 징차 본집행절차에서 주택의 매각대금으로부터 우선변제를 받을 수 있는 권리를 상실하는 중대한 불이익을 입게 된다. 이러한 사정들을 고려하면, 임차인의 임대차보증금반환채권이 가압류된 상태에서 임대주택이 양도되면 양수인이 채권가압류의 제3채무자의 지위도 승계하고, 가압류권자 또한 임대주택의 양도인이 아니라 양수인에 대하여만 위 가압류의 효력을 주장할 수 있다고 보아야 한다."고 하였다(대법원 2013. 1. 17. 선고 2011다49523 전원합의체 판결).

2. 채권의 준점유자에 대한 변제

민법 제470조는 "채권의 준점유자에 대한 변제는 변제자가 선의이며 과실 없는 때에 한하여 효력이 있다."고 규정하고 있다. 주택양수인이 보증금반환채권에 대한 가압류의 존재를 알지 못한 채 임차인에게 보증금을 반환한 경우에 채권의 준점유자에 대한 변제로서 보호될 수 있는지가 문제로 된다. 우선, 임차보증금반환채권이 가압류된 다음 임차주택이 양도되어 양도인이 지위를 승계한 경우 제3채무자인 양수인의 입장에서 가압류채무인 임차인이 "채권의 준점유자"에 해당한다고 볼 수 있는지에 관해서는 긍정설과 부정설이 있다. 또 임차인이 채권의 준점유자가 될 수 있다고 보는 경우에도, 주택양수인이 임차보증금반환채무를 인수함에 있어서, 양도인에게 가압류의 존부 또는 임차인이 임차보증금의 정당한 수령권자인지를 확인하지 않은 것을 과실이라고 할 수 있는지에 관해서도 긍정설과 부정설이 있다[1].

3. 사안의 해결

사안에서 대법원판례에 따르면 丁은 가압류결정의 제3채무자의 지위를 승계하므로 보증금반환채권에 대한 가압류의 효력에 의하여 채무자인 乙에게 보증금반환채권을 변제한 것은 甲에게 대항할 수 없다. 가압류채무자인 임차인이 '채권의 준점유자'에 해당되지 않는다는 부정설에 따르면, 乙은 채권의 준점유자가 아니고 채무자인바, 제3채무자의 승계인 丁의 채무자 乙에 대한 변제는 가압류의 본질적 효력에 반하는 것으로서 채권의 준점유자에 대한 변제로서도 효력이 있다고 할 수 없다.

---

[1] '채권의 준점유자'는 변제자의 입장에서 볼 때 일반의 거래관념상 채권을 행사할 정당한 권한을 가진 것으로 믿을 만한 외관을 가지는 사람을 말하므로 준점유자가 스스로 채권자라고 하여 채권을 행사하는 경우뿐만 아니라 채권자의 대리인이라고 하면서 채권을 행사하는 때에도 채권의 준점유자에 해당하는 것으로서 통상 무효인 채권양도의 양수인, 표현상속인, 위조영수증소지인 등이 거론된다. 변제자의 선의는 변제수령자가 무권리자인 것을 알지 못한 것(단순한 부지)만으로는 부족하고 그 자가 진정한 수령권자라고 믿었을 것(신뢰)을 요한다고 해석하는 것이 통설이다.

채권가압류를 사유로 한
제3채무자의 공탁과 배당

甲은 2021. 1. 1. 乙의 丙에 대한 3억 원의 물품대금채권 중 2억 원을 양수하고 乙의 위임을 받아 확정일자 있는 내용증명우편으로 채권양도사실을 통지하였으며, 그 내용증명우편은 2021. 1. 3.경 丙에게 도달되었다. 甲-1은 2020. 12. 1. 乙의 丙에 대한 위 물품대금채권 중 2억 원에 대하여 가압류결정을 받았고, 그 결정문이 2020. 12. 10. 丙에게 송달되었으며, 甲-2는 2021. 1. 10. 乙의 丙에 대한 위 물품대금채권 3억 원에 대하여 가압류결정을 받았고, 그 결정문이 2021. 1. 20.경 丙에게 송달되었다. 丙은 2021. 3. 1. 민사집행법 제291조 및 제248조 제1항에 의하여 법원에 3억 원을 공탁하고 그 사유신고를 하였다. 법원이 甲, 甲-1, 甲-2에게 배당기일을 2021. 5. 1.로 한 배당기일통지서를 보내자, 甲은 임금채권자로서 채권을 양수하였으므로 우선권이 있다고 주장하면서 관련 서류를 첨부하여 채권계산서를 제출하였다. 그런데 법원은 2021. 5. 1. 甲-1에 대하여 1순위로 2억 원을 배당하고 나머지 1억 원을 甲에게 배당하는 배당표를 작성하였다. 이에 甲은 배당기일에 출석하여 이의를 한 다음 甲-1을 상대로 배당이의의 소를 제기하였다. 甲의 위 배당이의의 소는 적법한가?

1. 쟁점

사안에서 乙의 병에 대한 물품대금채권에 대하여 가압류가 중복하여

있고 이에 대하여 제3채무자인 병이 민사집행법상의 권리공탁을 하였는
바, 이 경우 위 공탁금에 대한 배당이 실시될 수 있는지가 쟁점이다.

2. 채권가압류를 이유로 한 제3채무자의 공탁과 배당

채무자의 제3채무자에 대한 채권이 압류된 경우 제3채무자는 채권자의
경합이 없더라도 압류된 관련된 금전채권의 전액을 공탁할 수 있는바(민집
법 제248조 제1항), 이는 금전채권에 대한 가압류의 경우에도 준용된다(민집
법 제291조). 민집법 제297조는 "제3채무자가 가압류 집행된 금전채권액을
공탁한 경우에는 그 가압류의 효력은 그 청구채권액에 해당하는 공탁금액
에 대한 채무자의 출급청구권에 대하여 존속한다."고 규정하고 있는바, 채
권가압류를 이유로 한 제3채무자의 공탁은 압류를 이유로 한 제3채무자의
공탁과 달리, 그 공탁금으로부터 배당을 받을 수 있는 채권자의 범위를 확
정하는 효력이 없고, 가압류의 제3채무자가 공탁을 하고 공탁사유를 법원
에 신고하더라도 배당절차를 실시할 수 없으며, 공탁금에 대한 채무자의
출급청구권에 대하여 압류 및 공탁사유신고가 있을 때 비로소 배당절차를
실시할 수 있다(대법원 2006. 3. 10. 선고 2005다15765 판결).

3. 사안의 해결

사안에서 甲-1과 甲-2의 각 채권가압류 결정이 있었을 뿐, 乙의 공탁
금출급청구권에 대하여 압류가 없었으므로 丙의 공탁금에 대하여는 배당
절차를 실시할 수 없다. 법원의 배당실시는 위법하므로 甲으로서는 배당
실시의 위법을 이유로 집행에 관한 이의신청을 하여 배당표를 취소시키는
등으로 위법한 배당절차의 시정을 구하는 것은 별론으로 하고, 배당이의
의 소로써 배당표에 대하여 다툴 수는 없다.

소유권이전등기청구권에 대한 가압류가 있는 경우의 법률관계 / 소유권이전등기청구권에 대한 가압류가 있는 사실이 직권조사사항인지 여부 / 소유권이전등기청구권에 대한 가압류와 그에 선행하는 처분금지가처분의 우열

乙은 2020. 1. 1. 甲으로부터 X토지를 대금 2억 원에 매수하면서 계약금 2,000만 원은 계약 당일에, 중도금 8,000만 원은 2020. 1. 20.에 각 지급하고, 잔금 1억 원은 2020. 1. 31.에 소유권이전등기에 필요한 서류와 교환하여 지급하기로 약정하였고, 이에 따라 계약금과 중도금을 각 지급하였다. 丙은 2020. 1. 15. 乙로부터 X토지를 대금 2억 5,000만 원에 매수하고, 乙을 대위하여 X토지에 대하여 처분금지가처분을 한 다음, 2020. 3. 1. 甲을 상대로 "피고는 乙에게 X토지에 관하여 2020. 1. 1. 매매를 원인으로 한 소유권이전등기절차를 이행하라."는 소를 제기하였다. 이에 甲은 乙로부터 잔금 1억 원을 지급받지 못하였으므로 丙의 소유권이전등기청구에는 응할 수 없다고 다투는 취지의 답변서를 제출하였다. 한편, 乙의 채권자인 丁이 2020. 4. 1.경 乙의 甲에 대한 위 소유권이전등기청구권에 대하여 가압류결정을 받았는데, 그 가압류결정이 2020. 4. 5.경 甲에게 송달되었다. 甲은 제1회 변론기일통지서를 송달받고 위 가압류결정문의 사본을 법원에 송부하였을 뿐, 변론기일에 출석하지 않았다.

가. 제1회 변론기일에 甲이 출석하지 않은 상태로 변론이 종결된다면, 법원은 어떤 재판을 하여야 하는가?

1. 쟁점

사안에서 丙이 乙을 대위하여 행사하는 소유권이전등기청구권에 대하여 乙의 채권자인 丁이 가압류를 하였고 甲이 이에 대하여 항변을 하지 않고 있는바, 위 사항이 항변사항인지, 직권조사사항인지가 쟁점이 된다.

2. 소유권이전등기청구권에 대한 가압류가 있는 경우의 법률관계

소유권이전등기청구권에 대한 가압류가 있으면 그 변제금지의 효력에 의하여 제3채무자는 채무자에게 임의로 이전등기를 이행하여서는 안 되지만, 그와 같은 가압류는 채권에 대한 것이지 등기청구권의 목적물인 부동산에 대한 것이 아니고, 채무자와 제3채무자에게 결정을 송달하는 외에 현행법상 등기부에 이를 공시하는 방법이 없는 것으로서 당해 채권자와 채무자 및 제3채무자 사이에만 효력을 가지며, 제3자에 대하여는 가압류의 변제금지의 효력을 주장할 수 없으므로 소유권이전등기청구권의 가압류는 청구권의 목적물인 부동산 자체의 처분을 금지하는 대물적 효력은 없고, 제3채무자나 채무자로부터 이전등기를 경료한 제3자에 대하여는 취득한 등기가 원인무효라고 주장하여 말소를 청구할 수는 없다. 제3채무자가 가압류결정을 무시하고 이전등기를 이행하고 채무자가 다시 제3자에게 이전등기를 마쳐준 결과 채권자에게 손해를 입힌 때에는 불법행위를 구성하고 그에 따른 배상책임을 지게 된다. 소유권이전등기를 명하는 판결은 의사의 진술을 명하는 판결로서 이것이 확정되면 채무자는 일방적으로 이전등기를 신청할 수 있고 제3채무자는 이를 저지할 방법이 없으므로, 소유권이전등기청구권이 가압류된 경우에는 변제금지의 효력이 미치고 있는 제3채무자로서는 일반채권이 가압류된 경우와는 달리, 채무자 또는 그 채무자를 대위한 자로부터 제기된 소유권이전등기 청구소송에 응소하여 그 소유권이전등기청구권이 가압류된 사실을 주장하고 자신이 송달받은 가압류결정을 제출하는 방법으로 입증하여야 할 의무가 있다. 만일, 제3채무자가 고의 또는 과실로 위 소유권이전등기 청구소송에 응소하지 아니한 결과 의제자백에 의한 판결이 선고되어 확정됨에 따라 채무자에게 소유권이전등기가 경료되고 다시 제3자에게 처분된 결과 채권자가 손해를 입었다면, 이러한 경우는 제3채무자가 채무자에게 임의로 소유권이전등기를 경료하여 준 것과 마찬가지로 불법행위를 구성한다(대법원 1999. 6. 11. 선고 98다22963 판결).

3. 소유권이전등기청구권에 대한 가압류가 있는 사실이 직권조사사항인지

소유권이전등기청구권이 가압류되어 있다는 사정은 피고측의 항변사유에 해당하는 것이고 직권조사사항은 아닌 만큼, 소유권이전등기 청구소송의 소장에 그와 같은 가압류의 존재 사실이 기재되어 있다고 하더라도 이는 선행자백에 불과하여 피고가 응소하여 그 부분을 원용하는 경우에 비로소 고려될 수 있는 것이므로, 피고가 답변서를 제출하지 아니하고 변론기일에 출석하지도 아니하여 그 사건의 원고가 주장하는 소유권이전등기청구권의 요건 사실에 관하여 의제자백의 효과가 발생한 이상 법원으로서는 전부승소의 판결을 할 것이지 단순히 가압류사실을 알게 되었다고 하더라도 가압류가 해제될 것을 조건으로 한 판결을 할 수는 없다(대법원 1999. 6. 11. 선고 98다22963 판결).

4. 사안의 해결

판례에 따르면 乙의 甲에 대한 소유권이전등기청구권에 대하여 乙의 채권자인 丁이 가압류를 한 사실은 항변사항에 해낭하어 甲이 이에 대하여 항변을 하지 않는 한, 법원으로서는 위 사항을 고려하지 않고, 甲이 한 동시이행항변만을 참작하여 甲은 乙로부터 1억 원을 지급받음과 동시에 乙에게 소유권이전등기절차를 이행하라는 취지의 판결을 하여야 한다.

〈추가된 사실〉

丁이 乙에 대한 집행권원을 취득하여 乙의 甲에 대한 소유권이전등기청구권에 대하여 채권가압류를 본압류로 이전하는 명령 및 추심명령을 받고

甲을 상대로 "피고는 보관인 a에게 X토지에 관하여 乙 명의로 2017. 1. 1. 매매를 원인으로 한 소유권이전등기절차를 이행하라."는 소를 제기하였다. 이에 甲은 丁의 위 가압류가 있기 전에 乙의 다른 채권자인 戊가 2020. 3. 15.경 乙이 甲에 대한 소유권이전등기청구권에 대하여 처분금지가처분을 하였고 그 결정문을 송달받았으므로 丁의 위 청구에 응할 수 없다고 다투었다.

나. 甲의 위 항쟁은 받아들여질 수 있는가?

1. 소유권이전등기청구권에 대한 가압류와 그에 선행하는 처분금지가처분의 우열

소유권이전등기청구권에 대한 가압류가 있기 전에 소유권이전등기청구권을 보전하기 위하여 "채무자는 소유권이전등기청구권을 양도하거나 기타 일체의 처분행위를 하여서는 아니 된다. 제3채무자는 채무자에게 소유권이전등기절차를 이행하여서는 아니 된다."는 소유권이전등기청구권 처분금지가처분이 있었다고 하더라도 그 가처분이 뒤에 이루어진 가압류에 우선하는 효력은 없으므로, 그 가압류는 가처분채권자와 사이의 관계에서도 유효하고(대법원 1998. 4. 14. 선고 96다47104 판결), 이는 소유권이전등기청구권에 대한 압류의 경우에도 마찬가지이다.

2. 사안의 해결

사안에서 乙의 甲에 대한 소유권이전등기청구권에 대하여 선행하여 처분금지가처분이 있었다고 하더라도 이는 乙이 임의로 소유권이전등기청구권을 처분하는 것을 금지하는 효력만 있을 뿐이고, 그 소유권이전등기청구권에 대한 가압류 및 압류에 우선하는 효력이 없으므로 甲의 위 항쟁은 받아들여질 수 없다.

본안제소명령 후 가압류결정의 청구채권을
양수한 승계참가인의 지위

甲은 2020. 7. 1. 乙에 대한 5,000만 원의 대여금채권을 청구채권으로 하여 乙 소유의 Y토지에 대하여 부동산가압류결정을 받았다. 乙로부터 Y부동산을 매수한 A는 2020. 9. 1. 乙을 대위하여 법원에 본안제소명령신청을 하였다. 법원은 2020. 9. 5. "채권자는 이 제소명령이 송달된 날부터 20일 안에 위 가압류사건에 관하여 본안의 소를 제기하고 이를 증명하는 서류를 제출하거나 이미 소를 제기하였으면 소송계속사실을 증명하는 서류를 제출하라."는 내용의 제소명령을 하였고, 그 제소명령등본이 2020. 9. 10. 甲에게 송달되었다. 그런데 B가 2020. 9. 25. 甲으로부터 乙에 대한 채권을 양수하여 위 가압류신청사건에 승계참가를 한다고 주장하면서, 乙에 대하여 5,000만 원 및 그 지연손해금의 지급을 청구하는 소를 제기하였다는 내용의 소장접수증명원을 첨부하여 소제기신고서를 제출하였다. A는 2020. 10. 5. 甲이 본안제소명령에 불응하였다는 이유로 가압류취소신청을 하였다. 심리결과, 甲이 乙에게 내용증명우편으로 채권양도통지를 하였으나 乙이 그 내용증명우편을 수령하지 못한 사실이 밝혀졌다. 법원은 위 가압류취소신청에 대하여 어떤 재판을 하여야 하는가?

1. 쟁점

사안에서 본안제소명령 후 가압류결정의 청구채권을 양수한 B가 양수금청구소송을 제기하고 소제기신고서를 제출한 것이 본안제소명령을 이행한 것에 해당되는지가 쟁점이 된다.

2. 본안제소명령 후 가압류결정의 청구채권을 양수한 승계참가인의 지위

채권양도는 구 채권자인 양도인과 신 채권자인 양수인 사이에 채권을 그 동일성을 유지하면서 전자로부터 후자에게로 이전시킬 것을 목적으로 하는 계약을 말하고, 채권양도에 의하여 채권은 그 동일성을 잃지 아니하고 양도인으로부터 양수인에게 이전되며 이러한 법리는 채권양도의 대항요건을 갖추지 못하였다고 하더라도 마찬가지이다(대법원 2005. 11. 10. 선고 2005다41818 판결 등). 피신청인으로부터 가압류결정의 청구채권을 양수한 승계참가인은 비록 채권양도의 대항요건을 갖추지 못하였더라도 제소명령의 피신청인의 지위를 승계하고, 승계참가인이 제소명령에서 정한 기간 내에 신청외인을 상대로 본안의 소를 제기하고 그 소장접수증명서를 첨부한 제소신고서를 제출한 이상 승계참가인은 제소명령을 준수하였다고 봄이 타당하다(대법원 2014. 10. 10.자 2014마1284 결정).

3. 사안의 해결

사안에서 가압류채권자 甲이 B에게 가압류결정의 청구금액을 양도한 이상 채무자 乙에 대한 대항요건을 갖추지는 못하였다고 하더라도 채권양도의 효력을 부인할 수는 없고, B가 채권양수인으로서 乙에게 양수금청구의 소를 제기하고 승계참가인으로서 제소신고서를 제출하였으므로 본안제소명령을 준수하였다고 볼 수 있다. 법원은 A의 가압류취소신청에 대하여 기각하는 결정을 하여야 한다.

민사집행법
사례연습

초판 1쇄 인쇄 2021년 8월 24일
초판 1쇄 발행 2021년 8월 31일

지은이 문영화
펴낸이 신동렬
책임편집 신철호
편집 현상철·구남희
마케팅 박정수·김지현

펴낸곳 성균관대학교 출판부
등록 1975년 5월 21일 제1975-9호
주소 03063 서울특별시 종로구 성균관로 25-2
대표전화 02)760-1253~4
팩스밀리 02)762-7452
홈페이지 press.skku.edu

ISBN 979-11-5550-490-1 93360

잘못된 책은 구입한 곳에서 교환해 드립니다.